ART ESSENTIALS

DAS SELBSTPORTRÄT

m

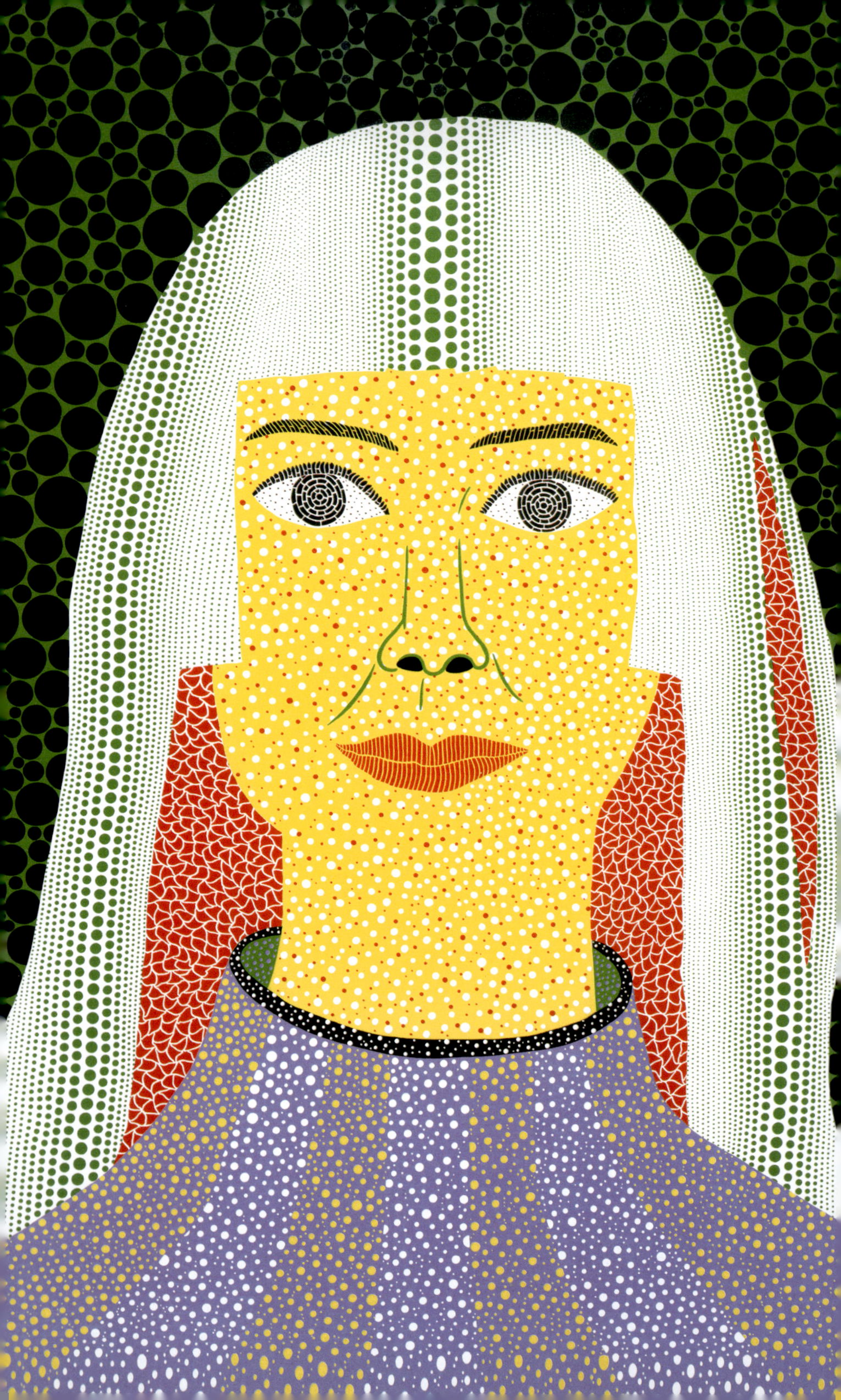

ART ESSENTIALS

DAS SELBSTPORTRÄT

—

NATALIE RUDD

—

MIDAS

Inhalt

EINFÜHRUNG

Auf jeder Straße, in jeder Stadt, in Bussen und Zügen, an bekannten und schönen Orten begegnen einem Menschen, die sich mit Smartphones fotografieren, ihre Bilder weltweit teilen und damit nach Anerkennung suchen. Einige Bilder bleiben unverändert. Andere werden mit Filtern modifiziert, wodurch Realität und Fiktion verschwimmen. Willkommen in der Welt des Selfies: einer demokratisierten Form des Selbstporträts, die sich in Sekundenschnelle verbreitet.

In einer Zeit, in der das Interesse an Selbstdarstellung in unserer Kultur weit verbreitet ist, bietet dieses Buch einen Rückblick auf das faszinierende Genre des Selbstporträts. Seit Jahrhunderten haben Künstlerinnen und Künstler Wege gefunden, sich selbst in ihre Arbeit einzubeziehen. Ihre Präsenz findet sich in Gemälden, Zeichnungen, Druckgrafiken, architektonischen Elementen und Skulpturen und in jüngerer Zeit auch in Filmen, Fotografien, Performances und Installationen. Künstlerinnen und Künstler haben aus den unterschiedlichsten Gründen, von praktischen bis hin zu philosophischen, Selbstporträts geschaffen. Ein Selbstporträt kann lukrative Aufträge einbringen, denn es beweist, dass der Künstler ein Abbild seiner selbst schaffen kann. Einige Künstler haben Selbstporträts verwendet, um innere Zustände, tiefe Krisen oder gar Geheimnisse zu offenbaren.

Andere haben das chamäleonartige Potenzial dieses Genres erforscht und grenzenlose Möglichkeiten gefunden, zu spielen, sich zu verstecken, zu maskieren, zu verwandeln.

Dieses Buch spannt den Bogen von der Kunst der Renaissance bis zur Gegenwart und bietet einen neuen Blick auf das Selbstporträt. Jeder Abschnitt befasst sich mit dem Werk eines anderen Künstlers und ermöglicht einen Einblick in sechzig individuelle Methoden und Ansätze. Anfangs folgen wir einer losen Chronologie und verfolgen Entwicklungen über Zeit und Ort hinweg. Gegen Ende öffnet sich die Struktur, um thematische Anliegen aufzunehmen, die die gleichzeitigen Entwicklungen in der modernen und zeitgenössischen Gesellschaft widerspiegeln.

Dieses Buch ist geprägt von Forschergeist und Aufgeschlossenheit. Es werden Werke betrachtet, die scheinbar jeglichem Konzept von Selbstporträt entgegenstehen. Neue Stimmen und Perspektiven werden vorgestellt. Dieser wissbegierige Ansatz lotet die Grenzen des Selbstporträts aus und sichert ihm damit seine fortwährende Relevanz. Es entsteht ein geschmeidiges und ansprechendes Genre, das weitergehenden Identitätsdefinitionen und sich wandelnden Vorstellungen vom Selbst in einer sich ständig verändernden globalisierten Welt Rechnung trägt.

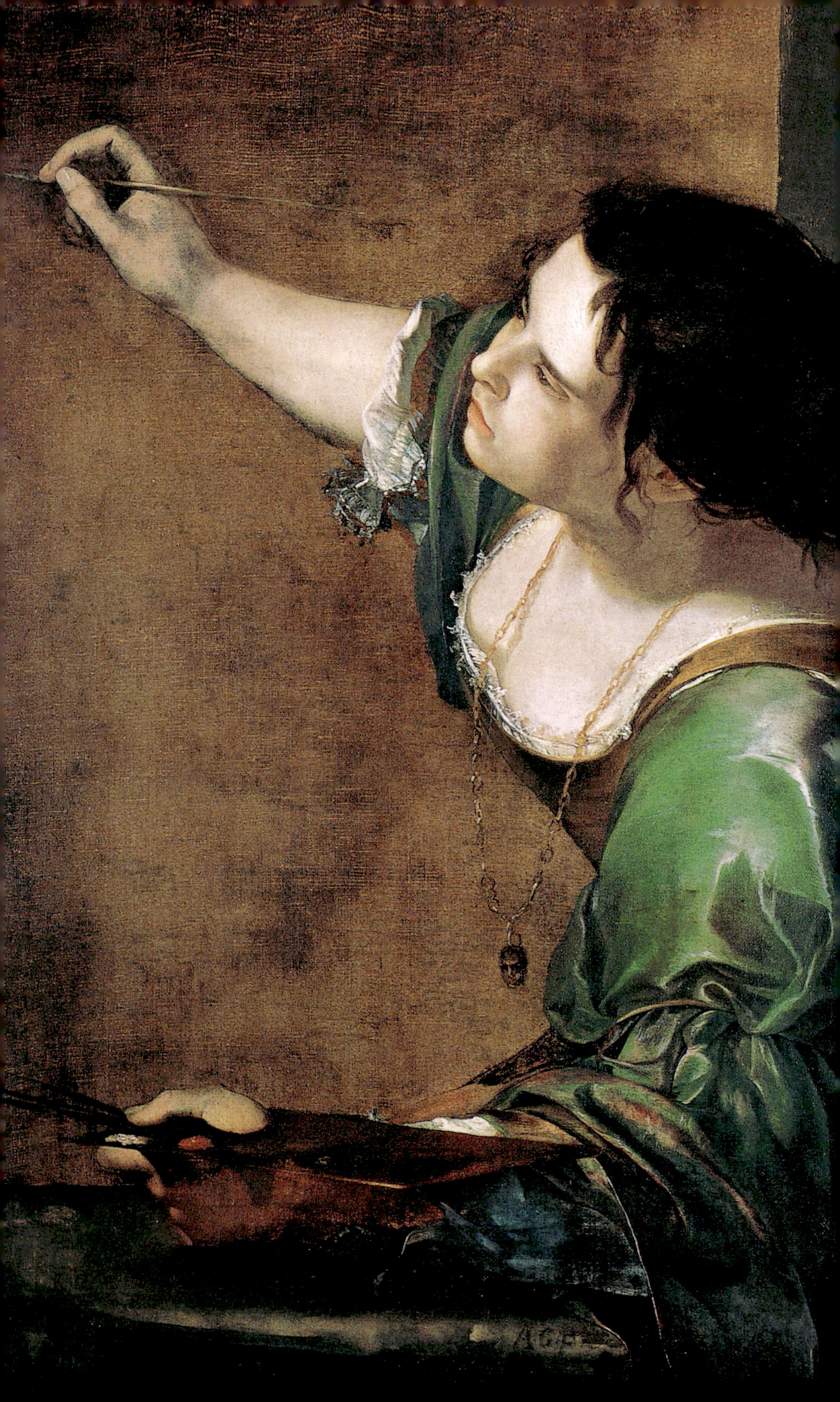

VOM CAMEO AUF DIE HAUPTBÜHNE

-

»Der Spiegel ist vor allem eines – dein Lehrer.«

-

Leonardo da Vinci

JAN VAN EYCK
aktiv seit 1422, verstarb 1441

Jan van Eyck war ein flämischer Maler, der für seine technische Meisterschaft in der Ölmalerei und für seinen bedeutenden Beitrag zur altniederländischen Kunst bekannt war. Als führende Figur der nördlichen Renaissance kombinierte er symbolische Bilder mit akribischem Realismus, um intensive Visionen von Himmel und Erde zu schaffen. Van Eyck war in Brügge ansässig und genoss die Unterstützung von Philipp dem Guten, Herzog von Burgund, der ihm ein großzügiges Einkommen für seine Arbeit als Hofmaler gewährte und Raum für seine Ideen ließ. Neben bedeutenden religiösen Szenen und Altarbildern schuf van Eyck auch Porträts und erhielt zahlreiche Aufträge von aufstrebenden Kaufleuten.

Die Arnolfini-Hochzeit (1434) ist eines der frühesten überlieferten Porträts nicht-königlicher Modelle und das erste, das eine häusliche Umgebung darstellt. Es zeigt Giovanni Arnolfini, einen wohlhabenden Händler von Textilien und Luxusgütern, der die Hand seiner Verlobten, Giovanna Cenami, hält. Sie stehen Seite an Seite in einem Schlafzimmer an einem unbekannten Ort und scheinen gerade zu heiraten. Giovanna rafft ihre eleganten Kleider, die entstehende Wölbung deutet eher auf Fruchtbarkeit als auf Schwangerschaft hin. Andere symbolische Objekte sind strategisch im Raum verteilt: Ein kleiner Hund steht für Treue, während die Äpfel auf der Fensterbank vor sündigen Versuchungen warnen. Jedes Detail erstrahlt in van Eycks mystischem Licht. Dieses Paar sonnt sich im Glanz Gottes. Im 15. Jahrhundert musste kein Priester bei der Eheschließung anwesend sein; es genügte, einander die Hände zu reichen, wenn dies von einem Zeugen festgehalten wurde. Direkt über den Händen des Paares befindet sich das Selbstbildnis. An der Wand unter dem Kronleuchter steht geschrieben: »Jan van Eyck war hier, 1434«. Mittig darunter hängt ein Spiegel mit dem Spiegelbild des Künstlers, der neben einem anderen Zeugen steht. Dieses Doppelporträt funktioniert also gleichzeitig als Gruppenporträt, Selbstporträt und unterschriebene Heiratsurkunde.

Flache, folienbeschichtete Spiegel waren außerhalb von Venedig zumindest bis 1500 kaum verbreitet. Gekrümmte konvexe Spiegel waren viel einfacher zu bekommen, und es ist wahrscheinlich, dass van Eyck einen besaß. Ein Selbstporträt mit einem solchen

Jan van Eyck
Porträt eines Mannes (Selbstporträt?), 1433
Öl auf Eiche,
26 x 19 cm
National Gallery, London

Im Unterschied zur Arnolfini-Hochzeit mit ihrer komplexen Struktur und der symbolhaften Ikonografie erscheint dieses Porträt sehr schlicht. Die dunkle Jacke verschmilzt mit dem konturlosen Hintergrund, sodass die Aufmerksamkeit des Betrachters allein auf Kopf und Gesicht liegt. Ein sehr direktes Porträt mit allen Fehlern und Schwächen.

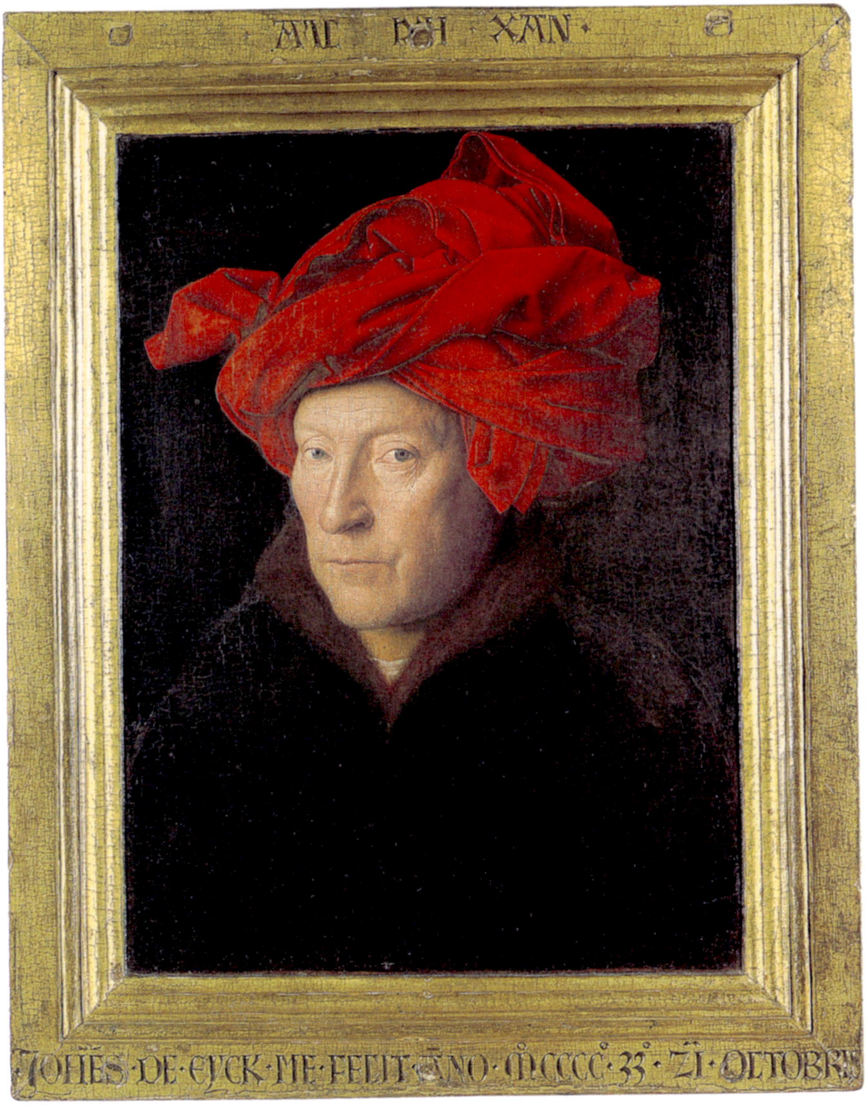

primitiven Spiegel zu erstellen, hätte beträchtliches Geschick erfordert. Der Künstler müsste über die verschwommene Oberfläche hinwegschauen und beträchtliche Korrekturen vornehmen, um Verzerrungen zu korrigieren, ähnlich denen, wenn Sie in eine Weihnachtsbaumkugel schauen. Das *Porträt eines Mannes* (1433) könnte jedoch genau so entstanden sein. Der unbekannte Mann wird von vielen Experten für van Eyck gehalten, was das Gemälde zum frühesten autonomen Selbstporträt macht (Künstler als Hauptmotiv).

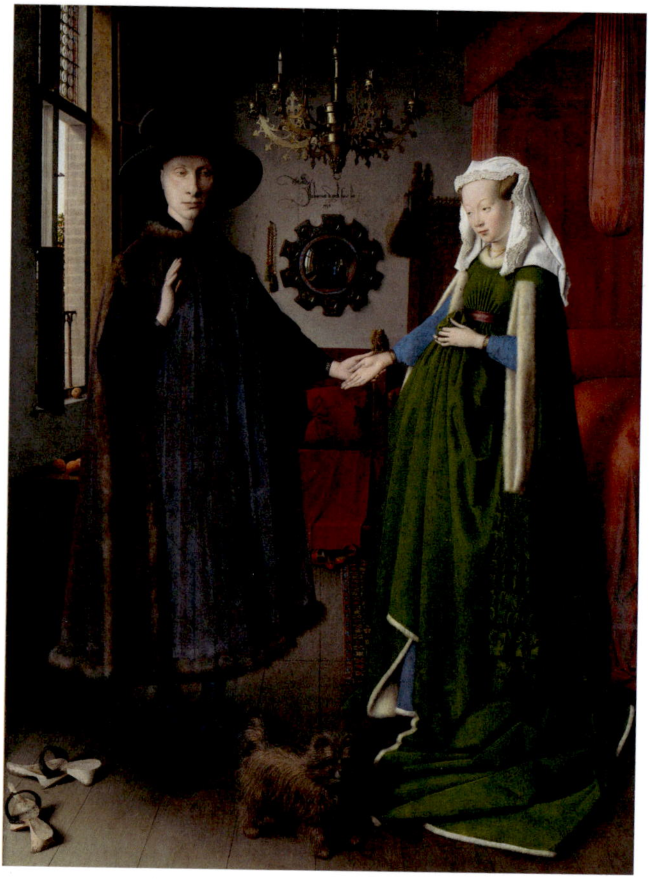

Jan van Eyck
Die Arnolfini-Hochzeit,
1434 (Detail gegenüber)
Öl auf Eiche,
82,2 x 60 cm
National Gallery, London

Van Eyck war von reflektierenden Flächen fasziniert. Im Porträt mit seiner Gattin nimmt der Spiegel fast eine religiöse Position ein und ist von zehn winzigen Szenen der Passionsgeschichte umgeben. Zwei Jahre darauf versteckte van Eyck ein Bild von sich im Altarbild *Jungfrau und Kind mit Canon van der Paele*, in dem sein Gesicht im Schild des Hl. Georg widergespiegelt wird.

Unsicher ist, warum der Künstler sich für dieses Bild entschieden hat und welchen Status es in seinem Schaffen einnahm. Es gibt keine Nebenhandlung, kein Rollenspiel innerhalb einer breiteren religiösen Szene, keinen Auftrag. Es gibt keine Andeutungen seiner Werkzeuge, keine prahlerischen Ausdrucksformen von Reichtum. Van Eyck sitzt einfach nur da und beobachtet. Er dreht sich halb ins Profil, als wollte er sich im Spiegel betrachten. Blick und Mund wirken ernst, als wolle er den Betrachter beobachten. Van Eycks Liebe zum Detail zeigt sich in seinen wachsenden Stoppeln, den Äderchen in seinen Augen und den reichen Falten seines Turbans. Das Bild ist ebenfalls in van Eycks magisches Licht getaucht, das von der linken oberen Bildhälfte ausstrahlt. Der vergoldete Rahmen verleiht dem Bild einen weiteren Schimmer. Oben am Rahmen, wo normalerweise der Name des Modells steht, ist zu lesen »ALS ICH KAN«, als wäre es geschnitzt. Diese Inschrift bedeutet übersetzt: »weil ich es kann«. Die spielerische Verbindung zwischen den Wörtern Ich und Eyk ist ein weiterer Beweis für van Eycks Interesse an der Selbstdarstellung, falls eine solche nötig wäre.

WEITERE WICHTIGE WERKE

- *Jungfrau und Kind mit Canon van der Paele*, ca. 1434–36, Groeningemuseum, Brügge, Belgien

MERKMALE

- In größeren Szenen versteckte Miniatur-Selbstporträts: Der Künstler spielt eine Cameo-Rolle
- Autonome Selbstporträts: Der Künstler betritt die Hauptbühne
- Verwendung von Konvexspiegeln
- Scharfe Beobachtung und Liebe zum Detail
- Direkter Blick und Fokus auf die Augen
- Starker Gebrauch von Helldunkel
- Verwendung von Porträts zur Vermittlung sowohl religiöser als auch säkularer Ideen

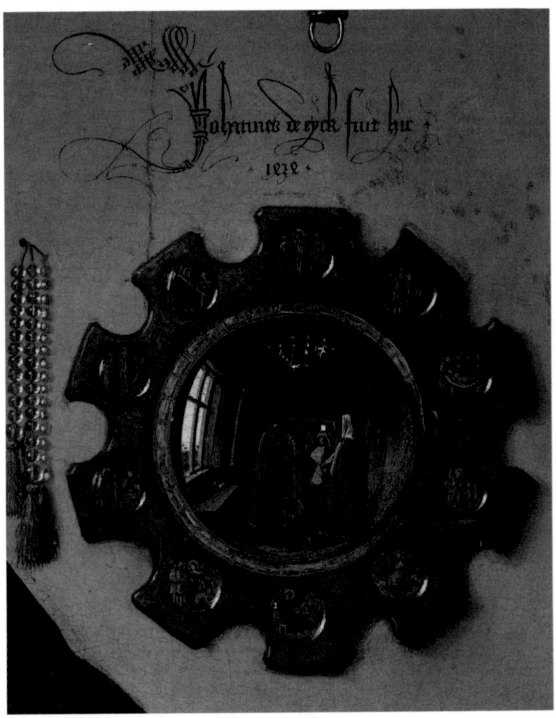

FILIPPO LIPPI
ca. 1406–1469

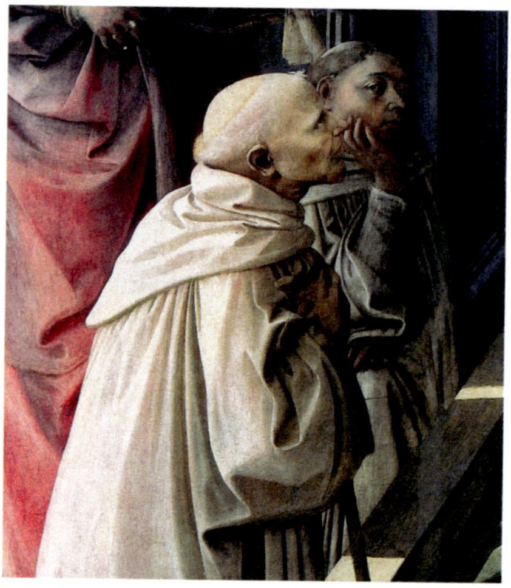

Bis ins 19. Jahrhundert wurden die Besucher der Benediktinerkapelle Sant'Ambrogio in Florenz mit einer himmlischen Vision empfangen. Jetzt befindet sich das prachtvolle Altarbild von Fra Filippo Lippi, das Christus bei der Krönung seiner Mutter Maria zeigt, in den Uffizien. Eine jubelnde Menge ist Zeuge dieser Zeremonie. Alle sind mit der Handlung beschäftigt, außer einem, der in der linken unteren Ecke kniet. Den Kopf lässig in die Hand gelegt, wendet sich diese selbstbewusste Figur dem Betrachter zu. Sein faszinierender Ausdruck ist teils arrogant, teils verträumt. Viele glauben, diese Figur sei ein Porträt des Künstlers. Wenn sie sprechen könnte, würde sie vielleicht sagen: »Seht her, ich kann das Himmelreich im Geiste herbeirufen und meine Vision durch die Malerei Gestalt annehmen lassen.« Lippi spielt die Rolle eines anonymen Schaulustigen. Sein Platz in der Handlung unterstreicht die Relevanz religiöser Erzählungen für das zeitgenössische Publikum: Ich bin hier, das ist jetzt.

Assistenza-Selbstporträts finden sich häufig in der Kunst der Frührenaissance. Diese diskreten Einfügungen in ein größeres Auftragswerk wirken wie Visitenkarten oder Unterschriften. Ihr verborgener Charakter spiegelt die Verpflichtungen wider, für einen Mäzen zu arbeiten. Assistenza-Selbstporträts zeugen auch von dem wachsenden Wunsch der Künstler, nicht als Handwerker, sondern als inspirierende Persönlichkeiten mit besonderen Talenten anerkannt zu werden. Der Karmelitenbruder Filippo Lippi arbeitete in und um Florenz und galt

Filippo Lippi
Die Krönung der Jungfrau Maria im Himmel,
1439–1447 (Detail oben)
Tempera auf Holz,
200 x 287 cm
Uffizien, Florenz

In der Kunst der Frührenaissance zeigt sich ein wachsendes Verständnis der verschiedenen Darstellungsmethoden, von Proportionen und Perspektive bis hin zur Darstellung von Gesten und Gefühlen. Ein öffentlicher Auftrag war eine ausgezeichnete Gelegenheit, sie zu präsentieren. Lippis Menschenmenge ermöglicht es ihm, verschiedene Posen und Ausdrücke darzustellen. Die Einbeziehung eines architektonischen Rahmens deutet auf sein Verständnis von Perspektive hin.

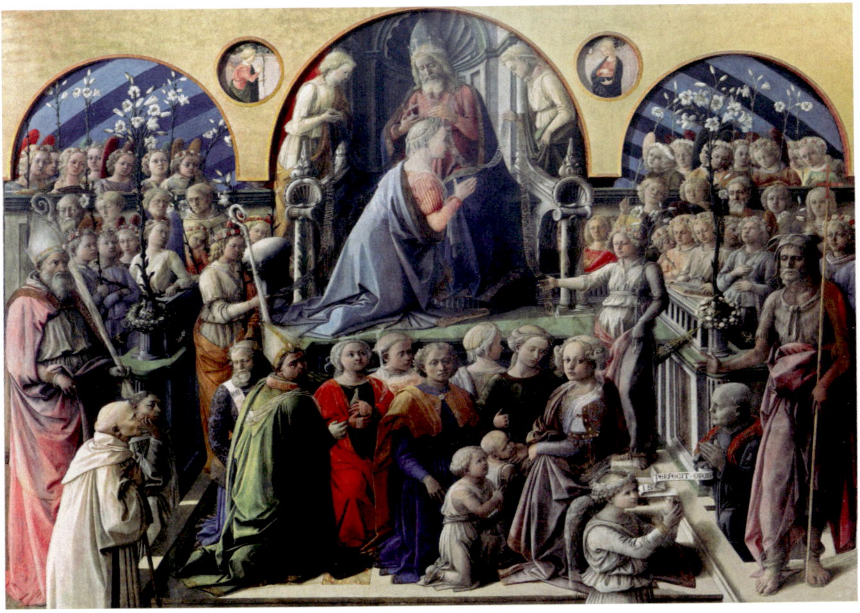

als ein außergewöhnlich begabter Maler. Durch diesen Status konnte er trotz der religiösen Gebote ein liberales Leben führen. Im Bestseller »Leben der Künstler« (1550) stellt Giorgio Vasari Lippi als einen vielseitigen Charakter dar, der von zwei Leidenschaften angetrieben wird: seiner Kunst und seinen persönlichen Beziehungen. Wie als Spiegel der Kunst und des Lebens zeigen viele von Lippis späteren Darstellungen der Madonna mit dem Kind die Novizin Lucrezia Buti als Jungfrau. Buti war die Mutter von Lippis zwei Kindern.

WEITERE WICHTIGE WERKE

- *Szenen aus dem Marienleben*, 1469, Dom, Spoleto, Italien

MERKMALE

- *Assistenza*-Selbstporträt: das diskrete und anonyme Einfügen des Selbst in ein größeres Schema
- Selbstporträt als Signatur innerhalb eines Auftragswerks
- Zunehmendes Bewusstsein für die Rolle und den Status des Künstlers innerhalb der Gesellschaft
- Interesse der Frührenaissance an der Erfassung individueller Identitäten, Emotionen und Ausdrucksformen und ein wachsendes Verständnis für die Verteilung der Figuren im Raum

ADAM KRAFT
ca. 1460–1509

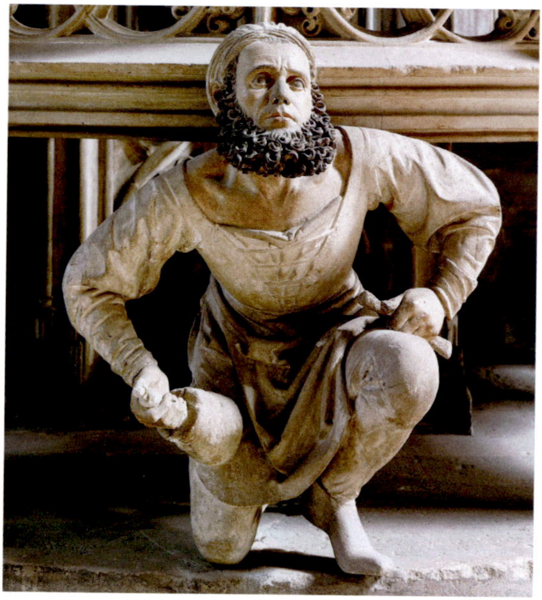

Adam Kraft war ein Bildhauer und Baumeister, bekannt für ehrgeizige architektonische Entwürfe im spätgotischen Stil. Als Zeitgenosse von Albrecht Dürer lebte und arbeitete Kraft in Nürnberg, bereits damals ein wohlhabendes Handelszentrum. Kraft erfreute sich lukrativer Aufträge, die es ihm ermöglichten, sein Können in beeindruckendem Umfang zu präsentieren. Im Jahr 1493 trat Hans Imhoff, einer der reichsten Nürnberger Adeligen, an ihn heran. Imhoff lud Kraft ein, einen Tabernakel für die mittelalterliche Kirche St. Lorenz zu entwerfen und zu bauen. Imhoff forderte, der Tabernakel müsse »schön gemacht« sein. Kraft antwortete mit einer über 18 Meter hohen Sandsteinstruktur. Sie erhebt sich vom Boden wie ein verzierter Finger, der in den Himmel zeigt. Auf dem Sockel stehen faszinierende lebensgroße Darstellungen des Künstlers und zweier Assistenten. Diese Figuren scheinen das kolossale Gewicht des Tabernakels auf ihren Schultern zu tragen. Kraft macht sich diese heroische Aufgabe leicht: Er blickt mit heiterem Ausdruck nach oben, vielleicht aus Dankbarkeit für sein gottgegebenes Talent. Sein Körper ist athletisch. Zielstrebig greift er zu Hammer und Meißel und sieht aus, als wolle er gleich loslaufen.

Diskrete Selbstporträts wurden von Handwerkern oft als Signatur eingesetzt – eine Möglichkeit, Spuren zu hinterlassen, ohne einen Mäzen in den Hintergrund zu drängen. Kraft war jedoch der Erste, der sich eine solch prominente Position geschaffen hat. Er erscheint gigantisch, wenn man ihn mit den kleineren religiösen Figuren vergleicht, die weiter oben im Tabernakel zu finden sind, und er stellt sogar das Imhoff-Wappen in den Schatten. Dieses ungewöhnliche Selbstbildnis weist auf den wachsenden Status und die Bestrebungen des Künstlers innerhalb der Gesellschaft hin. Obwohl Krafts Werkzeuge und Arbeitskleidung seine Stellung innerhalb eines Berufszweigs hervorheben, deutet sein selbstbewusstes Auftreten auf den starken Wunsch hin, als ein einzigartiger Künstler akzeptiert zu werden, der zu intellektuellem Denken fähig ist.

Adam Kraft
Selbstporträt am Fuß des Tabernakels, ca. 1496
Sandstein,
lebensgroß
Lorenzkirche, Nürnberg

Der Tabernakel ist wohl ursprünglich spektakulär bemalt worden. Vieles von dieser farbenfrohen Ausführung ist im Laufe der Zeit verloren gegangen. Aufgrund der Gesamthöhe des Tabernakels gilt Krafts heroisches Selbstbildnis als das größte der westlichen Kunstgeschichte.

MERKMALE

- Heroisches Selbstporträt von epischem Ausmaß
- Bildhauerischer Einfallsreichtum und Innovation
- Leichtgängigkeit: ein zunehmendes Gefühl von Bewegung und Fluss innerhalb der Skulptur
- Eine Anerkennung des zunehmenden Status des Künstlers innerhalb der Gesellschaft
- Selbstporträt als Signatur eines größeren Auftragswerks

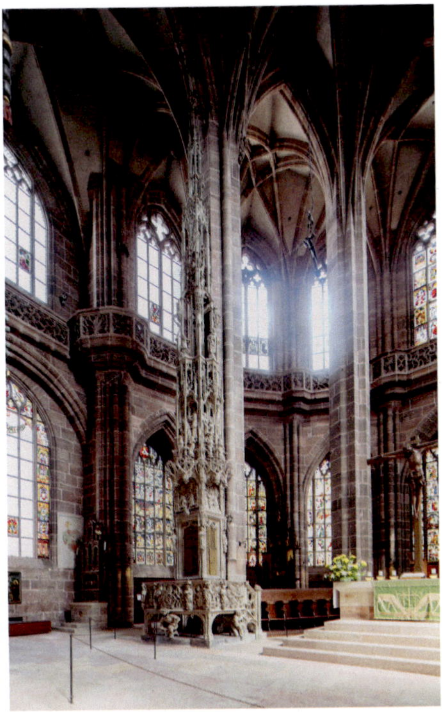

ALBRECHT DÜRER
1471–1528

Albrecht Dürers Beitrag zur Entwicklung des Selbstporträts ist nicht hoch genug zu schätzen. Dieser führende Maler und Grafiker aus Nürnberg war der erste Künstler, der das bedeutende kreative Potenzial der Gattung ausnutzte. Im Laufe seines Lebens schuf er sechzehn Selbstporträts, wobei er mit verschiedenen Materialien und Kompositionsmitteln experimentierte. Dürer war sich auch der Macht seiner Marke bewusst. Er nutzte seine herausragenden Fähigkeiten als Druckgrafiker, um sein Werk international zu verbreiten, und er integrierte seine Initialen in seine typische Logosignatur: »AD«. Nur wenigen Künstlern der nördlichen Renaissance gelang es, in die italienische Szene vorzudringen, aber Dürer tat genau das, indem er sich auf eine gefährliche Reise über die Alpen begab, um sich in Venedig einen Namen zu machen. Er gab seine Selbstporträts auch an Kollegen weiter, darunter Raffael, damit sie sich seiner erinnerten.

Dürer schuf Selbstporträts mit unterschiedlichen Ansätzen. Manchmal präsentierte er sich als Zuschauer in einer größeren religiösen Szene, doch öfter spielte er sich selbst. Eine Reihe seiner autonomen Selbstporträts waren als eigenständige Kunstwerke gedacht. Andere hatten eine eher praktische Funktion, wobei der Künstler eine Pose einnahm, um einen technischen oder anatomischen Aspekt zu meistern. Sein Körper war einfach der am leichtesten zugängliche Bezugspunkt. Dürer benutzte das Selbstbildnis sogar zu diagnostischen Zwecken: In einer faszinierenden Tuschezeichnung von 1512/13 (Kunsthalle Bremen) zeigt der Künstler auf die Schmerzquelle im Unterleib, vermutlich zur Unterstützung seines Arztes. Anspielungen auf die Erfahrung intellektuellen Denkens sind in Dürers faszinierender Radierung *Melancholie I* von 1514 reichlich vorhanden. In diesem Werk ist eine grüblerische geflügelte Figur von einer Reihe mehrdeutiger Symbole und Werkzeuge umgeben. Obwohl Dürer physisch abwesend ist, könnte man *Melancholie I* als ein stellvertretendes Selbstporträt lesen. Das Werk nimmt auch romantische Vorstellungen vom Künstler als einer isolierten, missverstandenen Figur vorweg. In ihrer Gesamtheit wirken Dürers Selbstporträts wie ein aufschlussreiches visuelles Tagebuch, das in Schlüsselmomenten seines Lebens Anhaltspunkte liefert.

Dürers frühreife Begabung zeigte sich schon in sehr jungen Jahren. Sein *Selbstbildnis des Dreizehnjährigen* (1484) verdeutlicht seine erstaunlichen Fähigkeiten, mit denen er die besonders anspruchsvolle Silber-

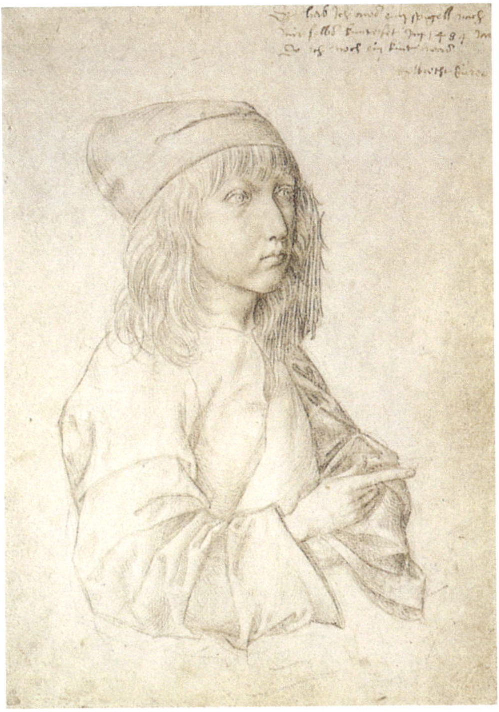

Albrecht Dürer
Selbstbildnis eines Dreizehnjährigen, 1484
Silberstift,
27,5 x 19,6 cm
Albertinum, Wien

Der junge Künstler benutzte für dieses Werk einen Spiegel und wählte eine knifflige Dreiviertel-Pose. Sein seitlicher Blick folgt seinem entschlossenen Zeigefinger. Was ist der Ursprung seines Interesses und wohin geht sein Weg? Diese Zeichnung verdeutlicht Dürers frühe Begabung und sein beträchtliches Selbstvertrauen, auch im Alter von dreizehn Jahren.

stifttechnik äußerst sicher handhabt. Sein Weg zur Reife ist in drei gemalten Selbstporträts von 1493, 1498 und 1500 festgehalten. Das Porträt des Künstlers, der eine Distel hält (1493), zeigt einen bettelnden jungen Mann in sinnlichen, wogenden Gewändern. Dürer malte das Werk während der Familienverhandlungen im Jahr vor seiner Heirat mit seiner Verlobten Agnes. Das Selbstbildnis von 1498 stellt den 26-jährigen Künstler in einer selbstbewussten Pose im Dreiviertelprofil dar. Durch das Fenster hinter ihm ist ein majestätischer Alpenblick zu sehen. Nichts deutet hier auf Dürers Rolle als Künstler hin. Vielmehr erscheint er als ein wohlhabender junger Adliger in feiner Kleidung. Dürer war gerade von seiner Reise nach Venedig nach Nürnberg zurückgekehrt. Das Selbstbildnis von 1498 ist ein bewusster Versuch, den Status des Künstlers in seiner Heimatstadt zu erhöhen; es zeigt auch Dürers wachsenden persönlichen Erfolg und Reichtum.

Zwei Jahre später kehrte Dürer mit 28 Jahren erneut zum Selbstporträt zurück, diesmal in einer gewagten, frontalen Pose und mit einem düsteren, direkten Blick. Sein Haar ist sorgfältig gearbeitet, vielleicht in Anspielung auf Hinweise in der Bibel, die langes Haar mit spirituellem Denken verbinden. Seine rechte Hand ist erhoben, als wolle er seine luxuriöse Jacke berühren oder vielleicht auf sein Herz deuten. Dürer erscheint aus der Dunkelheit wie aus dem Nichts. Die Pose ist fast göttlich. Der Bezug auf Christusdarstellungen scheint unbestreitbar. Ist dies ein blasphemisches Bild? Selbst Dürer schien sich nicht ganz sicher zu sein, denn er hielt das Porträt zu Lebzeiten in seinem Atelier versteckt. Dies ist ein Ausdruck eines gehobenen Status: Dürer ist nicht mehr nur ein Herr, sondern eine schöne Vision geworden, geschaffen als Abbild Gottes. Das Selbstbildnis von 1500 war Dürers letztes Selbstbildnis. Man spürt, dass der 28-jährige Künstler alles gesagt hatte.

WEITERE WICHTIGE WERKE

- *Selbstbildnis mit Distel*, 1493, Musée du Louvre, Paris, Frankreich
- *Dürer zeigt auf seine Milz*, 1512–13, Kunsthalle Bremen
- *Melancholie I*, 1514, Metropolitan Museum of Art, New York, USA

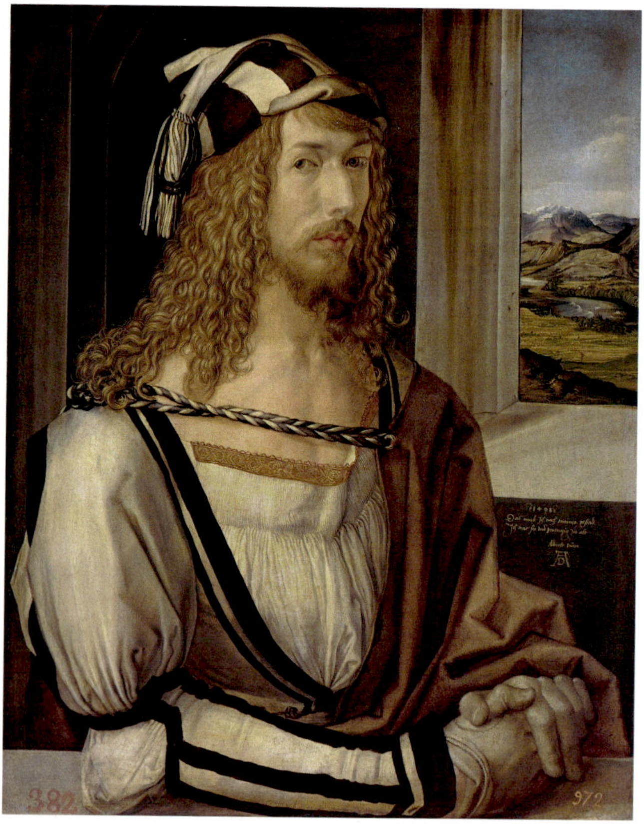

Albrecht Dürer
Selbstbildnis, 1498
Verschiedene Materialien auf Linde,
52 x 41 cm
Museo Nacional del Prado, Madrid

Dürer gibt in diesem Selbstporträt eine außergewöhnliche Figur ab. Er trägt ein tief ausgeschnittenes, schwarzweiß gestreiftes Gewand, das den Blick auf seine Brust freigibt. Der sinnlichen Wiedergabe seines wallenden Haares wird größte Aufmerksamkeit zuteil. Die alpine Landschaft verstärkt Dürers Identifikation als kosmopolitischer Mensch mit weitreichender Perspektive.

Albrecht Dürer
Selbstbildnis, 1500
Öl auf Holz,
67 x 49 cm
Sammlung Alte
Pinakothek, München

Die diesem Gemälde zugrundeliegende Komposition liefert einen weiteren christlichen Bezug. Eine starke vertikale Linie verbindet Dürers Hand, Kinn, Nase und Haaransatz. Horizontal nehmen die Schriftzüge die Augenlinie des Künstlers ein. Die Struktur des Gemäldes wird also durch ein Kreuz unterstrichen.

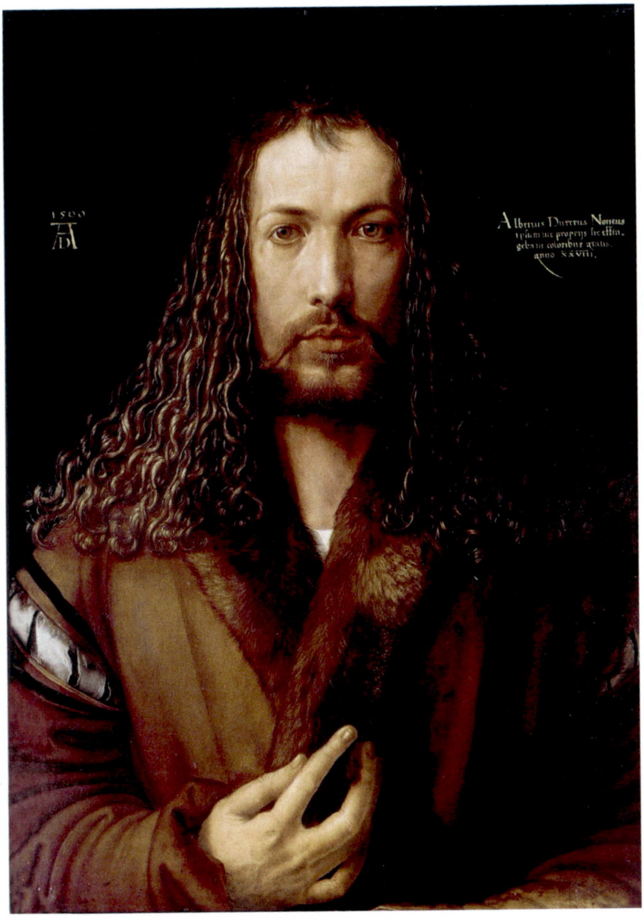

MERKMALE

- Nachhaltige und erfinderische Herangehensweise an Selbstporträts
- Einsatz einer Vielzahl von Medien, einschließlich Farbe, Silberstift, Feder und Tünche
- Vielfältige Verwendung des Genres einschließlich Selbstporträts in Neben- und Hauptrolle, anatomische Praxis und zur Unterstützung der Diagnose
- Statuserhöhung: Darstellung des Künstlers als Adeliger und Ikone
- Selbstbewusste Entwicklung eines Logos zur Schaffung einer wiedererkennbaren künstlerischen Marke

MICHELANGELO
1475–1564

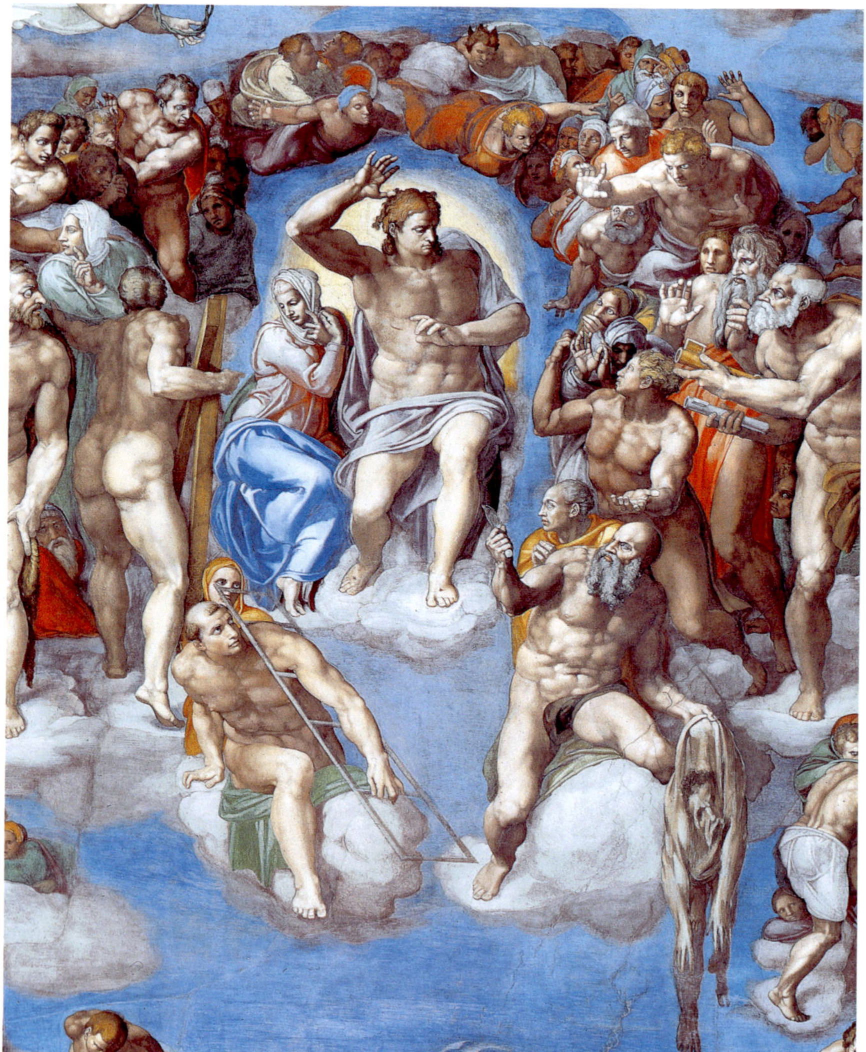

Michelangelo
Das Jüngste Gericht
(Detail), 1536–41
Fresko
Sixtinische Kapelle,
Vatikan

Michelangelo hatte wenig Zeit für Porträts und geringschätzte sie als Genre, das auf individuelle Eigenheiten fixiert ist. Sein Beitrag zum Selbstporträt beschränkt sich daher auf anonyme Cameorollen. Obwohl er die Anatomie des Menschen aus erster Hand kannte, ist Michelangelos Darstellung der gehäuteten Haut überraschend skizzenhaft und grenzt an eine Karikatur. Dieses absichtlich groteske und schuldbeladen wirkende Selbstbildnis erscheint wie ein schmutziges, zur Schau gestelltes Stück Wäsche.

Michelangelo ist einer der berühmtesten Akteure der westlichen Kunstgeschichte. Zu Lebzeiten verehrt, war er der archetypische »Renaissance-Mensch«, bewandert in Skulptur, Malerei, Poesie und Architektur. Seine Werke bilden einen Höhepunkt in der Kunst der Hochrenaissance. Sie zeichnen sich durch meisterhafte und idealisierte Körperdarstellungen aus, die von der klassischen Kunst und dem Wissen um die Welt aus erster Hand geprägt sind. Michelangelos Verständnis der menschlichen Anatomie zum Beispiel stammt aus der klassischen Bildhauerei und aus seiner Beschäftigung mit der Sezierung des Menschen.

Michelangelo ist bekannt für seine spektakulären Freskenmalereien in der Sixtinischen Kapelle. Nach der Fertigstellung der Decke im Jahr 1512 kehrte der Künstler 25 Jahre später in die Kapelle zurück, um *Das Jüngste Gericht* an die Wand hinter dem Hochaltar zu malen. Fast mittig in dieser komplexen Komposition ist der heilige Bartholomäus mit einem Messer in der einen Hand und seiner eigenen gehäuteten Haut in der anderen dargestellt – ein Hinweis auf das Martyrium des Heiligen. Obwohl diese grausige Hülle nur angedeutet ist, kommt mir das abgetrennte Gesicht bekannt vor. Die markant gebogene Nase und die schroffe Erscheinung sind Michelangelo selbst ziemlich ähnlich.

Warum sollte ein Künstler, der für seine perfekten Figuren berühmt ist, sich selbst als abstoßende, schlaffe Haut malen, die gefährlich nah über der Hölle baumelt? Michelangelo vollendete dieses Fresko im Alter von 67 Jahren. Im hohen Alter waren Gedanken an den Tod seine ständigen Begleiter. Seine Gedichte aus dieser Zeit beziehen sich auf den Prozess der Hautablösung als Metapher für Reinigung und Wiedergeburt. Dieses Selbstbildnis könnte Michelangelos Versuch sein, Gott in der Hoffnung auf Vergebung seine wahre Identität darzulegen. Oder es könnte seine totale Hingabe darstellen: die märtyrerhafte Hingabe seines Körpers an die Kunst. Die Verletzlichkeit dieses Selbstporträts unterstreicht auch die sensible Natur des Künstlers. Einige Experten meinen, die Gesichtszüge des sitzenden Heiligen Bartholomäus ähnelten dem Schriftsteller Pietro Aretino (1492–1556), dem Erzrivalen und Kritiker Michelangelos. Er behandelt die Haut Michelangelos scheinbar ohne Sorgfalt und Respekt.

MERKMALE

- Selbstbildnis in der Nebenrolle: die diskrete Einfügung des Selbst in eine größere Szene
- Interesse an großen Erzählkompositionen und komplexen menschlichen Interaktionen, typische für die Hochrenaissance
- Bewusste hässliche Darstellung des Selbst
- Interesse an grotesker Karikatur
- Rollenspiele als Bezug auf persönliche Nebenhandlungen und Erzählungen

PARMIGIANINO
ca. 1503–1540

1524 kam ein gut aussehender junger Künstler aus Parma mit großen Ambitionen nach Rom. Francesco Mazzola, bekannt als Parmigianino – »Der Kleine aus Parma« –, trug ein kleines kreisförmiges Gemälde mit sich, das ihn selbst in einen konvexen Spiegel blickend zeigt. Dieses Prunkstück hat ungefähr die Größe des Spiegels, den er verwendet hätte, und ist auf ein leicht gewölbtes Stück Holz gemalt, um die Illusion zu verstärken. Wir erwarten unser Spiegelbild, entdecken aber stattdessen das kindliche Gesicht des Künstlers, der mit einem Ausdruck intensiver Konzentration zurückstarrt und ins Malen vertieft ist. Faszinierend ist, dass Parmigianinos Gesichtszüge nicht verzerrt werden können, ebenso wenig wie sein gepflegter, modischer Haarschnitt. Eine makellose Hand taucht aus der stilvollen Kleidung auf, die elegant im Vordergrund ruht. Die Pose mag die kultische Faszination der schönen Knabenzeit widerspiegeln, die in diesen Jahren vorherrschte. Die Konzentration auf die Hand könnte auch als Ausdruck von Originalität gelesen werden, was darauf hindeutet, dass nur die Hand des Künstlers ein solch feines Werk vollbringen kann. Die Hand fungiert auch als physische Barriere, was zu der merkwürdigen Kombination von Intimität und Distanz in diesem mysteriösen Selbstporträt beiträgt.

Parmigianino war ein junger Mann auf einer Mission. Er benutzte sein Selbstbildnis als Werbung für einen neuen Malstil namens Manierismus. Beeinflusst von Michelangelo und Raffael, trat Parmigianino für eine Kunst mit erhöhter Anmut, fließenden, schmachtenden Posen und überlangen Gliedern ein: extreme Jugend, extreme Schönheit. Bald nach seiner Ankunft in Rom übergab er dem kürzlich gewählten Medici-Papst Clemens VII. sein Selbstbildnis. Eine kluge Strategie. Das *Selbstporträt im konvexen Spiegel* übte eine sofortige Faszination aus. Bald folgten verschiedene Aufträge für größere religiöse Vorhaben. Dieses faszinierende Werk ist nach wie vor eines der meistgefeierten und meistzitierten Selbstporträts des 16. Jahrhunderts.

Parmigianino
Selbstporträt im konvexen Spiegel, ca. 1523
Öl auf Holz
Tiefe 24,4 cm
Kunsthistorisches Museum, Wien

Giorgio Vasari erwähnte dieses Selbstbildnis in der zweiten Ausgabe seinen »Leben der Künstler« (1568): »Und da Francesco einen Hauch von großer Schönheit hatte, mit einem Gesicht voller Anmut, eher einem Engel als einem Menschen gleich, hatte sein Bild auf dieser Kugel den Anschein des Göttlichen … und in ihm sah man den Glanz des Spiegels, die Widerspiegelung jedes Details und die Lichter und Schatten, alles so wahr und natürlich.«

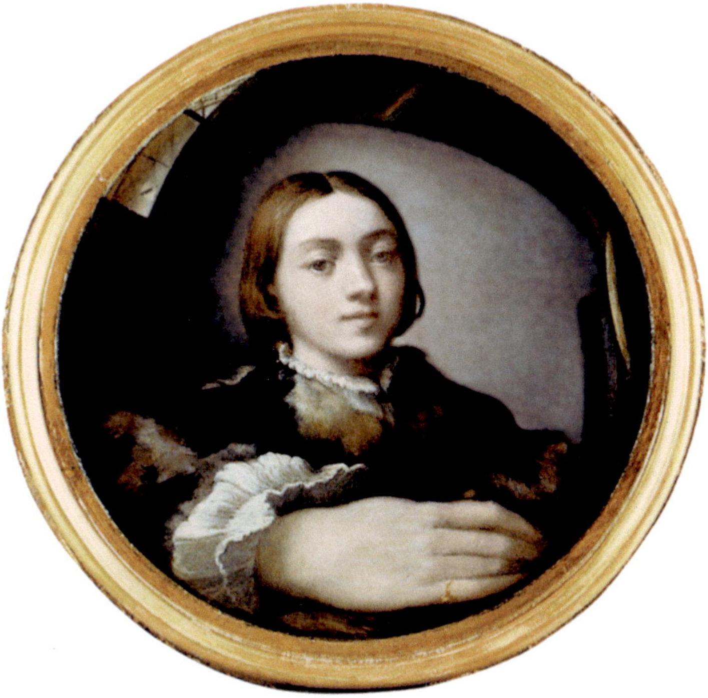

MERKMALE

- Solo-Selbstporträt, das den Künstler in den Mittelpunkt stellt
- Eine frühe Darstellung eines Künstlers bei der Arbeit in einem Atelier
- Selbstbewusste Darstellung und Interesse an höfischem Stil und Manieren
- Das Porträt als Manifest, das den Stil eines Künstlers und dessen Absichten vermittelt
- Eine manieristische Herangehensweise an die Malerei, die übertriebene Proportionen in Körpern und Gesten sowie extreme Jugend darstellt
- Interesse an Illusion und Materialität, was sich in den verzerrenden Reflexionen und der Verwendung eines konvexen Trägers zeigt

SOFONISBA ANGUISSOLA
ca. 1532–1625

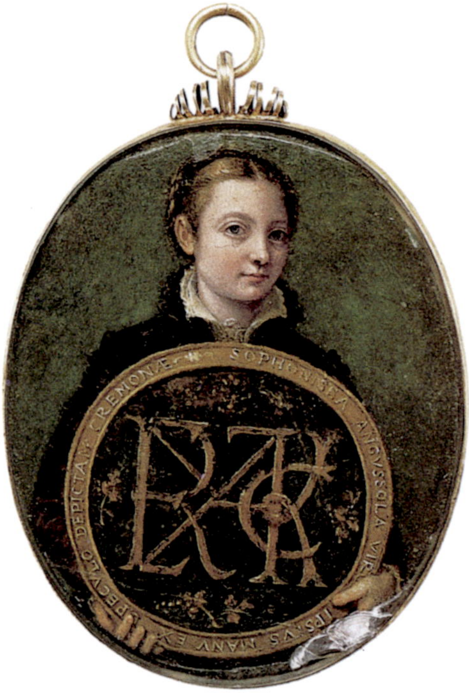

Der griechische Philosoph Aristoteles vertrat die Ansicht, Frauen seien grundsätzlich träge und passiv: das biegsame Ei, das auf den dynamischen Samen wartet. Diese klassische Philosophie beeinflusste das Denken der Renaissance. Die leere Leinwand und der Farbtopf galten als weiblich, während die Handlungen des Künstlers im Wesentlichen männlich waren. Die Vorstellung einer Frau als Künstlerin war ein Widerspruch in sich. In diesem patriarchalischen Kontext ist der Erfolg, den Sofonisba Anguissola zu Lebzeiten als Malerin hatte, um so außergewöhnlicher.

Anguissola wurde in Cremona, Norditalien, als Tochter von Amilcare Anguissola, einem recht wohlhabenden Adligen, geboren. Anguissola hatte fünf Schwestern und einen Bruder, und Amilcare sorgte dafür, dass jedes seiner Kinder eine ausgezeichnete Ausbildung erhielt. Anguissolas künstlerisches Talent zeigte sich bald, was zu dem radikalen Entschluss ihres Vaters führte, ihr drei Jahre lang

Sofonisba Anguissola
Selbstporträt, ca. 1556
Lackierte Wasserfarbe auf Pergament,
8,3 x 6,4 cm
Museum of Fine Arts, Boston

Dieses Miniatur-Selbstporträt wird von dem riesigen Medaillon beherrscht, das Anguissola zärtlich in den Händen hält. Das zentrale Logo überlagert die Buchstaben A M I L C A R E und unterstreicht die Verbundenheit der Künstlerin mit ihrem Vater. Die kreisförmige Umrandung trägt die Worte »von der Jungfrau Sofonisba Anguissola aus Cremona mit eigener Hand aus einem Spiegel gemalt«.

eine Ausbildung bei lokalen Malermeistern zu ermöglichen. Anguissola war sich der Nachteile bewusst, denen sie als Frau ausgesetzt war. Viele ihrer männlichen Zeitgenossen hatten viel mehr Ausbildung erhalten als sie, und ihr Status als Frau hinderte sie daran, sich um öffentliche Aufträge für historische oder religiöse Gemälde zu bewerben. Sie kannte die Risiken einer Grenzüberschreitung und beschloss, sich auf das bescheidene Genre der Porträtmalerei im privaten Auftrag zu spezialisieren. Durch die Selbstporträts fand Anguissola die Freiheit, Fragen der Identität und des Geschlechts zu erforschen und ihre Intelligenz zu subtilen Überschreitungen zu nutzen.

Anguissolas Vater war begeistert von ihrer Arbeit. Er übernahm die Rolle des Publizisten, schrieb Briefe an potenzielle Mäzene und machte strategische Geschenke. Er präsentierte ihre Arbeit sogar Michelangelo und erhielt im Gegenzug Ermutigung und Lob. Amilcare habe die Macht von Anguissolas Selbstporträts verstanden. Selbstporträts von Frauen waren selten und daher für Sammler attraktiv. Amilcares Förderung dieser neuartigen Bilder zahlte sich aus. 1559 wurde Anguissola zur Porträtmalerin am Hof Philipps II. von Spanien ernannt. Sie erhielt ein großzügiges Einkommen und sicherte sich einen internationalen Ruf.

Sofonisba Anguissola war in den Jahren zwischen Dürer und Rembrandt eine der produktivsten Selbstporträtistinnen der westlichen Kunst. Die meisten ihrer Selbstporträts entstanden in den frühen Jahren ihres Schaffens, als sie durch ihren Vater gefördert wurde. Anguissola führte verschiedene neue Motive in das Genre ein, darunter Selbstdarstellungen am Spinett mit ihrer Signatur auf einem Blatt Papier. Diese vorsichtig bahnbrechenden Werke waren jüngeren Künstlern, darunter der Bologneser Malerin Lavinia Fontana (1552–1614), eine große Inspiration. Tugend und Bescheidenheit strahlen von diesen Werken aus. Anguissola wird gewöhnlich in dunkler, bescheidener Kleidung dargestellt, wobei am Kragen und an den Handgelenken eine weiße Bluse zum Vorschein kommt. Ihr Haar ist zu einem sorgfältigen Knoten zurückgebunden. Der Gesichtsausdruck ist ernst und demütig. Auffallend ist, dass die Jungfräulichkeit Anguissolas oft ausdrücklich erwähnt wird. In ihrem winzigen Selbstbildnis von Mitte der 1550er-Jahre hält die Künstlerin ein Medaillon hoch, auf dem unter anderem ihre Keuschheit verkündet wird. Später in diesem Jahrzehnt erweitert Anguissola dieses Thema in ihrem *Selbstbildnis an der Staffelei*, indem sie sich selbst bei der Arbeit an einer Darstellung der Jungfrau mit Kind zeigt und so zugleich Reinheit und Tugend repräsentiert, während sie ihre Fähigkeit zur Darstellung religiöser Themen betont.

Die meisten Männer der Renaissance vermieden in ihren Selbstporträts den Bezug auf harte Arbeit und zogen es vor, sich als intellektuelle Adelige zu präsentieren. Anguissola gehörte jedoch zu den ersten Künstlern, die sich bei der Arbeit darstellten. Die Entscheidung zu malen blieb für eine Frau eine radikale Entscheidung, und Anguissola war stolz auf ihr Tun: Ich *bin* Malerin, das *ist* es, was ich tue. Einige Jahre später kehrte Anguissola zur Idee der Künstlerin bei der Arbeit zurück, diesmal wechselte sie die Geschlechterrollen, indem sie sich darstellte, als wäre sie von ihrem Lehrer Bernardino Campi gemalt worden. Diese sehr einfallsreiche Komposition ist ein Zeichen des Respekts vor ihrem ehemaligen Lehrer, aber sie illustriert auch das wachsende Ansehen Anguissolas. Sie nimmt eine höhere, zentrale Position im Bild ein und scheint ihm die Schau zu stehlen. Kann man ein spielerisches Funkeln in ihrem Auge erkennen? Campi unterstützte Anguissola in ihrem Bestreben, Künstlerin zu werden, doch nun geht sie voran.

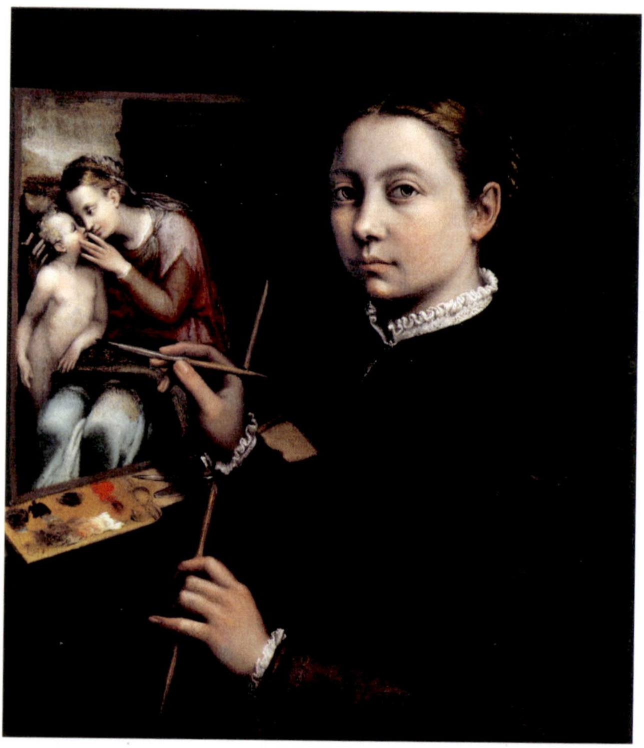

Sofonisba Anguissola
Selbstbildnis an der Staffelei,
späte 1550er-Jahre
Öl auf Leinwand,
66 x 57 cm
Schlossmuseum, Lancut

Der Legende nach war der Evangelist Lukas die erste Person, die die Jungfrau Maria darstellte. Diese Bilder waren in der Renaissance beliebt, und der heilige Lukas galt als Schutzpatron der Künstler. Indem Anguissola die Rolle des Heiligen Lukas übernimmt, versucht sie, ihre Position als Künstlerin zu legitimieren und ihre Fähigkeiten in der religiösen Malerei zur Geltung zu bringen.

Sofonisba Anguissola
Der Maler Bernardino Campi porträtiert Sofonisba Anguissola, *ca.* 1559
Öl auf Leinwand, 111 x 109,5 cm
Pinacoteca Nazionale, Siena

Der Maler Bernardino Campi (1522–91) aus Cremona war einer von Anguissolas Lehrern. Trotz seines Talents schaffte es Campi nicht in Giorgio Vasaris *Vite* (1550). Vasari schrieb jedoch wohlwollend über das Werk Anguissolas. Vor der Veröffentlichung der Ausgabe seines Bestsellers von 1568 reiste er extra nach Cremona, um sich ihre Gemälde anzusehen.

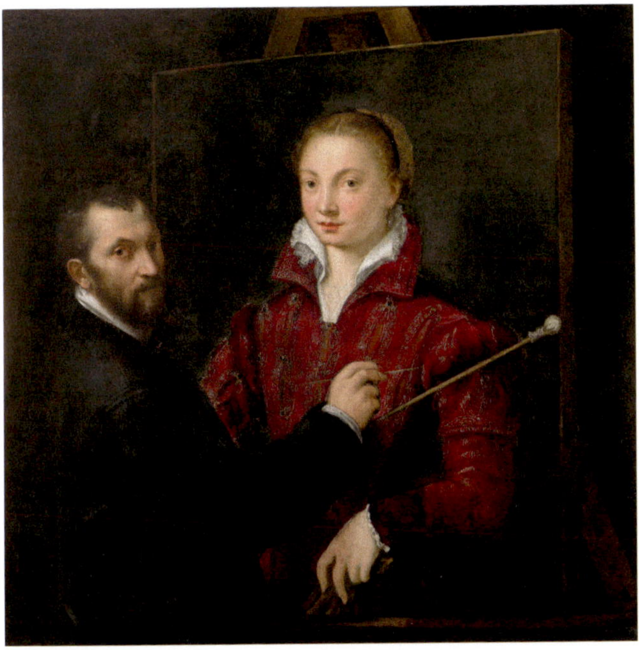

WEITERE WICHTIGE WERKE

- *Selbstporträt mit Spinett*, 1561, Spencer Collection, Althorp, Großbritannien
- *Selbstporträt*, *ca.* 1610, Sammlung Gottfried Keller, Bern, Schweiz

MERKMALE

- Dauernde und innovative Darstellung von Selbstporträts
- Innovative Einführung neuer Motive
- Spielerische Unterordnung von Geschlechterrollen und -normen
- Nachhaltige Entwicklung des Sujets »Künstler bei der Arbeit«
- Verwendung von Selbstporträts zur Karriereförderung und für Werbezwecke
- Erforschung des Selbst im Alter

MICHELANGELO MERISI DA CARAVAGGIO

1571–1610

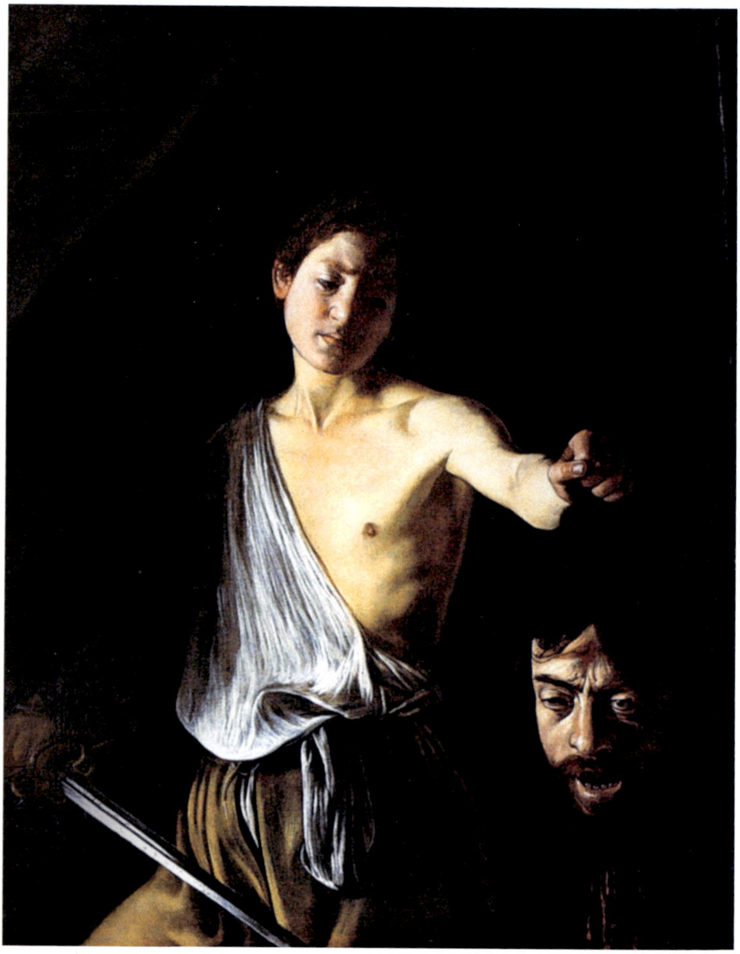

Caravaggio provozierte gern und wich keinem Streit aus. Während seines kurzen Lebens wurde er als ein außergewöhnlicher Maler schockierend realistischer Szenen mit allem Drum und Dran bekannt. Nachdem er in Mailand ausgebildet worden war, zog er

1592 nach Rom, um sich als Begründer eines gewagten neuen Stils zu etablieren. Er arbeitete schnell, mit leidenschaftlicher Intensität, und viele seiner Bilder fangen dramatische Momente der Gewalt und Angst ein. Lichtstrahlen beleuchten die sich abzeichnende Dunkelheit in seinen Gemälden und erzeugen starke tonale Kontraste, die als Chiaroscuro bekannt sind. Caravaggio war auch für seinen launischen Charakter und für seine häufigen Straßenschlägereien bekannt. Eine dieser Auseinandersetzungen endete mit dem Tod eines jungen Mannes, Ranuccio Tomassoni. Mit einem Todesurteil im Nacken floh Caravaggio 1606 nach Neapel.

David mit dem Haupt des Goliath (1609–10) ist eines der letzten Gemälde Caravaggios. Es zeigt einen jungen David, der den enthaupteten Kopf von Goliath in die Höhe hält. Ein Strahl aus warmem Licht erhellt diese ansonsten dunkle und grässliche Szene. Caravaggio spielt die Rolle des erschlagenen Riesen. Seine Erfahrungen mit physischer Gewalt und ihren Auswirkungen auf den menschlichen Körper sind in seiner authentischen Darstellung zu sehen. Sein Gesicht ist vor Angst verzerrt, und seine aschgraue Blässe steht im Kontrast mit dem tiefen Rot seines blutigen, klaffenden Mundes. Dies muss eines der unschmeichelhaftesten Selbstporträts der gesamten Kunstgeschichte sein. Indem er sich selbst auf eine bedauernswerte Leiche reduzierte, hoffte der reuige Künstler auf Vergebung. 1610 waren positive Töne aus Rom zu vernehmen. Caravaggio machte sich auf den Weg in die Hauptstadt, um eine päpstliche Begnadigung zu erwirken. Unterwegs starb er im Alter von nur 38 Jahren an einer unerklärlichen Krankheit. Die Umstände seines Todes bleiben mysteriös.

Michelangelo Merisi da Caravaggio
David mit dem Haupt des Goliath, 1609–1610
Öl auf Leinwand,
125 x 101 cm
Galleria Borghese, Rom

Caravaggio war einer der ersten Künstler, der in seinen Bildern verschiedene Identitäten annahm. In einem frühen Gemälde verwandelte er sich in Bacchus, den Gott des Weins, beladen mit Trauben und krank vom Exzess. In einem späteren Werk servierte er seinen Kopf auf einem Teller und stellte die Hinrichtung von Johannes dem Täufer nach. In all diesen Bildern stellt sich Caravaggio als das Opfer dar.

WEITERE WICHTIGE WERKE

- *Kleiner kranker Bacchus*, 1593–1594, Galleria Borghese, Rom, Italien
- *Salome mit dem Kopf Johannes des Täufers*, ca. 1609, National Gallery, London, Großbritannien

MERKMALE

- Selbstdarstellung als Opfer
- Besonderes Interesse an Dramatik und Gewalt
- Bitte um Vergebung mittels Selbstporträts
- Interesse an Rollenspielen
- Realistische Darstellung der menschlichen Form
- Starker Gebrauch von Chiaroscuro
- Lose und spontane Handhabung von Farbe

ARTEMISIA GENTILESCHI
1593–ca. 1652

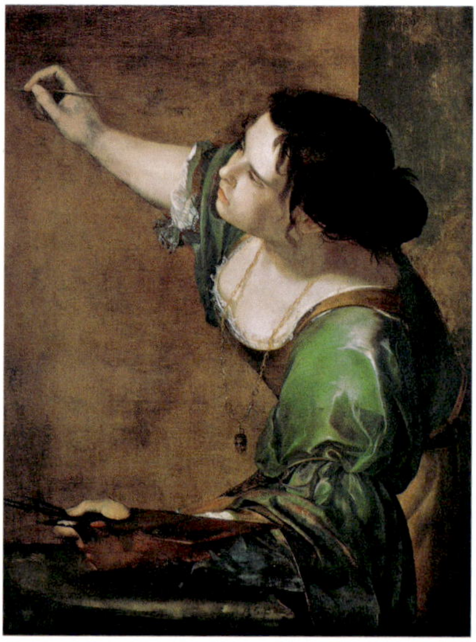

Artemisia Gentileschi
Allegorie der Malerei,
ca. 1638–1639
Öl auf Leinwand,
98,6 x 75,2 cm
Royal Collection, London

Gentileschi bezieht viele von Cesare Ripas symbolischen Bezügen in ihr Werk ein, einschließlich des Maskenanhängers und des widerspenstigen Haares. Die gewagte Kurve der Komposition lenkt unseren Blick auf den Pinsel in der Hand der Künstlerin. Gentileschis Beherrschung des Chiaroscuro und des Faltenwurfs zeigt sich in dem Kleid, das im sanften Licht schimmert und verschiedene Farben reflektiert.

Die meisten erfolgreichen Malerinnen der Renaissance waren selbst Töchter von Malern. Artemisia Gentileschi ließ sich in der Werkstatt ihres Vaters Orazio in Rom ausbilden, bevor sie ihre eigene Karriere verfolgte. Gentileschi war die erste Frau, die Anerkennung für historische und religiöse Szenen erlangte. Sie verfolgte einen barocken Stil, der durch dramatische Licht- und Tonvariationen gesteigerte Emotionen und Handlungen vermittelt. Wie viele Künstler dieser Zeit ließ sie sich von Caravaggio, einem alten Freund ihres Vaters, inspirieren. Viele von Gentileschis Gemälden zeigen starke Frauen, die in Racheakte verwickelt sind. Autobiografische Parallelen bieten sich an. Im Alter von 19 Jahren wurde Gentileschi von einem ihrer Tutoren, Agostino Tassi, sexuell missbraucht. Während des demütigenden Prozesses wurde sie körperlich gefoltert, um den Wahrheitsgehalt ihrer Aussage zu überprüfen. Obwohl sie ihren Fall schließlich gewann, war ihr Ruf beschädigt.

Ausdauer und Entschlossenheit bestimmen Gentileschis Selbstbildnis als Allegorie der Malerei (um 1638–1639). Im Gegensatz zu Sofonisba Anguissolas beherrschten Selbstdarstellungen bei der Arbeit wirkt Gentileschi zerzaust und vertieft. Sie sorgt sich wenig um ihr Haar oder ihre hochgekrempelten Ärmel und widmet ihren Körper und ihren Geist dem physischen Prozess des Malens. Ein solches Selbstporträt gab es vorher noch nie. Es zeigt eine scheinbar natürliche und unbefangene Frau bei der Arbeit. Es übernimmt auch eine allegorische Funktion, denn Gentileschi stellt sich selbst als die Personifizierung der Malerei dar.

Im Jahr 1603 veröffentlichte Cesare Ripa eine illustrierte Ausgabe seiner Ikonografie, die Personifikationen von Begriffen wie Würde, Theorie und Laster darstellte. Da alle abstrakten Konzepte als weiblich betrachtet wurden, waren in Ripas Buch viele Frauen vertreten. Die mächtige Figur der Malerei hat wallendes Haar, um die Fantasie darzustellen, an der Kette um ihren Hals befindet sich eine Maske, die Imitation symbolisiert, und ihre Gewänder sollen in einem Rausch kreativer Energie die Farbe wechseln. Ripas Illustration bot Gentileschi die perfekte Gelegenheit, die weibliche Hauptrolle zu übernehmen und alle männliche Konkurrenz auszuschalten.

WEITERE WICHTIGE WERKE

- *Judith mit dem Haupt des Holofernes*, ca. 1610, Museo Capodimonte, Neapel, Italien

MERKMALE

- Allegorisches Selbstporträt: Verwendung des Selbst zur Vermittlung symbolischer Konzepte
- Interesse an Rollenspielen und Transformation
- Ausdrucksstarke Pinselführung
- Dynamische Kompositionen mit starker Beleuchtung und dramatischem Chiaroscuro
- Barocker Schwerpunkt auf erhöhter Dramatik und Theatralik
- Starke weibliche Figuren und Rollen

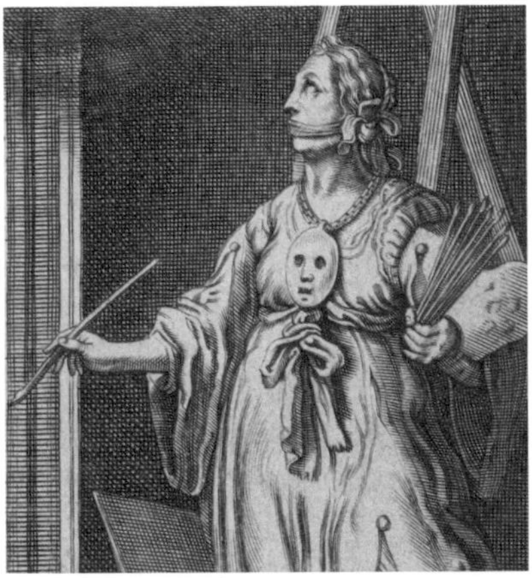

Cesare Ripa
Details von *Pittura* (Malerei) vom Titel der *Iconologia of uytbeeldingen des verstands*, Übersetzung aus dem Italienischen von Dirck Pietersz. Pers, Amsterdam, 1603
Stich
Rijksmuseum, Amsterdam

Cesare Ripas *Iconologia* (zweite, illustrierte Ausgabe, 1603) war ein wichtiges Nachschlagewerk für Künstler, die Symbole in ihre Werke einbinden wollten. In alphabetischer Reihenfolge zeigte es Hunderte klassischer Konzepte. Die Malerei ist als prächtige und theatralische Figur mit wildem Haar und einem Fächer aus Pinseln dargestellt.

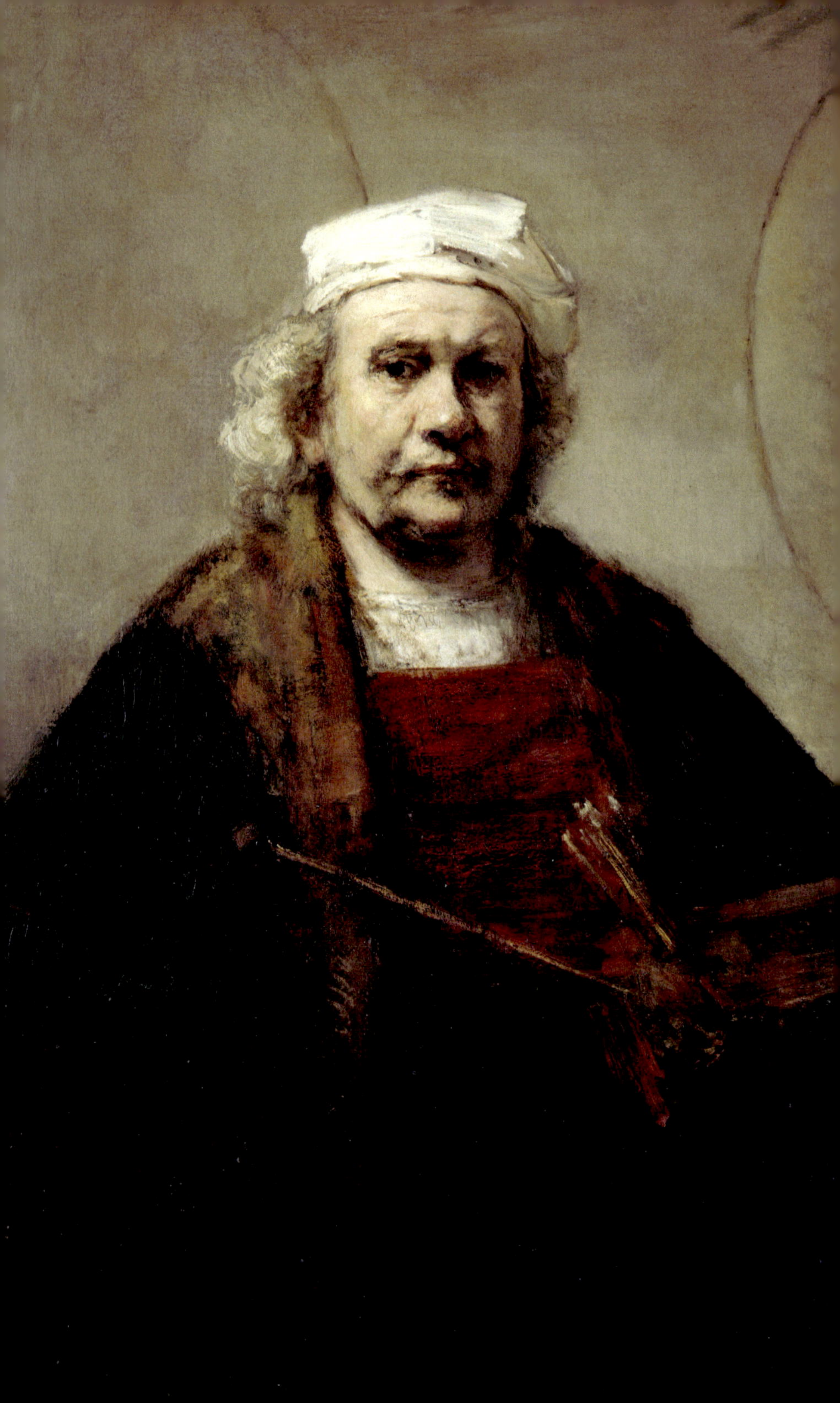

WORK-LIFE-BALANCE

-

»Reserviere dir einen Raum, ganz für dich allein, ganz hinten in deiner Werkstatt, halte ihn vollkommen frei und erlebe dort unsere wahre Freiheit.«

-

Michel de Montaigne

CLARA PEETERS
aktiv 1607–1621

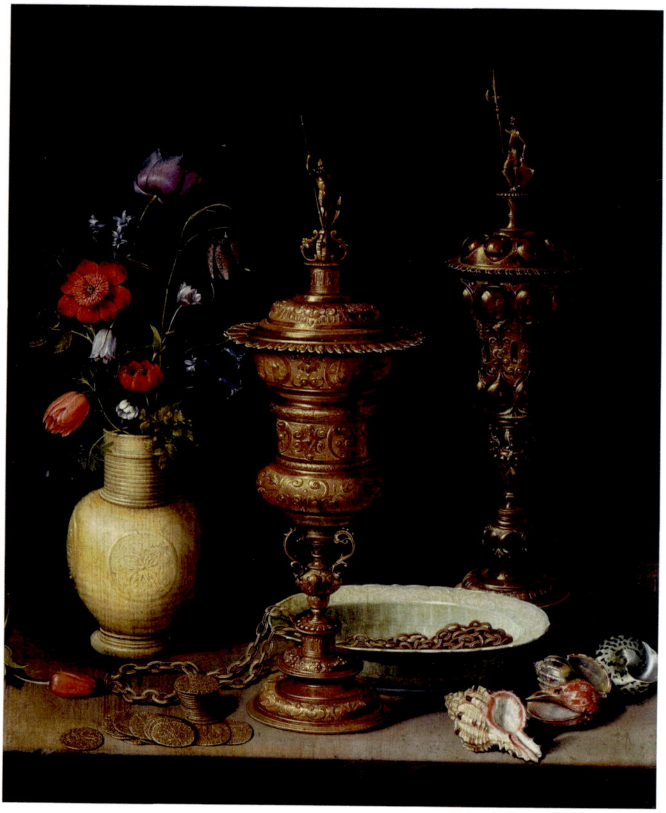

Viele Künstler verbargen ihre Selbstporträts in größeren Szenen: Filippo Lippi (siehe S. 14–15) versteckte sein Gesicht in einer Menschenmenge und Jan van Eyck (siehe S. 10–13) malte sich als winzige Reflexion in einem kleinen Spiegel. Clara Peeters hob den Cameo-Auftritt auf eine ganz neue Ebene der Miniaturisierung. Sie platzierte Bilder von sich selbst in winzigem Maßstab auf die glänzenden Oberflächen der Krüge und Kelche ihrer Stillleben. Oft tauchte sie in einem Gemälde mehrmals auf, so als würde sie den Betrachter zu einer Partie »Finde die Künstlerin« einladen.

Über Peeters ist nur wenig bekannt. Selbst die einfachsten Details ihres Lebens sind verloren. Wir wissen nicht, ob sie Autodidaktin war oder eine formelle Ausbildung absolvierte. Es gibt keine Beweise

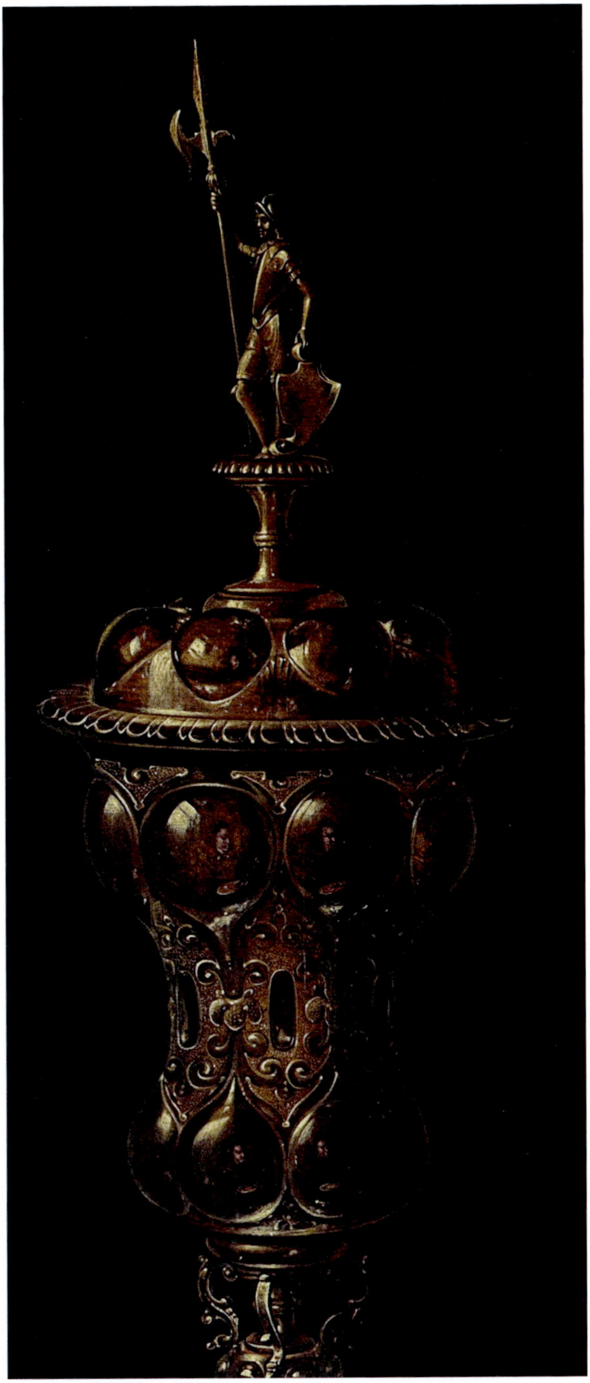

Clara Peeters
Stillleben mit Blumen und vergoldeten Pokalen, 1612
(rechts: Detailansicht)
Öl auf Holz,
59 x 49 cm
Staatliche Kunsthalle,
Karlsruhe

Peeters war zwar nicht die Erste, die ein Selbstporträt in spiegelnden Oberflächen versteckte, sie war aber die Erste, die mehr als ein Selbstporträt in eine Szene einbaute. Ihr außergewöhnliches Augenmerk für Details wird in diesen winzigen Selbstdarstellungen deutlich, die sie – entsprechend der konvexen Oberfläche – mit leicht verzerrten Zügen bei der Arbeit vor einem Fenster zeigen. Die wiederholten Bilder der Künstlerin stärken das dekorative Element des Pokals.

für Verbindungen zu einer Künstlergilde. Man vermutet, dass sie Ende des 16. Jahrhunderts in Antwerpen geboren wurde und viele ihrer Werke als junge Frau schuf. Angesichts der begrenzten Möglichkeiten für Frauen in der Kunstwelt des 17. Jahrhunderts kann man annehmen, dass Peeters ihre Inspiration aus ihrer unmittelbaren häuslichen Umgebung zog. Motive für Stillleben waren leicht zugänglich. Etwa 40 Gemälde von Peeters haben überdauert. Diese Werke enthüllen ihre gekonnte Darstellung vielfältiger Oberflächen, von Obst, Blumen, Gebäck und Käse bis hin zu Zinn, Keramik und Glas. Ihre ausgewählten Objekte sind meist im Vordergrund angeordnet, wo sie zu unserem Ergötzen sorgfältig auf einem Tisch arrangiert sind. Das ist köstlicher Realismus.

Die Stilllebenmalerei war in der niederländischen und flämischen Kunst ein beliebtes Genre. Sie stellte den wachsenden bürgerlichen Markt zufrieden, der nach mäßig großen Staffeleigemälden verlangte, die man bei sich zu Hause zeigen konnte. Diese Käufer wollten nicht verschwenderisch wirken und so gab es einen großen Bedarf an Bildern, die Schönheit und Können mit moralischen Botschaften in Bezug auf menschliche Eitelkeit und Vergänglichkeit kombinierten. Die Stillleben dieser Zeit sind voller *Vanitas*-Symbole. Frische Blumen in einer Vase etwa mögen momentan wunderschön aussehen, werden aber schon bald verblühen und sterben.

Stillleben mit Blumen und vergoldeten Pokalen (1612) ist ein hervorragendes Beispiel für Peeters' Interesse an *Vanitas*-Themen. Blumen und Muscheln verkörpern die Zerbrechlichkeit des Lebens, die dekorativen Kelche, die Goldkette und die Münzen stehen für die Vergeblichkeit des weltlichen Tuns. Das Gemälde beweist zudem die Fähigkeit der Künstlerin, Genregrenzen zu überschreiten. Peeters wählte das Hochformat um die Dramatik dieser hochragenden zeremoniellen Kelche einzufangen, die von triumphierenden Männerfiguren gekrönt sind. Der hintere Kelch ist mit glänzenden Kugeln verziert. Fünf dieser konvexen Oberflächen zeigen ein leicht verzerrtes Porträt von Peeters bei der Arbeit, mit Palette und Pinsel in den Händen. Jedes Porträt bietet je nach Platzierung auf dem Kelch eine etwas andere Sicht auf die Künstlerin.

In *Vanitas Selbstporträt* (ca. 1610–20) spielt Peeters keine Nebenrolle mehr, sondern sitzt am Tisch, als wäre sie selbst Teil des Stilllebens. Sogar ihr Körper repräsentiert die *Vanitas*-Symbolik. Der Schnitt ihres Kleides enthüllt makellose Haut und ihr strahlendes Gesicht betont die Vergänglichkeit von Jugend und Schönheit. Die Künstlerin umgibt sich mit Zeichen irdischen Strebens: Luxusgegenständen, feiner Kleidung, Schmuck, Münzen und Würfeln.

Clara Peeters
Vanitas Selbstporträt,
ca. 1610–1620
Öl auf Holz,
37,5 x 50,2 cm
Privatsammlung

Kugeln und Kreise tauchen immer wieder in diesem prächtigen Gemälde auf, von den konvexen Verzierungen auf dem vergoldeten Pokal bis zu den geschwellten Brüsten der Künstlerin. Dieses malerische Mittel erzeugt nicht nur ein Gefühl von Harmonie, sondern lenkt unsere Aufmerksamkeit auch auf die Blase im Zentrum des Bildes, die eine ahnungsvolle Erinnerung an die Kürze und Zerbrechlichkeit des Lebens darstellt.

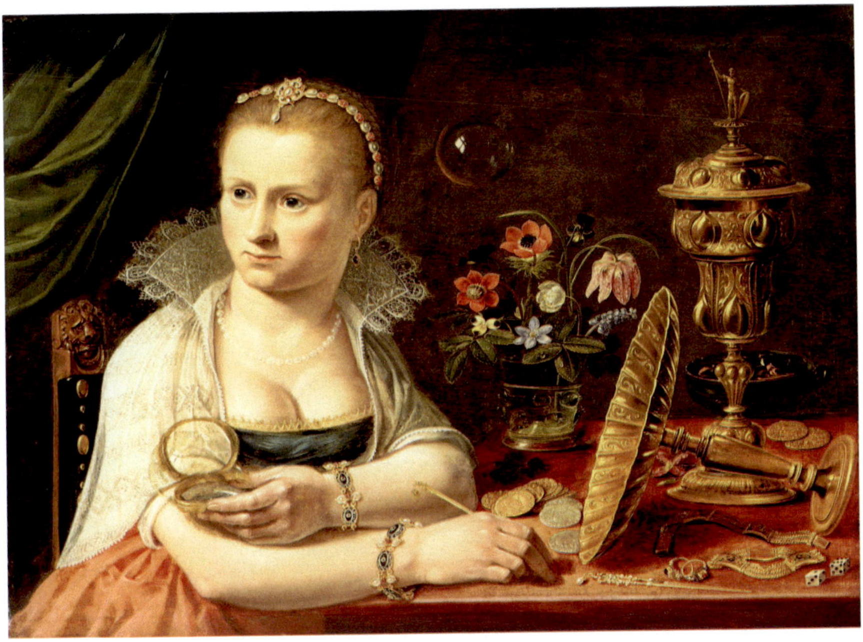

Über dem Tisch schwebt in zentraler Position eine Art Seifenblase. Dieses klassische Symbol der menschlichen Zerbrechlichkeit scheint jeden Augenblick zu zerplatzen. Dieses Werk verkörpert den Geist der lateinischen Phrase *Memento mori*: »Sei dir der Sterblichkeit bewusst.«

WEITERE WICHTIGE WERKE

- *Stillleben mit Blumen, goldenem Kelch, getrockneten Früchten, Bonbons, Keksen, Wein und einem Zinnkrug*, 1611, Museo Nacional del Prado, Madrid, Spanien

MERKMALE

- Miniaturisierte und versteckte Selbstporträts
- Verschmelzung von Selbstporträtdarstellungen und Stillleben
- Gelegentlich mehrere Selbstporträts in einem Bild
- Realismus: außergewöhnliche Betonung von Details und Texturen
- Interesse an *Vanitas*-Symbolik
- Einbeziehung spiegelnder und konvexer Oberflächen

ANTHONIS VAN DYCK
1599–1641

Der in Antwerpen geborene Porträtmaler Anthonis van Dyck war eine auffällige Erscheinung. »Er verhielt sich mehr wie ein Edelmann denn wie eine normale Person, und er glänzte in reicher Kleidung«, schrieb Gian Pietro Bellori in *Le vite de' pittori, scultori et architetti moderni* (1672). »Er trug – neben Seide – einen Hut mit Federn und Broschen, Goldketten über dem Körper und wurde von Dienern begleitet.« Van Dyck bewegte sich in den oberen Rängen der Gesellschaft und wusste, wie man Beziehungen pflegt. Der Sohn eines Textilkaufmanns meisterte schon in jungen Jahren die Kunst der Malerei und der Schmeichelei. Nach einer Zeit als Assistent von Peter Paul Rubens reiste er nach Italien, um die Meister Tizian und Veronese zu studieren. Sein einflussreicher und über lange Zeit prägender Stil in der Porträtmalerei betonte die vermeintliche Eleganz und Autorität der oberen Klassen. Seine Porträts idealisierten die Modelle, denen er Größe, hochmütigen Stolz und ausgesprochen ausdrucksvolle Hände verlieh.

König Karl I., ein leidenschaftlicher Kunstliebhaber und -sammler, schätzte die entspannte Eleganz von van Dycks Stil. Im April 1632 lud ihn der König nach London ein, wo er ihm eine großzügige Unterkunft und ansehnliche Bezüge gewährte. Nur drei Monate später wurde van Dyck geadelt und erhielt eine Goldkette für seine Dienste als Hofmaler.

In *Selbstporträt mit Sonnenblume* (ca. 1633) sonnt sich der Künstler in der Gunst des Königs. Mit langen, eleganten Fingern greift er die Goldkette. Die Sonnenblume symbolisiert die Treue des Höflings zum Monarchen; hier wendet sich diese königliche Blume aber auch in gegenseitiger Wertschätzung dem adligen Maler zu. Van Dyck dreht sich zum Betrachter. Sein lässig geneigter Kopf erlaubt einen stolzen Blick über die Schulter – zwanglos und mit einem Hauch völliger Überlegenheit.

Anthonis van Dyck
Selbstporträt mit Sonnenblume, ca. 1633
Öl auf Leinwand,
73 x 60 cm
Privatsammlung, Eaton Hall, Cheshire

Van Dyck schuf im Laufe seines Lebens eine Reihe von Selbstbildnissen, die oft dazu dienen sollten, seine Position und seinen Status zu unterstreichen. Der frische und großzügige Umgang mit der Farbe zeugt von van Dycks tiefem Respekt gegenüber Tizian. Seine Liebe für die Mode enthüllt sich in seiner prächtigen Jacke und seinem sorgfältig gestutzten »Van Dyck«-Bart.

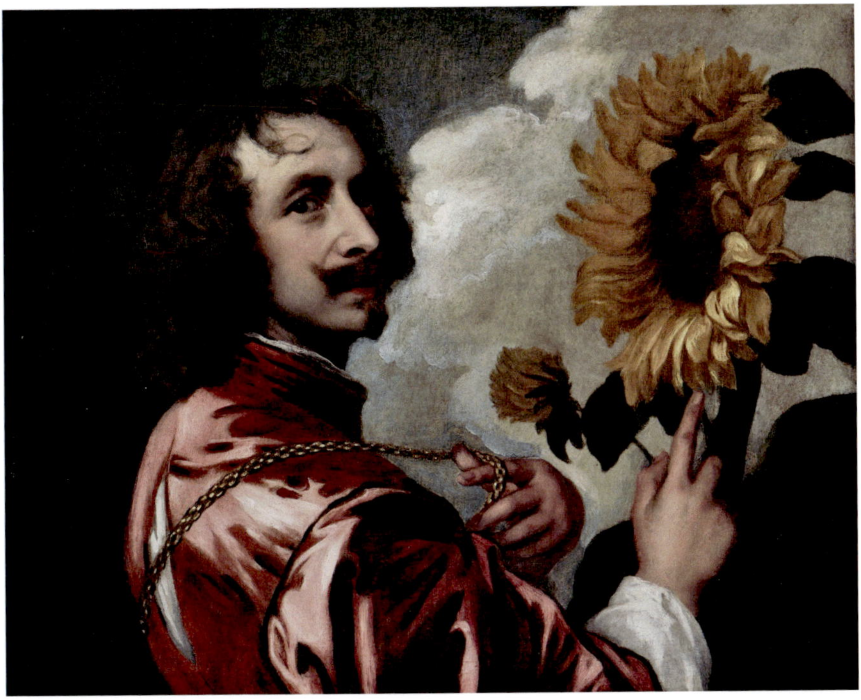

WEITERE WICHTIGE WERKE

- *Selbstporträt*, ca. 1620–21, Metropolitan Museum of Art, New York, USA
- *Sir Endymion Porter und van Dyck*, ca. 1635, Museo Nacional del Prado, Madrid, Spanien
- *Selbstporträt*, ca. 1640, National Portrait Gallery, London, Großbritannien

MERKMALE

- Viele Selbstbildnisse
- Zur Schau gestellte Statuserhöhung: der Maler als Fürst
- Übertriebene Eleganz: verlängerte Finger und Gliedmaßen
- Starkes Bewusstsein für Mode und Stil
- Einsatz von Symbolik, um die Position des Künstlers zu betonen
- Bravourtechnik: ausdrucksvolle, lässige Handhabung von Farbe
- Starkes Interesse an Tizians Umgang mit Gestik und Farbe

JUDITH LEYSTER
1609–1660

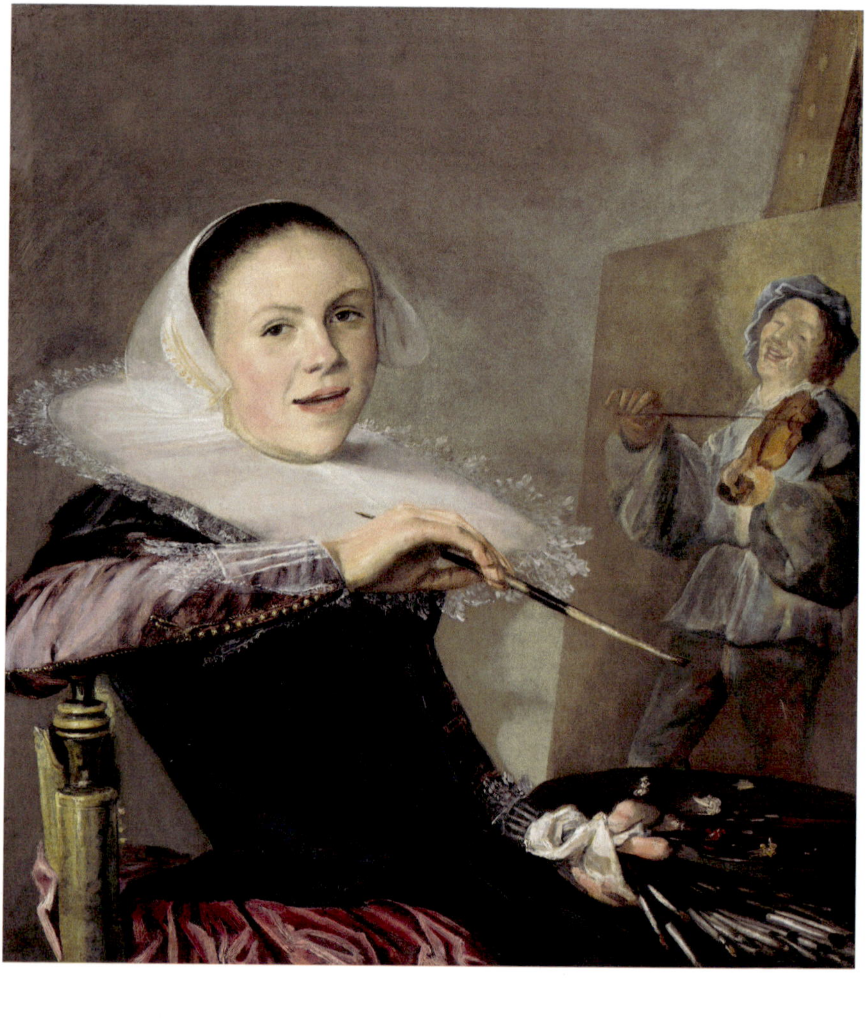

Judith Leyster
Selbstporträt, ca. 1630
Öl auf Leinwand,
74,3 x 65 cm
National Gallery of Art,
Washington

Die Porträtmalerei des niederländischen Goldenen Zeitalters ist bekannt für ihre Zwanglosigkeit und Direktheit mit fröhlichen und lockeren Modellen. In Judith Leysters Selbstporträt lehnt sich die Künstlerin zurück und dreht sich um, als wolle sie mit dem Betrachter sprechen. Diese faszinierende Pose erzeugt eine starke diagonale Achse – ein beliebtes kompositorisches Mittel in vielen Gemälden dieser Epoche.

Wer ist diese charismatische Frau, die sich zu uns dreht? Offenbar möchte sie reden oder lachen, vielleicht auch beides. Sie trägt die neueste Mode. Spitzenkragen und Ärmelaufschläge sind extravagant und makellos – kaum passend für das Malen. Die junge Frau, die eine Handvoll Pinsel hält, wirkt locker, entspannt und völlig im Reinen mit ihrer Arbeit. Sie lächelt so breit, dass man gegen alle Regeln weiblichen Anstands ihre Zähne sieht. Die Signatur zeigt »J« und »L«, gefolgt von einem Stern: »JL*«. Es ist Judith Leyster, eine bedeutende Malerin des Goldenen Zeitalters.

Während ihres Lebens erwarb Leyster Anerkennung für Porträts und Genreszenen von Feiernden. Einige ihrer Werke stellten weibliche Figuren und Situationen in den Vordergrund. Nach ihrem Tod geriet ihr Werk für mehr als 200 Jahre in Vergessenheit und viele ihrer Bilder schrieb man fälschlicherweise dem führenden niederländischen Maler Frans Hals zu. Ende des 19. Jahrhunderts entzifferte man Leysters typische Signatur schließlich und sie fand ihren Platz in der Kunstgeschichte.

Leyster war 1633 eine der ersten Frauen in der Malergilde Haarlem. Vermutlich präsentierte sie bei ihrem Eintritt dieses Selbstporträt, das Frische und Vitalität ausstrahlt. Die Pinselstriche tanzen mit Leichtigkeit und Bravour über die Leinwand. Röntgenaufnahmen enthüllten, dass Leyster sich ursprünglich bei der Arbeit am Porträt einer Frau, möglicherweise ihrer selbst, zeigen wollte. Später änderte sie das und zeigte stattdessen das Bild eines Mannes im Kostüm der *Commedia dell'arte*, vielleicht um ihre Kenntnis von Theater und Poesie zu demonstrieren. In einer kecken Geste weist Leyster mit dem Pinsel direkt auf den Unterleib des Schauspielers. Absicht? Der amüsierte Ausdruck der Künstlerin lässt es vermuten.

WEITERE WICHTIGE WERKE

- *Der Antrag*, 1631, Mauritshuis, Den Haag, Niederlande

MERKMALE

- Selbstbewusstes und entspanntes Bild einer Frau an einer Staffelei
- Barockes Interesse an Theaterlicht und -posen
- Ausdrucksvolle, sichtbare Pinselstriche
- Bewusste Selbstdarstellung
- Einsatz von Selbstporträts für Werbezwecke
- Selbstbewusster Gebrauch einer Signatur, möglicherweise bewusst geschlechtsneutral, um Diskriminierung vorzubeugen

REMBRANDT VAN RIJN
1606–1669

Nur wenige Künstler haben die Selbstporträtmalerei mit solcher Hartnäckigkeit erkundet wie Rembrandt van Rijn. Dieser wichtige Vertreter der niederländischen Kunst schuf im Verlauf von 40 Jahren mehr als 40 gemalte Selbstporträts, mehr als 30 Radierungen und sechs Zeichnungen. Dieser Eifer ist rätselhaft; niemand weiß genau, wieso er so viele Selbstporträts fertigte oder für wen sie gedacht waren. Außerdem ist unklar, ob diese Bilder in schwermütiger Einsamkeit entstanden oder ob er sie in seinem betriebsamen Atelier für einen wachsenden Markt in Massen produzierte. Sicher, in Europa bestand zu dieser Zeit ein riesiges Interesse an diesem Genre, wie die vielen Selbstporträts Rembrandts beweisen, die noch zu seinen Lebzeiten in wichtige Sammlungen aufgenommen wurden, darunter jene von König Karl I. Im Inventar von Rembrandts Atelier wurden nach seinem Tod jedenfalls keine aufgeführt.

Das Malen von Selbstporträts spielte in Rembrandts prägenden Jahren eine große Rolle. Nach der Lehrzeit in seiner Heimatstadt Leiden eröffnete er um 1625 ein eigenes Atelier. Mitte der 1630er-Jahre hatte er bereits mehr als die Hälfte seines gesamten Ausstoßes an Selbstporträts produziert. Diese Hast hatte teils praktische Gründe. Viele seiner frühen Selbstporträts waren Übungen im Festhalten von Ausdrücken und Emotionen; die besten Ideen fanden später ihren Weg in historische und religiöse Szenen. In den kleinformatigen Radierungen von 1630 posiert der Künstler vor dem Spiegel: schmollend, grimassierend, zähnefletschend, lachend. Die Radiernadel fliegt mit ausdrucksvoller Agilität über die Bildoberfläche und hält die grobe Textur eines schäbigen alten Mantels, eine Knollennase, die kreative Zauseligkeit seiner ungekämmten Haare fest. Das Ganze wirkt hochdramatisch: Manche Bereiche sind so intensiv dunkel, dass Augen und Teile des Gesichts kaum zu sehen sind. Der Künstler erscheint als Außenseiter, grübelnd, als kreativer Geist. Selbst in diesen kleinen »Studien« präsentierte Rembrandt sich als bedeutende Figur, und das lange, bevor seine Reputation voll etabliert war.

Rembrandt van Rijn
Selbstporträt mit offenem Mund, rufend, 1630
Radierung,
7,3 x 6,2 cm
Rijksmuseum, Amsterdam

Rembrandt verwendete oft Selbstporträts, um Gesichtsausdrücke auszuprobieren, bevor er sie in künftigen Werken einsetzte. Der gequälte Ausdruck in dieser Radierung fand sich später im Gesicht von Jesus in Rembrandts Gemälde *Christus am Kreuz* von 1631 wieder. Diese Verschmelzung der Gesichtszüge eines Künstlers mit denen Christi erinnert an Dürers Selbstbildnis von 1500 (siehe S. 21). Rembrandt war ein Bewunderer von Dürers Werk und sammelte seine Drucke.

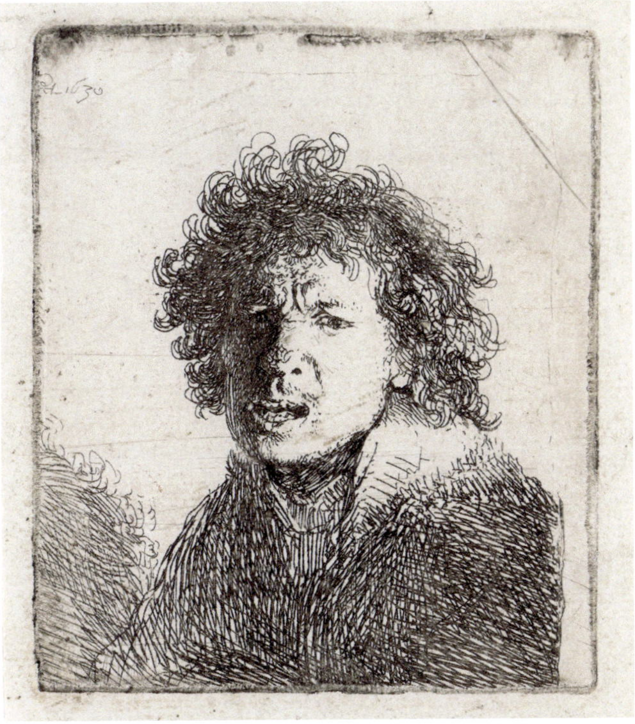

Mit wachsendem Ansehen wurden seine Selbstporträts stattlicher und statischer. *Selbstporträt mit 34* (1640) zeigt einen Künstler auf der Höhe seines Könnens. Auf den ersten Blick erscheint er als würdevoller und wohlhabender Herr, in Seide und Pelz gehüllt und mit Barett auf dem Kopf. Bei genauerem Hinschauen wird klar, dass er sich verkleidet hat: Er trägt Kleidung aus dem frühen 16. Jahrhundert. Seine herrische Pose erinnert an Tizians *Mann mit gestepptem Ärmel* (1511, National Gallery, London). Die reiche Farbigkeit von Rembrandts Hut und Faltenwurf lässt außerdem an Raffaels *Porträt des Baldassare Castiglione* (1514–15, Musée du Louvre, Paris) denken. Beide Renaissance-Porträts waren einige Jahre zuvor auf Auktionen in Amsterdam aufgetaucht. Rembrandt fertigte dort regelmäßig Skizzen von klassischen Werken an, bevor diese in private Hände übergingen. Indem er eine direkte Verbindung zwischen sich und seinen Renaissance-Vorgängern zog, suchte er seinen Ruf als natürlicher Erbe und wahrer, großer Meister zu festigen.

Rembrandts späte Selbstporträts sind bekannt für ihre freie Ausführung, schonungslose Ehrlichkeit und mysteriöse Würde.

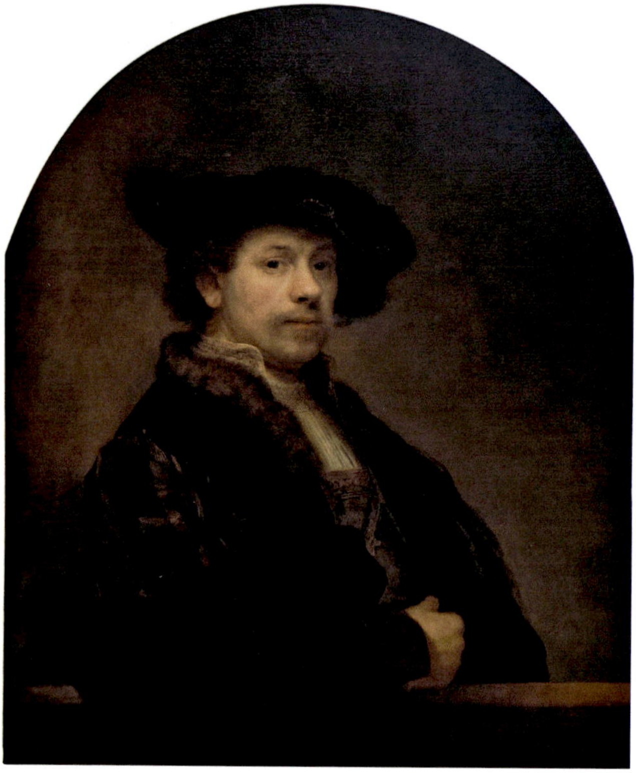

Rembrandt van Rijn
Selbstporträt mit 34, 1640
Öl auf Leinwand,
102 x 80 cm
National Gallery, London

Rembrandts Selbstporträts waren für nachfolgende Künstlergenerationen eine große Quelle der Inspiration. Sein Œuvre dient als Ideenkatalog für Posen und den Einsatz von gespielten Rollen, den Umgang mit Farbtönen und Chiaroscuro, kompositorische Mittel und potenzielle Möglichkeiten der Introspektion.

1656 war der Künstler bankrott, nachdem er jahrelang über seine Verhältnisse gelebt hatte. Sein Haus und seine Besitztümer wurden versteigert. Die Aufträge waren ausgeblieben und seine Gönner hatten sich anderswo umgesehen. Angesichts dieser Herausforderungen ist das nonchalante Auftreten in seinen späten Werken wenig überraschend. Nicht länger um Statussymbole oder potenzielle Förderer bemüht, kann sich der des Lebens überdrüssige Künstler kaum noch aufraffen, sich anzukleiden. In seinem ikonischen *Selbstporträt* von etwa 1665 trägt Rembrandt eine schäbige alte Kappe und einen Malerkittel. Er hält seine Palette, Pinsel und einen Malstock, bereit zum Malen. Sein Blick wirkt ernst, müde, nachdenklich. Die Farbe ist dick und trocken, über die Oberfläche gekratzt oder in dicken Klumpen verschmiert. Sein fortgeschrittenes Alter wird ehrlich zur Schau gestellt. Die Haut ist schlaff und formt tiefe Falten und Furchen. Die Wirkung ist majestätisch und befreit. Allen Widrigkeiten zum Trotz arbeitet der Künstler weiter, auf der Suche nach tieferen Wahrheiten.

Rembrandt van Rijn
Selbstporträt, ca. 1665
Öl auf Leinwand,
114,3 x 93 cm
Kenwood House, London,
English Heritage

Es gab eine Menge Spekulationen, was die zwei Kreise zu bedeuten haben, die sich hinter dem Künstler auf der Leinwand befinden. Manche Wissenschaftler glauben, es seien zwei nicht fertiggestellte Weltkarten. Andere verweisen auf die legendäre Geschichte von Giotto, der freihändig zwei perfekte Kreise zeichnete, um seine außergewöhnlichen Fähigkeiten zu beweisen. Rembrandt stellte sich hier vielleicht in eine Reihe mit den ganz Großen der Renaissance.

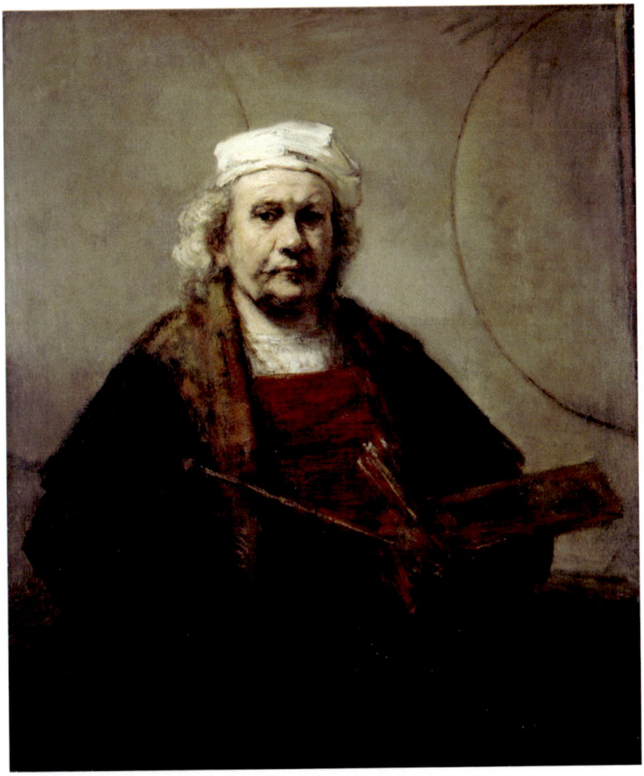

WEITERE WICHTIGE WERKE

- *Selbstporträt als junger Mann*, ca. 1628, Rijksmuseum, Amsterdam, Niederlande
- *Selbstbildnis als Zeuxis*, 1662, Wallraf-Richartz-Museum, Köln

MERKMALE

- Reiches und anhaltendes Interesse an Selbstporträts in verschiedenen Medien
- Übernahme des Genres aus verschiedenen Gründen, darunter Selbstporträts *in Assistenza*, Ausprobieren von Ideen und eigenständige Selbstporträts
- Interesse an Rollen, Posen und Kostümen
- Einbeziehung von Motiven aus Renaissance-Porträts zum Erhöhen des Status
- Dramatischer Einsatz von Chiaroscuro und Farbtönen
- Einsatz von Impasto in seinen späten Selbstporträts

DIEGO VELÁZQUEZ
1599–1660

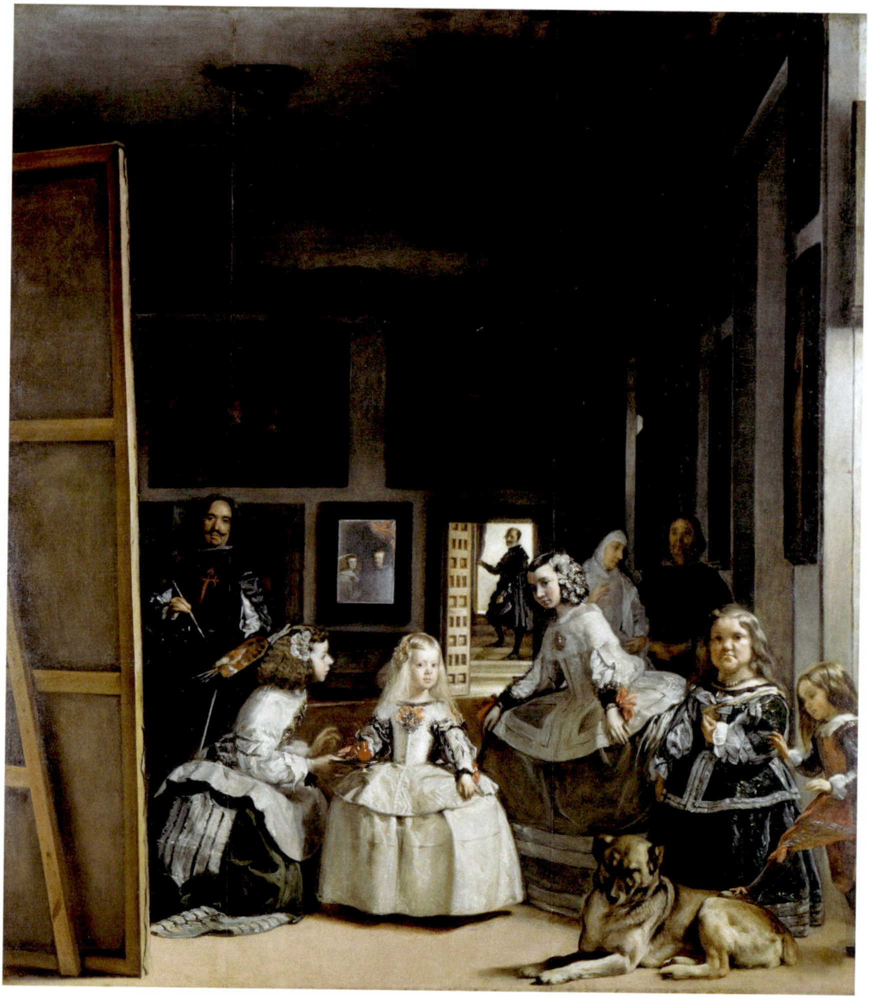

Diego Velázquez war der Lieblingsmaler des spanischen Königs Philip IV. und seiner zweiten Frau Königin Mariana. Die königliche Familie besuchte ihn gern in seinem großen Atelier im Schloss und sah ihm bei der Arbeit zu. *Las Meninas*, »Die Hoffräulein«, scheint einen solchen Moment festzuhalten. Velázquez steht in der dunklen linken Ecke des Bildes, gekleidet in kostbare Höflingsgewänder, und arbeitet an einer riesigen Leinwand. Margareta, die fünfjährige Prinzessin, steht im Mittelpunkt: schimmernde Röcke, seidiges Haar, kecke Neugier. Umgeben von ihren Hoffräulein, wird sie von den Hofzwergen unterhalten und vom Familienhund bewacht. Der Künstler, die Prinzessin und verschiedene andere Akteure schauen voller Ehrfurcht und Verehrung auf den Betrachter, so als würden sie kurz innehalten, um Atem zu schöpfen. Den Grund ihrer Ehrfurcht erblickt man im Spiegel hinter ihnen: Der König und die Königin nehmen den Platz des Betrachters ein. Besucht das königliche Paar Velázquez bei der Arbeit oder steht es selbst in aller Pracht Modell für ein Bild?

Es ist schwer, ein ambitionierteres Porträt eines Künstlers bei der Arbeit zu finden als dieses. Viele Künstler pflegten enge Beziehungen zum Königtum, aber keiner hatte es gewagt, sich in ein königliches Porträt zu setzen. Velázquez, der sich bedeutender darstellt als die Monarchen selbst, wirkt entspannt, wie einer aus der Familie. Er hat volle Kontrolle über die Szene, indem er eine hochkomplexe Komposition meistert und den epischen Maßstab eines Historienbildes wählt, um einen flüchtigen Moment einzufangen. Die Figuren sind auf Mitspieler reduziert und auf die untere Hälfte des Gemäldes beschränkt. Der obere Bereich ist ausschließlich für die Kunst reserviert, denn für Velázquez gilt: Kunst ist König.

Diego Velázquez
Las Meninas, 1656
Öl auf Leinwand,
318 x 276 cm
Museo Nacional del Prado, Madrid

Der Spiegel an der hinteren Wand dieses Werks erinnert an den konvexen Spiegel in Jan van Eycks *Die Arnolfini-Hochzeit* (siehe S. 12). Beide Künstler verwendeten Spiegel, um Miniporträts in andere Teile der Bildebene zu lenken. In *Las Meninas* benutzt Velázquez dieses Mittel, um das königliche Paar gleichzeitig in den Vordergrund und den Hintergrund zu stellen.

MERKMALE

- Kühne und innovative Herangehensweise an die Hofmalerei: zwanglose Momente statt steifer, statischer Posen
- Direktes Einfügen eines Selbstporträts in ein königliches Porträt und dadurch Statuserhöhung des Künstlers
- Barockes Interesse an Chiaroscuro und dem theatralischen Potenzial der menschlichen Interaktion
- Ungewöhnlicher Fokus auf das Personal wie Hofnarren und Dienerinnen
- Innovativer Einsatz von Spiegeln zum Projizieren von Miniporträts in überraschende Bereiche der Leinwand
- Lockerer Umgang mit Farbe zum Festhalten verschiedener Oberflächen und Texturen
- Großer, ambitionierter Maßstab

MARY BEALE
1633–1699

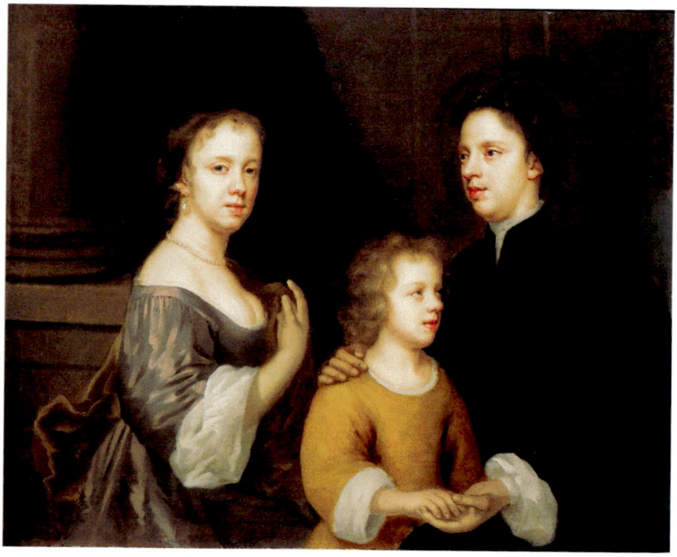

Mary Beale
Selbstporträt mit ihrem Ehemann Charles und dem Sohn Bartholomew,
ca. 1663–1664
Öl auf Leinwand,
63,5 x 76,2 cm
Museum of the Home, London

Mary Beale war eine der ersten professionellen Malerinnen Englands. Sie betrieb ein erfolgreiches Atelier in Londons Pall Mall und war die Hauptverdienerin des Haushalts. Ihr Mann Charles, der früher in der City angestellt war, unterstützte sie viele Jahre lang: Er führte ihre Bücher, bereitete die Farben vor und hieß die Modelle willkommen. Außerdem zogen Mary und Charles gemeinsam zwei Söhne groß. Die Beales waren ein sehr modernes Paar.

Charles erklärte, dass sein »liebstes Herz« sich selbst »zum Studium und zur Verbesserung« malte. Das war nichts Radikales; viele Künstler nutzten Selbstporträts, um ihr Können zu verbessern. Beale führte jedoch ein neues Motiv ein: Sie war die erste Künstlerin, die sich in Selbstporträts als arbeitendes Elternteil darstellte. *Selbstporträt mit ihrem Ehemann Charles und dem Sohn Bartholomew* (ca. 1663–64) erkennt die Unterstützung an, die sie durch ihre Familie erfuhr. Charles hält liebevoll die Hand seines Sohnes und schaut bewundernd auf seine Frau. Beale steht dicht neben beiden, bewahrt sich aber eine gewisse Autonomie, indem sie sich stolz und selbstbewusst dem Betrachter zuwendet. Mit erhobenem Finger weist sie auf sich selbst und signalisiert damit ihre Position an der Spitze der Familie.

Im Großbritannien des 17. Jahrhunderts gab es einen wachsenden Markt für Porträtmalerei. Viele Künstler konnten erfolgreich davon leben, auch wenn Beale als Malerin eine Rarität darstellte. Um genug Geld zum Unterhalt der Familie zu verdienen, brauchte ein Porträtmaler eine erfolgreiche Formel, einen steten Strom an Klienten und die Bereitschaft, hart zu arbeiten.

Etwa ein Jahr später greift Beale ihre Rollen als Künstlerin und Mutter in *Selbstporträt mit den Porträts ihrer Söhne* (ca. 1665) wieder auf. Sie nahm für dieses Werk eine feierliche Pose ein. Jeder Zoll die Matriarchin, ist sie in feine Kleidung gehüllt und trägt ihr Haar in einem modischen Stil. Dieses Selbstporträt idealisiert Beale nicht nur als anmutige und vornehme Dame, sondern ist eine gute Werbung für ihr Geschick, die Ähnlichkeit einer Person festzuhalten. Die saubere Palette an der Wand deutet auf Beales professionellen Rang hin. Und dort, in der unteren linken Ecke, sind ihre zwei Jungs, auf Leinwand gebannt und gestützt von der Hand der Künstlerin.

MERKMALE

- Selbstporträts als Darstellung der Rollen als professionelle Künstlerin sowie als Mutter
- Selbstporträts in der Familiengruppe
- Selbstbewusste und starke Darstellung von Frauen
- Idealisierung des menschlichen Gesichts und Körpers
- Barocke Theatralik von Pose und Faltenwurf
- Selbstporträts zum Üben von Technik und Komposition
- Spiegelt einen wachsenden Markt für Porträtmalerei in Großbritannien wider

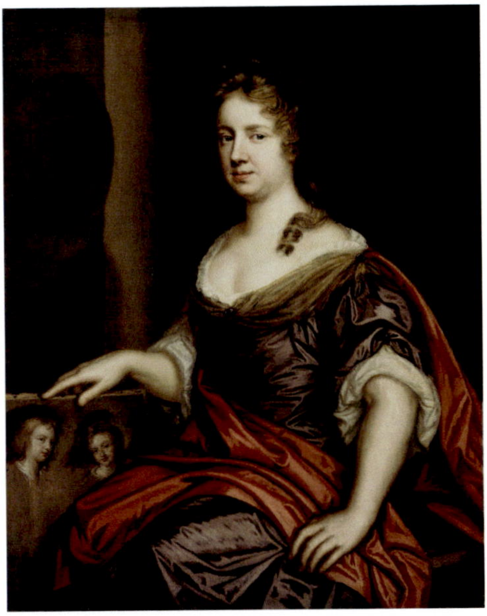

Mary Beale
Selbstporträt mit den Porträts ihrer Söhne,
ca. 1665
Öl auf Leinwand,
109,2 x 87,6 cm
National Portrait Gallery,
London

Beale war befreundet mit Sir Peter Lely (1618–80), dem Hofmaler von Karl I. Beide Künstler zeigten ihre Modelle gern als idealisierte, statueske Figuren, die in reiche Stoffe gehüllt waren, wie dieses Selbstporträt zeigt. Obwohl die Bräuche sich änderten und das Geschäft zum Ende ihres Lebens hin abflaute, arbeitete Beale bis kurz vor ihrem Tode im Jahr 1699.

ANNE SEYMOUR DAMER
1748–1828

»Mrs. Damer, Tochter von General Conway, hat einen Weg gewählt, der schwieriger und viel ungewöhnlicher ist als die Malerei. Die Annalen der Bildhauerkunst verzeichnen nur wenige Künstler des schönen Geschlechts, und keine von wirklicher Berühmtheit.«
Horace Walpole, 1780

Sich in der Macho-Welt der Bildhauerei zu bewegen, war für eine Frau im England des 18. Jahrhunderts keine einfache Sache. Die britische Amateurbildhauerin Anne Seymour Damer hatte das Talent, die finanziellen Mittel und die nötige Hartnäckigkeit, um neue Wege zu beschreiten. Ihre aristokratischen Eltern unterstützten ihr ungewöhnliches Interesse und bezahlten den Unterricht im Meißeln, Modellieren sowie in Anatomie. Nach der Flucht aus einer unglücklichen Ehe (ihr Ex-Mann nahm sich später das Leben) fand sie die Freiheit, ihre Studien der Bildhauerei fortzusetzen. Sie gewann Anerkennung für klassizistische Büsten bekannter Figuren, darunter Politiker und Schauspieler, sowie für ihre Tierskulpturen. Damer gab viel Anlass für Tratsch in der Gesellschaft, nicht nur wegen ihrer unkonventionellen Beschäftigung mit der Bildhauerei, sondern auch wegen ihrer engen Beziehung zu Frauen und ihrer Präferenz für Männerkleidung.

Damers *Selbstporträt* von 1778 ist eine Rarität. In der Kunst des 18. Jahrhunderts sind bildhauerische Selbstporträts selten, von Frauen gefertigte noch seltener. Ihre Pose ist ruhig und sinnend, ihre nach unten gerichteten Augen meiden den Blickkontakt mit dem Betrachter, so als würde sie tiefere intellektuelle Betrachtungen anstellen. Anders als viele ihrer Zeitgenossinnen trug sie für ihr Werk nicht die neueste Mode, sondern hüllte ihren Körper in ein geschlechtsneutrales, griechisch anmutendes Gewand und ist nicht besonders frisiert. Die Symmetrie ihres Gesichts zeigt den direkten Einfluss der klassischen Ideale von Balance und Haltung. Man kann sie auch nicht verwechseln: Damer meißelte ihren Namen vorn und hinten auf der Büste ein. Die griechische Inschrift lautet übersetzt: »Anne Seymour Damer aus Großbritannien, selbst gefertigt«. Die Wahl der Sprache ist eine weitere klassische Referenz und unterstreicht die gründliche Ausbildung der Künstlerin.

Anne Seymour Damer
Selbstporträt, 1778
Marmor,
Höhe 60 cm
Uffizien, Florenz

Dieses ungewöhnliche Selbstporträt ist die einzige Skulptur in der beeindruckenden Sammlung von mehr als 1.600 Selbstporträts der Uffizien. Gegründet 1664 von Kardinal Leopoldo de' Medici, wurde diese Sammlung ursprünglich im Vasari-Korridor ausgestellt, der die Uffizien in Florenz mit dem Palazzo Pitti verbindet. Viele Künstler haben der Sammlung ihre Selbstporträts gestiftet, weil sie sich deren anhaltender Bedeutung bewusst waren.

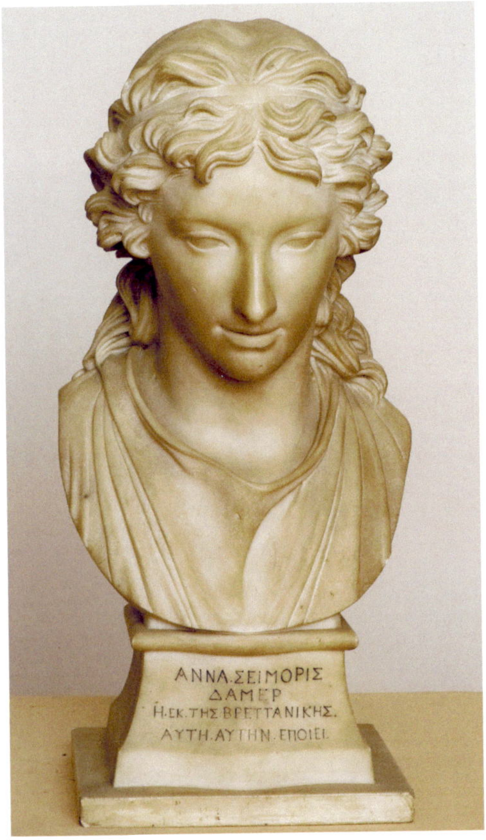

WEITERE WICHTIGE WERKE

- Joshua Reynolds, *Porträt von Anne Seymour Damer*, 1773, Yale Center for British Art, Paul Mellon Fund, USA

MERKMALE

- Seltenes Beispiel eines bildhauerischen Selbstporträts des 18. Jahrhunderts
- Marmorbüste in ungewöhnlicher Frontalansicht
- Klassizistischer Stil: starker Einfluss antiker griechischer und römischer Bildhauerei
- Klassische Gewänder und Frisur statt aktueller Mode
- Ablehnung von Frivolität oder Tändelei
- Geschlechtsneutrale Detaildarstellung
- Eingemeißelte Inschrift verrät die Identität des Modells

ELISABETH LOUISE VIGÉE LE BRUN
1755–1842

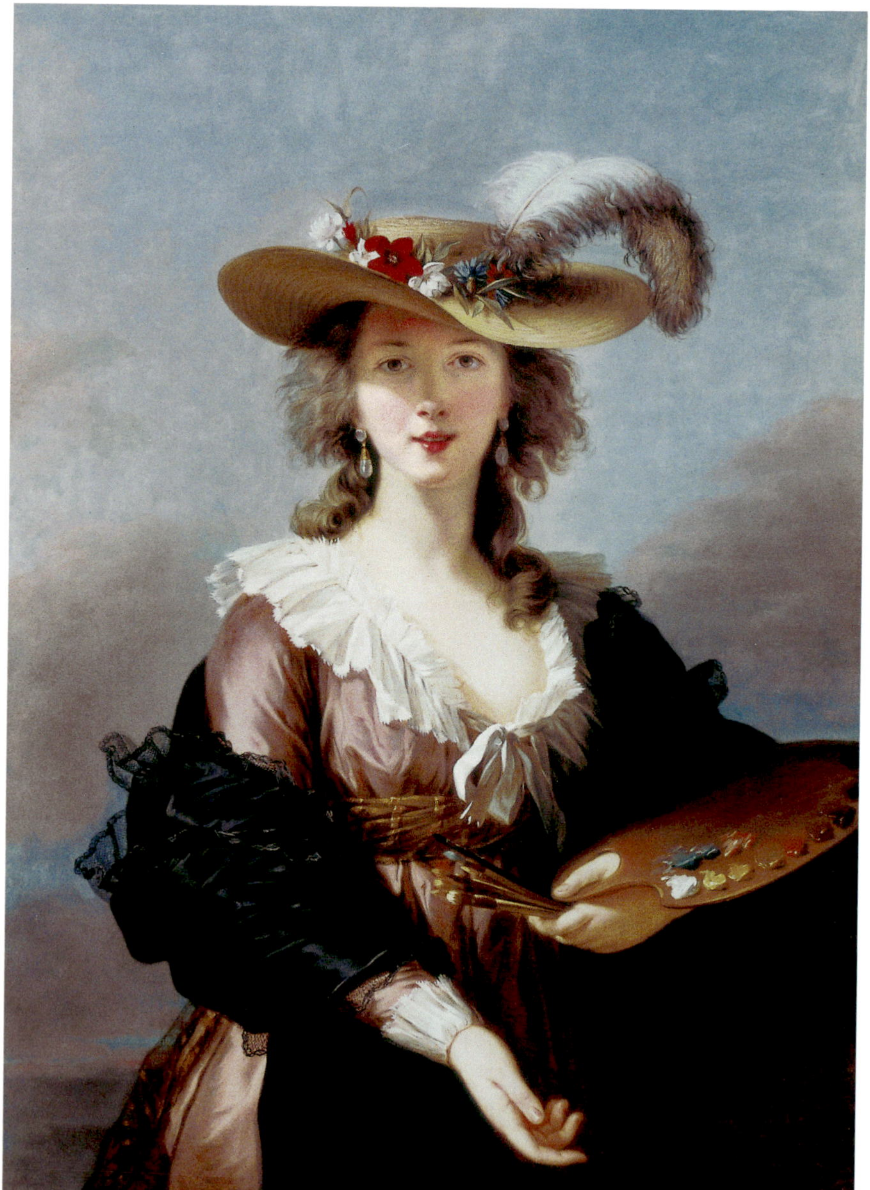

Elisabeth Louise Vigée Le Brun
Selbstporträt mit Strohhut, nach 1782
Öl auf Leinwand, 97,8 x 70,5 cm
National Gallery, London

Vigée Le Bruns Ruf als Künstlerin bleibt umstritten. Manche feministischen Kritiker betrachten ihr Werk als allzu narzisstisch mit einem übergroßen Hang zur Verschönerung und dem Bedürfnis nach männlicher Anerkennung. Andere sehen dagegen eine strategische und kluge Taktikerin, die in der Lage war, sich in den höchsten Kreisen der Gesellschaft zu bewegen und eine ungemein erfolgreiche Karriere in einem vorwiegend männlich besetzten Feld zu verfolgen.

Die französische Porträtmalerin Elisabeth Louise Vigée Le Brun wusste genau, was Frauen wünschten. Durch eine sanfte Mischung aus Schmeichelei und Akzentuierung fand sie immer den besten Winkel oder das entscheidende Merkmal eines Modells. Vigée Le Brun, die Tochter eines Malers, arbeitete sich mithilfe des Kontaktbuchs ihres Vaters in die höchsten Ränge der Gesellschaft vor. 1778 wurde sie der französischen Königin Marie Antoinette vorgestellt, die von ihrem luftigen und gewinnenden Stil sofort begeistert war. Vigée Le Brun wurde ihre Lieblingsmalerin und fertigte mehr als 20 Porträts der Königin und ihrer Kinder.

Trotz ihres kometenhaften Aufstiegs zum Ruhm war ihr klar, wo sie in der Künstlergemeinschaft stand. Frauen durften nur unter besonderen Umständen der Königlichen Akademie für Malerei und Bildhauerei beitreten. Vigée Le Brun wurde nur auf speziellen Wunsch des Königs aufgenommen. Die Ausbildungsprogramme der Akademie waren gleichermaßen restriktiv. Frauen durften keine Akte zeichnen und konnten daher kaum etwas zum Genre der Historienmalerei beitragen, die als höchste Form der Kunst galt. Vigée Le Brun entschied sich daher, ihr professionelles Leben den weniger geschätzten Porträts zu widmen. Sie spezialisierte sich auf die Darstellung von Frauen, baute aber oft Verweise auf die Gemälde der alten Meister ein, um ihr Werk »aufzuwerten«.

Vigée Le Brun schuf in ihrem Leben etwa 12 Selbstporträts, von denen die meisten ihr Interesse an Stil, Schönheit und Grazie widerspiegelten. *Selbstporträt mit Strohhut* (nach 1782) bezieht sich direkt auf Peter Paul Rubens' *Porträt von Susanna Lunden* (1622–25, National Gallery, London), das den Spitznamen »Le Chapeau de Paille« oder »Der Strohhut« trägt. Vigée Le Brun sah dieses Werk 1782 bei einer Reise in die Niederlande und schrieb in ihren Memoiren, dass dessen »größte Kraft in der raffinierten Darstellung zweier unterschiedlicher Lichtquellen liegt, einfaches Tageslicht und das helle Licht der Sonne«.

Vigée Le Brun lieh sich Rubens' Vision einer attraktiven Frau, die sich im Tageslicht sonnt. Sowohl sie als auch Lunden tragen tief ausgeschnittene, modische Kleidung und schützen ihre Gesichter mit prächtigen Hüten vor der Sonne. Hier endet die Ähnlichkeit aber auch schon, da Vigée Le Brun die devote Tändelei gegen eine kühnere Haltung tauscht: Schultern zurück, direkter Blick und die rechte Hand nach vorn gestreckt, so als würde sie uns in ein tiefsinniges Gespräch verwickeln. Hier zeigen sich auch viele ihrer modischen Vorlieben. Sie zog eine natürliche Frisur der aufwendigen, gepuderten Perücke vor und trug ein fließend fallendes Kleid statt einer geschnürten Korsettage. Die Palette unterstreicht ihren Status als attraktive Frau *und* Künstlerin. Dieses Selbstporträt wurde 1783 beim Salon gezeigt, einer alle zwei Jahre in Paris stattfindenden großen Kunstausstellung. Die Kritiker bestaunten das Werk: »Haben Sie Madame Le Brun gesehen? Was halten Sie von Madame Le Brun?«

Gleichermaßen bewundert wurden ihre Selbstporträts mit ihrer Tochter Julie. Auch hier lehnte sich die Künstlerin aus Gründen des Prestiges an die alten Meister an. *Selbstbildnis mit ihrer Tochter Julie* (1786) besitzt eine faszinierende Ähnlichkeit zu Raffaels Gemälden der Madonna mit dem Kind, vor allem zu *Madonna della Sedia* (ca. 1514, Palazzo Pitti, Florenz). Die Künstlerin und ihre Tochter wirken zwar entspannt, wie sie sich in klassizistisch anmutenden Gewändern zärtlich umarmen, doch Vigée Le Brun stand zu dieser Zeit unter Beobachtung. Nicht nur sorgte ihr aufwendiger und leichtfertiger Lebenswandel für Stirnrunzeln, sondern es gab auch Gerüchte über eine Affäre mit dem Finanzminister Charles Alexandre de Calonne. Gibt es einen besseren Weg, ihre Unschuld und Tugend zu zeigen, als durch ein perfektes Bild der Mutterschaft, das die Frau am »richtigen« Platz im Herzen der Familie abbildet? Die enge Bindung zwischen Mutter und Tochter galt als heilig. Vigée Le Brun nutzte Selbstporträts in einem strategischen, wenn auch gefährlichen Spiel als Form der Öffentlichkeitsarbeit. 1789 floh sie wegen ihrer Verbindungen zur Monarchie aus dem revolutionären Frankreich. Vier Jahre später wurde Königin Marie Antoinette hingerichtet.

Elisabeth Louise Vigée Le Brun
Selbstbildnis mit ihrer Tochter Julie, 1786
Öl auf Leinwand,
105 x 84 cm
Musée du Louvre, Paris

Die dauerhafte Anziehungskraft von Vigée Le Bruns Kunst zeigt sich anhand ihrer Wiedergabe auf allen möglichen Waren, von Küchenhandtüchern bis Schokoladendosen. Ihr Werk zeichnet sich durch seine entspannte Zwanglosigkeit aus, mit lässig dasitzenden Modellen, die aussehen, als würden sie gerade etwas sagen wollen. Auch diese Szene mit ihrer rehäugigen Tochter wirkt ungezwungen und nahezu zuckersüß.

WEITERE WICHTIGE WERKE

- *Selbstporträt mit Tochter*, nach 1787, Musée du Louvre, Paris, Frankreich
- *Selbstporträt*, 1790, Uffizien, Florenz, Italien

MERKMALE

- Nutzung von Selbstporträts zum Formen einer Identität als Frau und erfolgreiche Künstlerin
- Herstellung von »Mutter und Kind«-Selbstporträts, um den Mythos von Tugend und Anstand zu stärken
- Selbstbewusste und attraktive Darstellung von Frauen
- Idealisierung des menschlichen Gesichts und Körpers
- Einbeziehung von klassizistischen Referenzen und Motiven der »alten Meister«, um das eigene Werk zu erhöhen
- Bewusster Einsatz von Mode und Trends
- Bewusste Darstellung von entspannter Zwanglosigkeit und Leichtigkeit

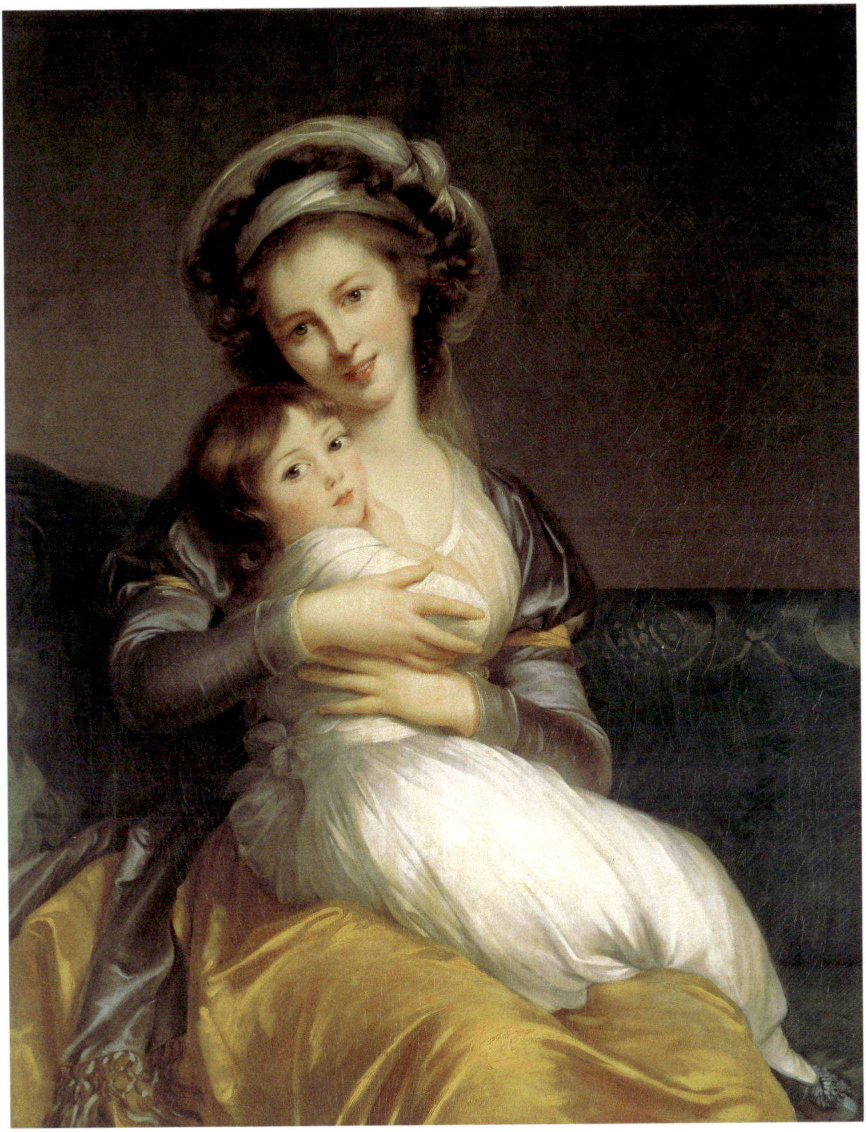

FRANCISCO GOYA
1746–1828

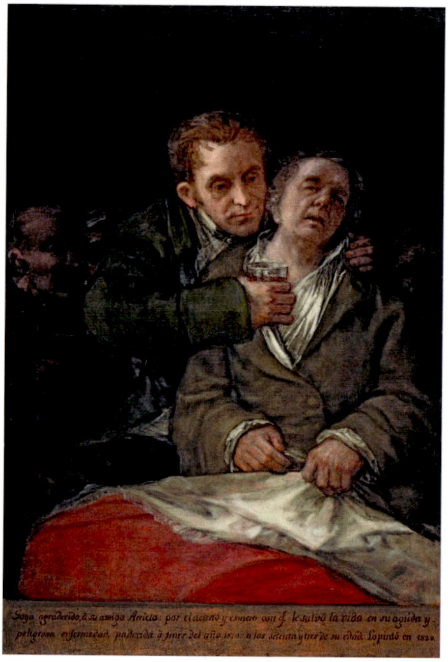

In vielerlei Hinsicht steht das Werk von Francisco Goya an einem konzeptuellen Scheideweg. Seine grüblerischen Gemälde und Grafiken kombinieren die Fertigkeiten und Techniken der »alten Meister« mit der psychologischen Intensität der Romantiker. Dieser produktive und vielseitige spanische Künstler war ein erfolgreicher Porträt- und Hofmaler. Sein grafisches Werk, das gedruckt wurde und weite Verbreitung fand, drückte seine dunkleren Visionen, einen starken narrativen Impuls und satirische Kommentare aus. Ein faszinierendes Selbstporträt diente als Titelbild für seinen Zyklus *Los Caprichos* (»Die Marotten«) von 1799. Die 80 Aquatinta-Radierungen zeigen verschiedene Akte menschlicher Gewalt, des Horrors und der Zerstörung. Das Titelbild zeigt einen mürrischen Mann, der nur widerwillig für sein Selbstporträt posierte. Er scheint kein Verlangen zu spüren, sich umzudrehen, sondern wirft nur einen verstohlenen Blick aus den Augenwinkeln auf den Betrachter.

Zum Ende seines Lebens wurde Goyas Kunst noch düsterer und er zog sich nach und nach immer mehr aus der Öffentlichkeit zurück. Etwa 1792 erkrankte er an einem mysteriösen Leiden, das ihn taub

Francisco Goya
Selbstporträt mit Dr. Arrieta, 1820
Öl auf Leinwand, 114,6 x 76,5 cm
Minneapolis Institute of Art, Minneapolis

Goyas Interesse an Geschichten zeigt sich in dieser ungewöhnlichen Komposition, die seinem Arzt Ehrerbietung erweist. Die ausführliche Inschrift am unteren Rand des Werkes lobt Dr. Arrieta für sein »Mitgefühl und seine Sorge, mit denen er während der heftigen und gefährlichen Krankheit, an der er litt, sein Leben gerettet hatte.«

und arbeitsunfähig zurückließ. Eine weitere, nahezu tödliche Krankheit erlitt er 1819. Mit seinem letzten Selbstporträt von 1820 ehrt Goya das Mitgefühl und Können seines Arztes Dr. Eugenio García Arrieta. Wir sehen den Künstler in seinem Bett sitzend, wie er sich – vielleicht aus Schmerz – an seine Decke krallt. Der aufmerksame Arzt stützt Goya und bietet ihm ein Glas Wasser an. Die Figuren erinnern an eine Pietà – eine dramatische christliche Szene, in der Maria den toten Christus in den Armen hält. Aus Dankbarkeit für die Rettung seines Lebens schenkte Goya dieses ungewöhnliche Porträt dem Doktor.

WEITERE WICHTIGE WERKE

- *Selbstporträt*, 1795–97, Metropolitan Museum of Art, New York, USA
- *Selbstporträt*, 1815, Museo Nacional del Prado, Madrid, Spanien
- Merkmale
- Ungeschönte Darstellungen des alternden Selbst
- Interesse an dunkleren psychologischen Zuständen, Angst und Unbehagen
- Starker Einsatz von Chiaroscuro-Effekten
- Ausdrucksvoller Einsatz gemalter Oberflächen und radierter Linien
- Nutzung ungewöhnlicher Kompositionen, Körpersprache und Ausdrücke zum Aufrichten von Barrieren
- Dramatische Darstellung von Momenten der Krise
- Starker narrativer Impuls

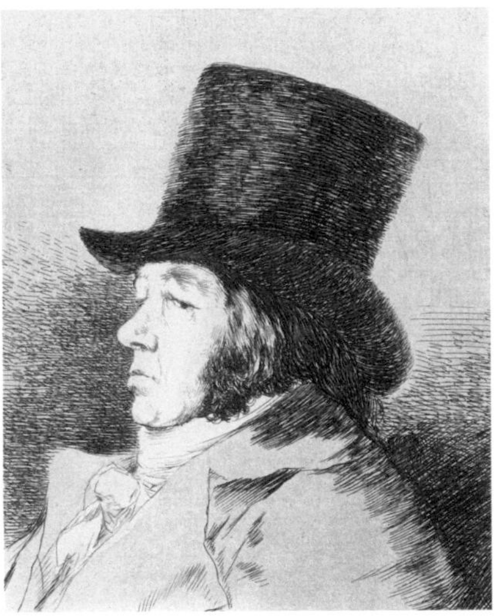

Francisco Goya
Francisco Goya y Lucientes (Selbstporträt), Blatt 1 von Los Caprichos, 1799
Radierung, Aquatinta, Kaltnadel und Stichel auf Papier, 21,7 x 15 cm
Metropolitan Museum of Art, New York

Goya wurde beeinflusst von Rembrandts atmosphärischer Nutzung des Chiaroscuro. In diesem Druck schafft Goya bedrohliche Schatten und dunkle Winkel, um ein Gefühl von Spannung und Reserviertheit zu erzeugen. Die Körpersprache und der mürrische Seitwärtsblick dienen als Sperre – Komm nicht näher!

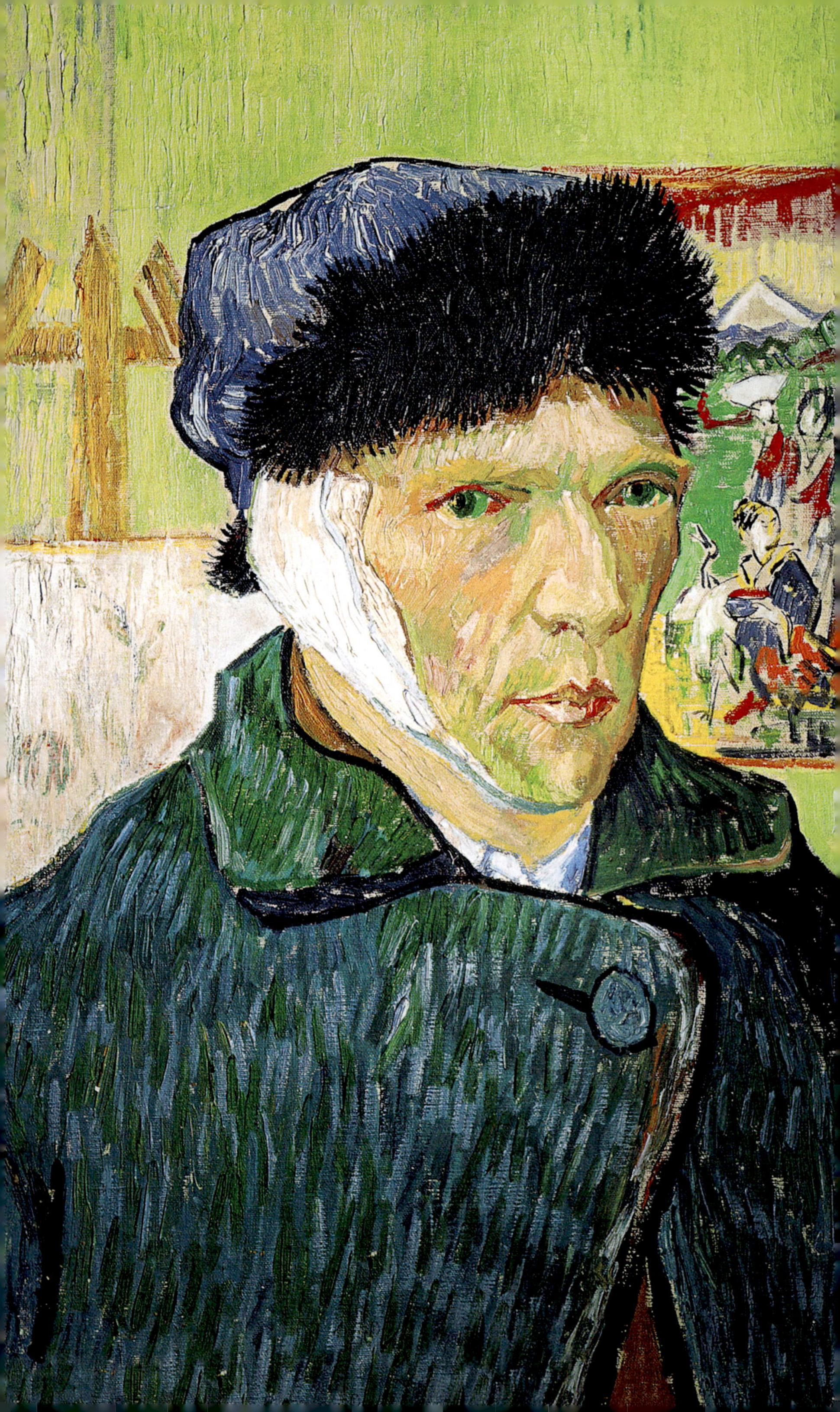

SELBSTANALYSE

-

»Gemalte Porträts haben ein ganz eigenes Leben, das tief aus der Seele des Malers kommt und wohin die Maschine nicht gelangen kann.«

-

Vincent van Gogh, 1885

GUSTAVE COURBET
1819–1877

Das Bild des Künstler-Bohemiens war lange präsent in der öffentlichen Vorstellung: Dieses mittellose Genie führt ein Leben am Abgrund, gemieden von der bürgerlichen Gesellschaft. Er geistert durch schummerige Straßen, düstere Cafés, haust in einer eisigen Dachkammer oder verlässt die Stadt gleich ganz und zieht in die Einsamkeit einer desolaten Landschaft. Er ist groß, dunkel und gutaussehend, mit wirrem, ungekämmtem Haar und einem kühnen Blick, hinter dem seine Ideen leuchten. Diese melancholische Figur dominierte Kunst und Literatur der Romantik.

Der französische Künstler Gustave Courbet konnte dieses Künstlerimage mit bemerkenswerter Konsistenz und Fantasie bis zu seinem Lebensende aufrechterhalten. Geboren in einer ländlichen Gegend in Ostfrankreich, zog er mit 20 Jahren nach Paris. Schnell legte er sich den Lebensstil eines Bohemiens zu, hielt Hof in Bars und Cafés, wo er riesige Schulden anhäufte. Courbet sprach mit lauter Stimme in seinem heimatlichen Dialekt. Seine Worte, die er oft aus Trunkenheit lallte, forderten einen neuen, derben Realismus in der Kunst. Er war, als mediengewandter Selbstdarsteller, ein produktiver Maler von Selbstporträts und bereitwilliges Motiv zahlloser Fotografien und Karikaturen. Courbet war berüchtigt für seine Eitelkeit. Selbst im Alter, als sein Körper deutlich vom übermäßigen Trinken gezeichnet war, sind die Figuren in seinen Selbstporträts anmutig und schlank.

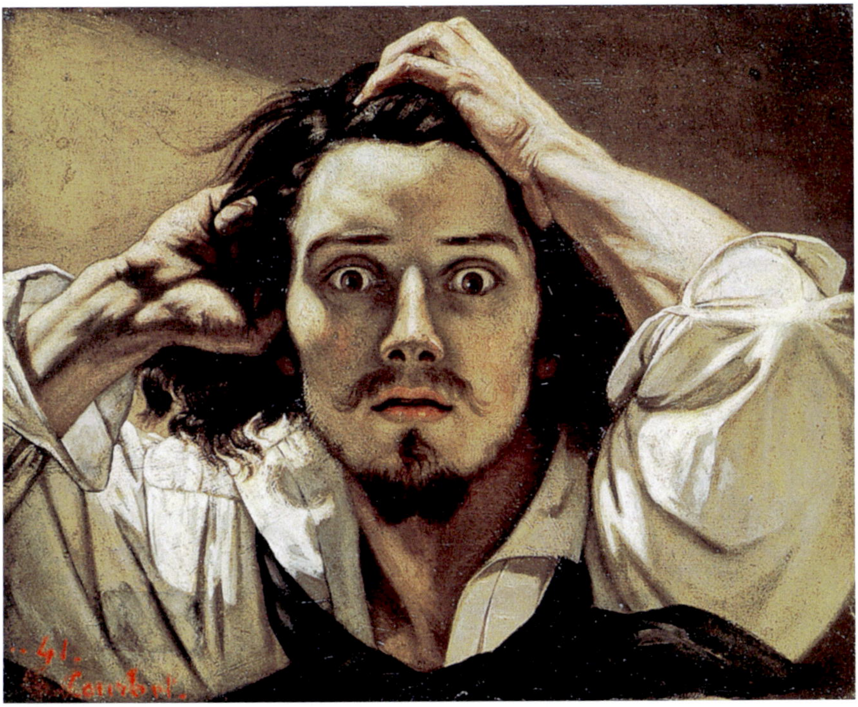

Gustave Courbet
Selbstporträt: Der Verzweifelte, 1841
Öl auf Leinwand,
45 x 55 cm
Privatsammlung

In diesem dramatischen Werk dringt Courbet in den Bereich des Betrachters ein, fast als würde er die Bildebene durchbrechen. Ausdrucksvolle Hände halten das Haar des Künstlers zurück, sodass seine schönen Gesichtszüge und sein typischer Bart enthüllt werden. Der Künstler am Rande des Nervenzusammenbruchs spielt mit dem Mythos vom Bohemien als exzentrischer und verletzlicher Figur.

Trotz seiner vorgeblichen Liebe für den Realismus sind die Selbstporträts Werke der Fiktion mit dem Künstler in der Hauptrolle. Wir sehen ihn, ergriffen Cello spielend (obwohl er nicht einen Griff beherrschte) oder vor Erschöpfung schwitzend, nachdem er ein Meisterwerk in einen Felsen gemeißelt hatte (er war nie Bildhauer). Courbets Hände sind oft sinnlich und aktiv, sein Körper liegt lasziv auf dem Boden. Diese Gesten weisen auf einen Künstler hin, der mit sich selbst, der Natur und der Erde in Einklang ist. Oft sind die Orte ländlich und unberührt: Er sieht sich als Außenseiter, weit weg von seinen bürgerlichen Kritikern in Paris, voller eigensinniger Unabhängigkeit.

Auf Kritik reagierte Courbet sehr empfindlich. Als er 1855 nach dem Einreichen einiger Werke für die Weltausstellung im Palais des Beaux-Arts in Paris entdeckte, dass zwei seiner Bilder von der Jury abgelehnt worden waren, wurde er wütend und ging in die Offensive. Er ließ auf einem Grundstück direkt gegenüber dem Veranstaltungsort seinen eigenen »Pavillon du Réalisme« erbauen, in dem er seine eigenen Gemälde ausstellte, darunter auch viele Selbstporträts. Peinlicherweise war die Ausstellung ein völliger Flop. Mangelnde Zuschauerzahlen erzwangen eine Senkung der Eintrittspreise. Dennoch beeinflusste das Konzept der alternativen

Ausstellung als Gegenpol zu institutionellen Zwängen nachfolgende Künstlergenerationen. Der *Salon des Refusés* von 1863 zeigte etwa ein breites Spektrum impressionistischer Kunstwerke, die von der Akademie abgelehnt wurden.

Die Auffassung vom Künstler als Ausgestoßenem drückt sich auch in Courbets berühmtem Bild *Die Begegnung* (1854) aus. Das Werk zeigt den reisenden Künstler, der auf seinen Mäzen, Alfred Bruyas, und dessen Diener, Calas, trifft. Das zufällige Treffen fand an einer Kreuzung bei Montpellier statt. Hier bot sich die Gelegenheit für Courbet, sein außergewöhnliches Talent als Landschaftsmaler zu beweisen; die Szene ist in gleißendes Sonnenlicht getaucht. Wieder einmal hält er Abstand: Er wirkt freundlich und offen, deutet durch die Haltung seines Holzstocks aber auch seine Unabhängigkeit an. Er trägt sein Leben auf dem Rücken, ist ein Wanderer, ein Nomade. Interessant ist, dass er als einziger einen Schatten wirft – fast gottgleich kann er die Sonne blockieren.

Courbet starb mit 58 Jahren an Alkoholismus, nachdem er wegen seiner Verbindung zu radikalen politischen Kräften einige Zeit im Gefängnis verbracht hatte. Bankrott und gebrochen, blieb er bis zum Ende ein Rebell und Revolutionär.

Gustave Courbet
Der Verletzte, 1844–54
Öl auf Leinwand,
81,5 x 97,5 cm
Musée d'Orsay, Paris

Oft benutzte Courbet Selbstporträts, um Opferrollen auszuprobieren. Hier scheint er an einem Baum zusammengesunken zu sein, offenbar tödlich verwundet. Die Nahsicht zieht den Betrachter in das Geschehen. Dennoch ist die Szene am Ende wenig überzeugend: Der Künstler ist offensichtlich nach einer heftigen Zecherei einfach eingeschlafen.

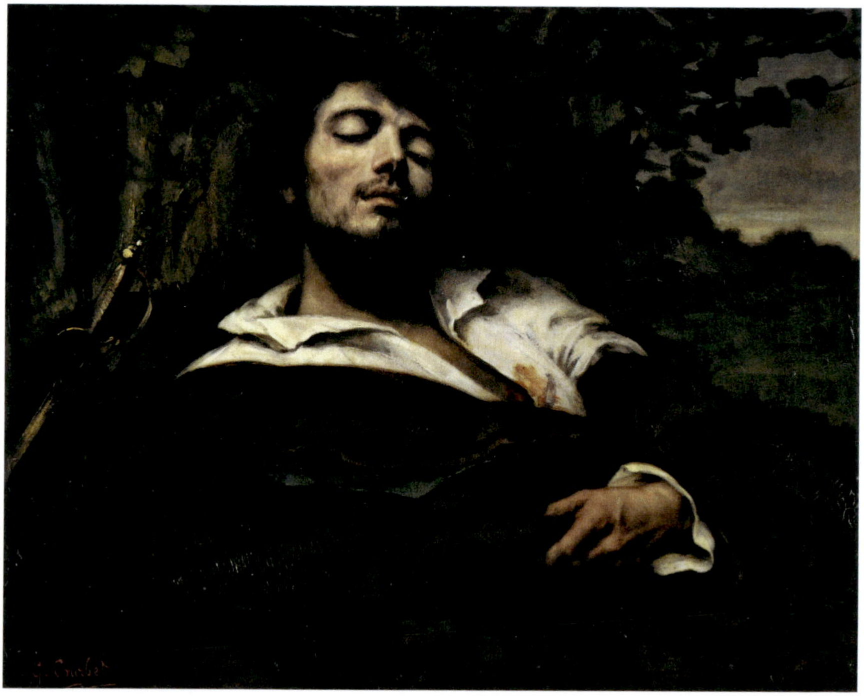

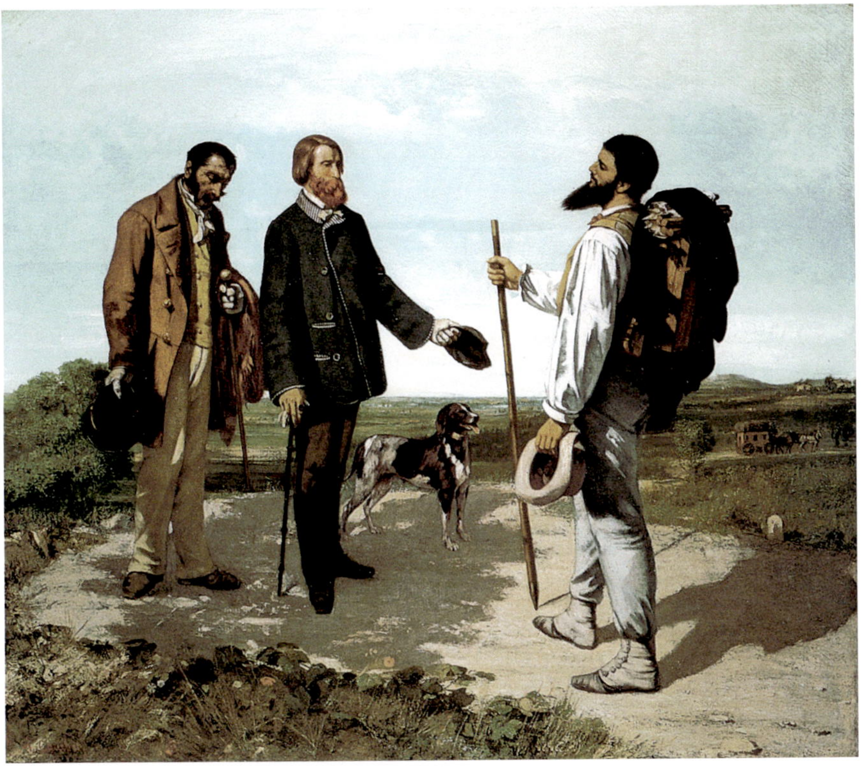

Gustave Courbet
Die Begegnung (»Bonjour Monsieur Courbet«), 1854
Öl auf Leinwand,
129 x 149 cm
Musée Fabre, Montpellier

Dieses Werk offenbart die Kooperation zwischen einem Künstler und seinem Mäzen. Courbet wusste die Unterstützung von Alfred Bruyas, einem Kunstsammler und Autor, zu schätzen. 1854 schrieb Courbet an Bruyas über seine Absichten für dieses Werk: »Es bleibt noch eins [Selbstporträt], das ich machen muss, das eines Mannes mit festen Prinzipien: des freien Mannes.«

WEITERE WICHTIGE WERKE

- *Mann mit Pfeife*, ca. 1846, Musée Fabre, Montpellier, Frankreich
- *Das Atelier des Künstlers*, ca. 1854–55, Musée d'Orsay, Paris, Frankreich

MERKMALE

- Intensives und dauerhaftes Eigeninteresse
- Idealisierung der Figur und des Gesichts
- Absichtliche Mythenbildung und Selbstverherrlichung, darunter die Aufrechterhaltung der Bohemien-Mythen
- Selbstporträts zum Ausspielen unterschiedlicher Narrative und Identitäten
- Beschäftigung mit Freiheit, Unabhängigkeit und Individualismus
- Nutzung von Nahaufnahmen zum Verstärken der Wirkung

VINCENT VAN GOGH
1853–1890

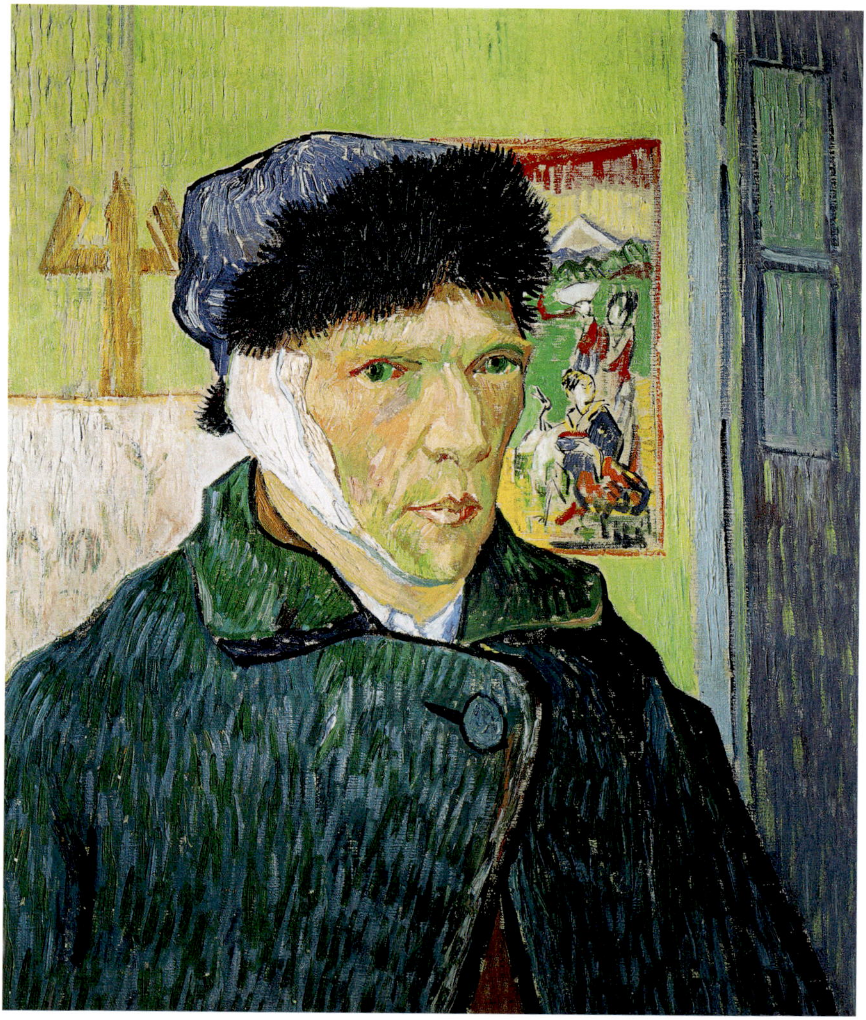

Vincent van Gogh
Selbstporträt mit verbundenem Ohr, 1889
Öl auf Leinwand,
60 x 49 cm
Courtauld Gallery,
London

Van Gogh dekorierte sein Haus in leuchtenden Farben und hängte zur Inspiration oft Bilder an die Wand. Im Hintergrund dieses Selbstporträts ist ein japanischer Holzschnitt zu sehen, der auf van Goghs Interesse an den fließenden Formen und bezaubernden Farben dieser einflussreichen Drucke aus dem 19. Jahrhundert hinweist.

1885 schrieb Vincent van Gogh: »Gemalte Porträts haben ein ganz eigenes Leben, das tief aus der Seele des Malers kommt und wohin die Maschine nicht gelangen kann.« Als die Fotografie immer mehr dazu in der Lage war, die äußere Erscheinung festzuhalten, begannen Künstler, das expressive Potenzial von Farbe auszuloten. Van Goghs schwermütige Selbstporträts gehören zu den berühmtesten Bildern der westlichen Kunst. Diese Werke – oft Kopf und Schultern im Hochformat – beweisen seine außerordentliche Originalität als Maler und Kolorist. Leuchtende Flecken kontrastierender Farben drängen sich nebeneinander und erzeugen ein allumfassendes Gefühl von emotionaler Intensität und Beklemmung. Gleichermaßen bekannt ist die traurige Geschichte seines gequälten Lebens: eine klassische Geschichte von Genie, Verwundbarkeit und Geisteskrankheit mit einem unausweichlichen tragischen Ende.

Van Gogh kämpfte sein Leben lang um Anerkennung. Er konnte es sich kaum leisten, Modelle zu bezahlen und wandte sich daher dem billigsten Modell zu, das er finden konnte: sich selbst. Zwischen 1886 und 1888 lebte er mit seinem Bruder Theo, einem Kunsthändler, am Montmartre in Paris. Hier entstanden in kurzer Zeit etwa 20 Selbstporträts. Trotz seines Elans verabscheute er Paris und sehnte sich nach einem ländlichen, spirituellen Leben. 1888 zog er nach Arles in Südfrankreich, um sich an Gottes Werk, der Natur, zu erfreuen und eine Künstlergemeinschaft zu begründen. Er träumte von einer Bruderschaft Gleichgesinnter, die den Realismus auf der Suche nach tieferen, spirituellen Visionen überwand.

Den postimpressionistischen Maler Paul Gauguin faszinierte die Vorstellung seines Freundes von einem »Studio des Südens« und er plante unverzüglich seine Abreise aus der Bretagne, um bei van Gogh in Arles zu wohnen. Eine Reihe frustrierender Verzögerungen veranlasste die beiden Künstler zu einer ungewöhnlichen Brieffreundschaft, bei der sie auch Selbstporträts austauschten, um ihren kreativen Schwung zu erhalten. Gauguin traf schließlich im November 1888 ein. Van Gogh hatte in Erwartung der Ankunft Veränderungen an seinem Haus vorgenommen, um den Komfort seines Freundes zu gewährleisten. Dieser häusliche Impuls zeigt sich in zwei Bildern, die er nach Gauguins Eintreffen begann und in denen die Stühle der beiden Künstler zu sehen sind. Stühle bieten dem Körper Raum. Obwohl auf den Bildern keine Figuren zu sehen sind, vermitteln sie eine starke individuelle Präsenz und verweisen auf die tiefere psychologische Verfassung. Gauguins gepolsterter Stuhl wirkt bedrohlich, geisterhaft, mit tentakelartigen Beinen, was schon auf den zunehmenden Zwist zwischen beiden hindeutet. Van Goghs aus Binsen geflochtener Sitz scheint genügsamer zu sein, schmerzlich isoliert und gehemmt. Die

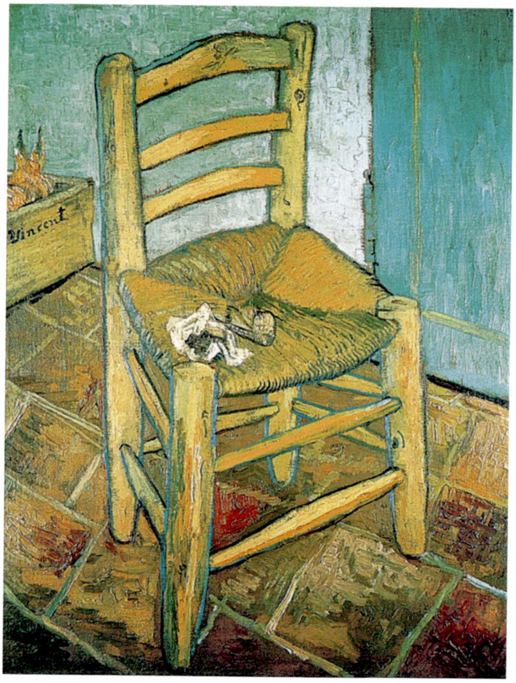

Vincent van Gogh
Van Goghs Stuhl, 1888
Öl auf Leinwand,
91,8 x 73 cm
National Gallery, London

Van Gogh sehnte sich nach einem einfachen, ländlichen Leben, wie die Wahl der einfachen, rustikalen Möbel (wie dieses Stuhls mit dem binsengeflochtenen Sitz), der blanke Kachelfußboden und die einfache Kiste mit Zwiebeln in der Ecke beweisen. Die Prägnanz dieses Werks liegt in dem alles umfassenden Gefühl von Isolation und Einsamkeit. Die einzigen treuen Freunde, die van Gogh bereitwillig zur Seite stehen, sind seine Pfeife und sein Tabak.

Bruderschaft war leider nur kurzlebig. Am 23. Dezember 1888 erlitt van Gogh einen ernsten psychotischen Schub. Nachdem er Gauguin mit einem Rasiermesser bedroht hatte, raste er in das Zentrum von Arles, schnitt sich einen Teil seines Ohres ab und übergab ihn einer vorübergehenden Prostituierten mit der Aufforderung, »ihn gut aufzuheben«. Später fand die Polizei van Gogh allein in seinem Haus vor, geschwächt vom starken Blutverlust.

Für beide Künstler war die Erholung von dieser traumatischen Episode mit der Schaffung neuer Selbstporträts verbunden. Van Goghs *Selbstporträt mit verbundenem Ohr* (1889) versucht, den Vorfall zu verharmlosen. Er sitzt aufrecht und trägt eine weiche Wintermütze, die unter dem Kinn geschlossen ist. Nur bei näherem Hinsehen erkennt man den Verband am Ohr zum Schutz der Wunde. Van Gogh wirkt bemerkenswert gefasst, stoisch, unerschütterlich. Sein Können als Künstler bleibt unberührt – dies ist ein Meisterwerk in Farbe mit leuchtendem Zinnoberrot, Giftgrün, Himmelblau. Gauguin verfolgte eine ganz andere Richtung und verarbeitete den Vorfall in dreidimensionaler Form. *Krug in Form eines Kopfes, Selbstporträt* (1889) zeigt ihn quasi enthauptet, mit zurückgelegtem Kopf und geschlossenen Augen. Das ist posttraumatische Stresstöpferei. Es fehlen die Ohren, und die blutrote Glasur fließt in alle Richtungen.

WEITERE WICHTIGE WERKE

- *Selbstporträt, Gauguin gewidmet*, 1888, Harvard Art Museums, Harvard, USA
- Paul Gauguin, *Selbstporträt mit Porträt von Émile Bernard (Les misérables)*, 1888, Van Gogh Museum, Amsterdam, Niederlande
- *Gauguins Stuhl, November 1888*, 1888, Van Gogh Museum, Amsterdam, Niederlande

MERKMALE

- Wiederholter Einsatz von Selbstporträts zum Erkunden psychologischer Zustände
- Phasen großer Kreativität, in denen er oft an mehreren Selbstporträts gleichzeitig arbeitete
- Expressiver Einsatz von Farbe und Pinselführung
- Projektion individueller Identitäten auf Alltagsobjekte
- Austausch von Selbstporträts zum Vertiefen von Freundschaften und Erweisen von Ehrerbietung
- Darstellung des Künstlers als Außenseiter
- Therapeutische Nutzung von Selbstporträts zum Verarbeiten eines Traumas

Paul Gauguin
Krug in Form eines Kopfes, Selbstporträt, 1889
Glasiertes Steingut, Höhe 19,3 cm
Kunstindustrimuseet, Kopenhagen, Dänemark

Als Ergebnis seiner Freundschaft mit van Gogh stieg Gauguins Interesse an Selbstporträts. Seine Entscheidung, sich als Haushaltsgegenstand darzustellen, war vielleicht eine Reaktion auf van Goghs Gemälde der Stühle. Der abgetrennte Kopf kann auch ein Verweis auf Caravaggios einflussreiches Bild *David mit dem Haupt des Goliath*, 1609–10, sein (siehe S. 30).

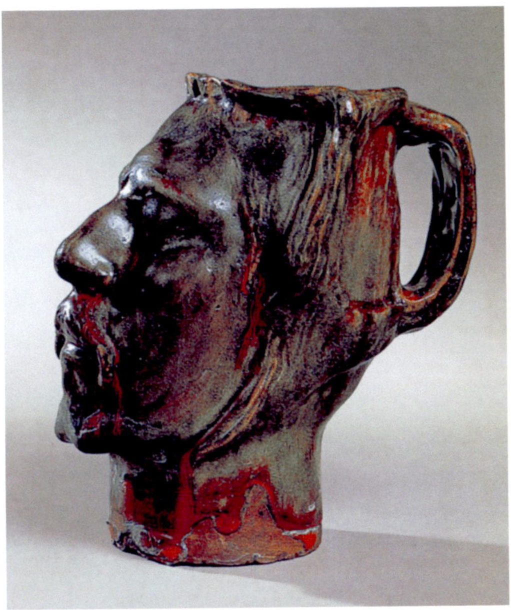

JAMES ENSOR
1860–1949

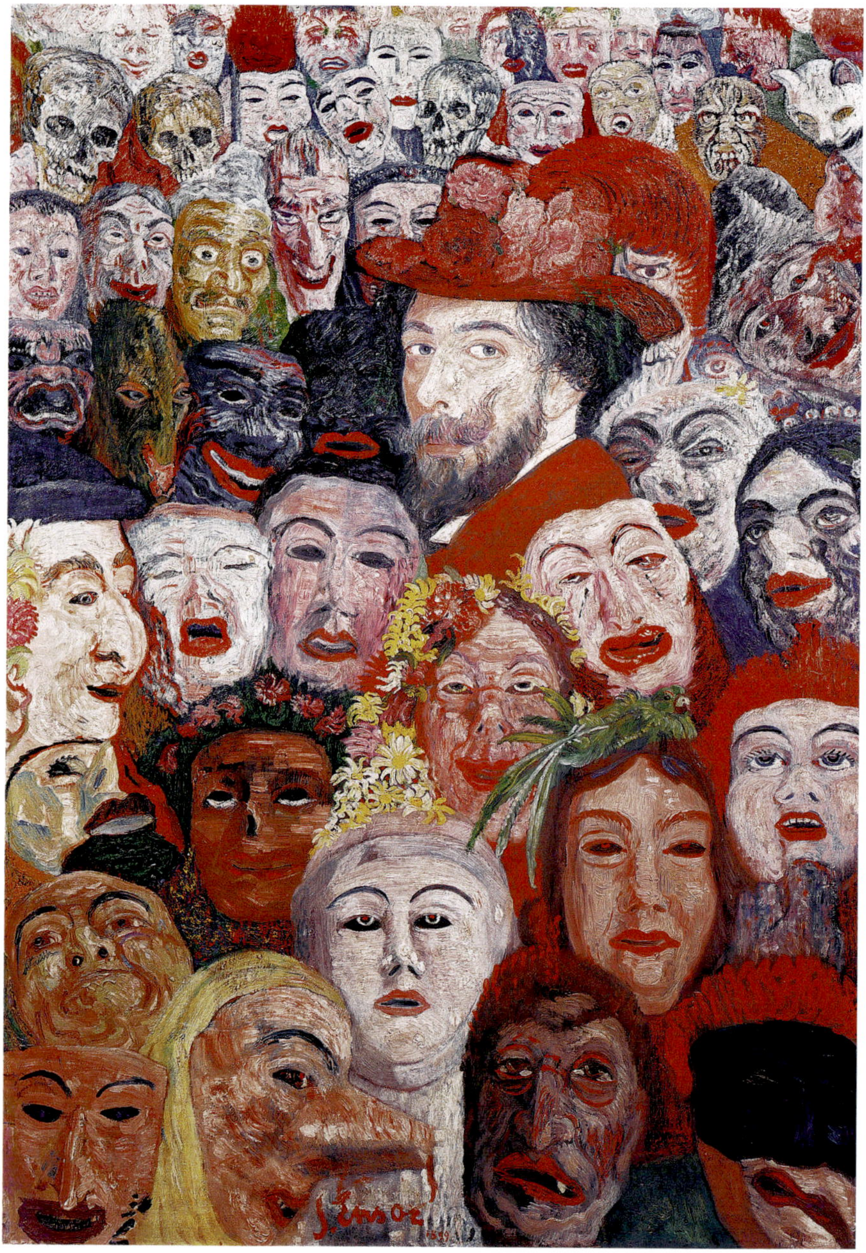

James Ensor
Selbstporträt mit Masken, 1899
Öl auf Leinwand, 117 x 82 cm
Menard Art Museum, Komaki, Japan

Ensors einzigartige Vision bot Inspiration für viele Künstler. Der starke Farbeinsatz, die verspielte Verzerrung des Raumes und die bedrohliche Bilderwelt nehmen den deutschen Expressionismus, den Surrealismus und die französische symbolistische Malerei vorweg. Sein Werk hat außerdem verschiedene zeitgenössische Künstler beeinflusst, darunter den belgischen Maler Luc Tuymans.

Den belgischen Maler James Ensor faszinierte das kreative Potenzial von Masken. Seine Mutter verkaufte einige beeindruckende Exemplare in ihrem Geschenkladen in seiner Heimatstadt Ostende. In seinem außergewöhnlichen *Selbstporträt mit Masken* lugt der Künstler aus einer grotesken Ansammlung leerer Gesichter hervor: Totenmasken, Puppen, Schädel, fremdländische Masken, Narren und Kobolde. Die gemalte Fläche ist ebenso klaustrophobisch – ein Wirrwarr fauliger Farben in dicken impressionistischen Klumpen. Schwer zu sagen, ob Ensor sich als stolzer Besitzer dieser grotesken Sammlung, als Zirkusdirektor einer makabren Vorstellung oder als potenzielles Opfer der übelwollenden Menge sieht, denn er trägt selbst eine Maske – er schaut starr, unergründlich, gibt nichts preis. Sein auffälliger Hut ist blumengeschmückt und sein lässiger Blick über die Schulter erinnert an Anthonis van Dycks Selbstporträts (siehe S. 40–41). Seine Darstellung als exzentrische historische Figur betont seine Scheu vor dem modernen Leben. Er sucht Abstand von der Gesellschaft, versteckt sich in seiner fiktiven Welt.

Ensor war ein echter Außenseiter, der Ostende nur selten verließ. Er ignorierte den Hohn seiner Kritiker und zog sich lieber auf den Dachboden zurück, wo er seine immer düsterer und makabrer werdenden Szenen schuf. Er inszenierte Skelettmodelle mit schicken Outfits in verstörenden Szenarien, die er dann in Farbe festhielt. Eine andere neue Strategie betraf das Übermalen seiner früheren realistischen Bilder, die neue, grausige Gesichter erhielten. Dieses Maskieren und Verbergen führte zur Enthüllung verstörender neuer Geschichten. Für Ensor war die Maske eine Quelle von Freiheit und bot große Chancen: »Die Maske bedeutet für mich Frische des Tones, Übertreibung des Ausdrucks, Pracht der Ausstattung, große, unerwartete Geste, ungehemmte Bewegung, vorzügliche Turbulenz.«

WEITERE WICHTIGE WERKE

- *Ich und mein Kreis*, 1939, Privatsammlung

MERKMALE

- Sehr produktiver Maler mit mehr als 100 Selbstporträts
- Unkonventioneller »Außenseiter«-Ansatz
- Verstörende und satirische Themen
- Misstrauen gegenüber dem modernen Leben und der bürgerlichen Gesellschaft
- Impressionistischer Einsatz dicker, leuchtender Farben
- Übermalen als Mittel für erzählerische Ebenen in einem Bild
- Interesse an Masken als Mittel der Verschleierung und Enthüllung

EDVARD MUNCH
1863–1944

Düsternis umspannt das Werk des norwegischen Künstlers Edvard Munch, selbst Szenen in strahlender Sonne. Stets verspürt man einen Unterton von Bedrohung und Gefahr. Die Figuren in seinen Gemälden scheinen am Rande des geistigen oder körperlichen Zusammenbruchs zu wandeln. Auch Munchs persönliches Leben war von Phasen der Melancholie und Krisen geprägt. Seine Kindheit war geprägt durch den Verlust mehrerer enger Familienmitglieder und die anhaltende Missbilligung seines frommen Vaters. Als junger Mann gerierte er sich, inspiriert durch die nihilistische Gesellschaft seiner Bohemien-Freunde in Christiana (heute Oslo), bewusst als Außenseiter. Später in Paris ließ er sich von den Postimpressionisten Vincent van Gogh (siehe S. 66–69) und Paul Gauguin, speziell ihrem emotionalen Farbeinsatz, inspirieren.

Selbstporträts waren das ideale Mittel für seine Erkundung von Angst und Entfremdung. Er schuf im Laufe seiner langen Karriere mehr als 70 gemalte Selbstporträts sowie mehr als 100 Werke auf Papier, als Drucke, Aquarelle und Zeichnungen. Seine dysfunktionalen und stürmischen Beziehungen zu Frauen waren eine anhaltende Inspirationsquelle. Munch war misstrauisch gegenüber Frauen, weil er fürchtete, dass sie ihm seine Kreativität raubten. 1902 trennte er sich von der Erbin Tulla Larsen, nachdem er sie vier turbulente Jahre lang auf Abstand gehalten hatte. Die Affäre endet gewalttätig mit einem Revolverschuss, bei dem Munch sich an der Hand verletzte. *Selbstporträt in der Hölle* (1903) enthüllt noch ein Jahr später seine unverarbeiteten Gefühle. Munch steht nackt vor einem feurigen Hintergrund; der bedrohliche Schatten scheint ihn verschlingen zu wollen. Die Pinselspuren vor allem im Gesicht sind besonders plastisch, wodurch es grotesk verzerrt und geisterhaft wirkt. Obwohl sein Gesichtsausdruck schwer zu entziffern ist, legt seine resolute Pose nahe, dass er die dunklen Mächte kontrolliert, die seinen Körper umfangen und seine Gedanken beschäftigen.

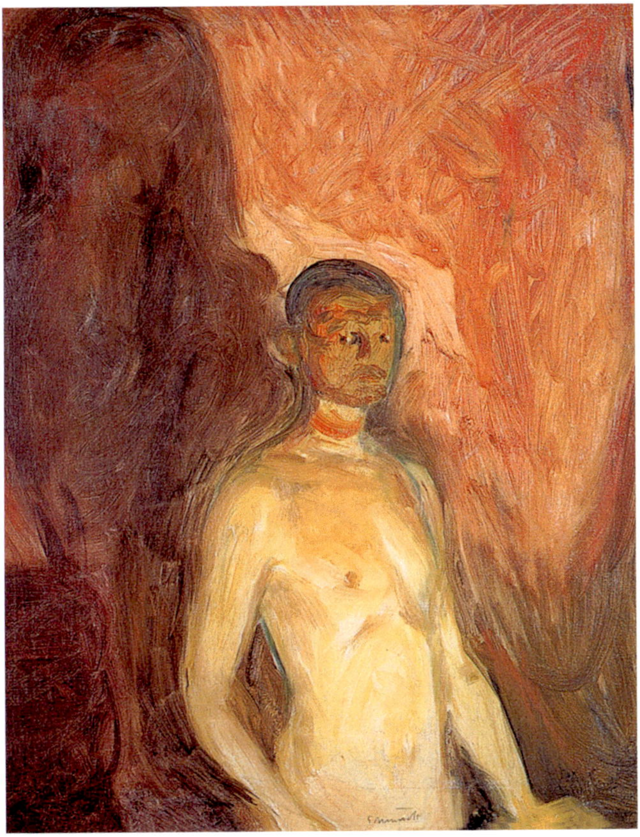

Edvard Munch
Selbstporträt in der Hölle,
1903, Öl auf Leinwand,
82 x 66 cm
Munch-Museum, Oslo,
Norwegen

Viele von Munchs Werken zeigen einen starken erzählerischen Antrieb, der manchmal sogar ins Melodramatische geht. Dieser Drang rührt möglicherweise aus seiner Kindheit. Munchs Vater unterhielt seine Kinder mit gruseligen Geistergeschichten und Nacherzählungen der düsteren Geschichten des amerikanischen Schriftstellers Edgar Allan Poe.

WEITERE WICHTIGE WERKE

- *Selbstporträt mit Zigarette*, 1895, Nationalmuseum, Oslo, Norwegen
- *Selbstporträt zwischen Uhr und Bett*, 1940–43, Munch-Museum, Oslo, Norwegen

MERKMALE

- Viele Selbstporträts in verschiedenen Medien
- Identifikation mit den Bohemien-Mythen von Außenseiter und Opfer
- Selbstporträts zur Erkundung von Trauma und Beklemmung
- Emotionale und ausdrucksvolle Nutzung von Farben und Pinselführung
- Dramatischer Einsatz von Schatten und aufragenden Hintergründen
- Interesse an Entkörperlichung und Überwältigung

KÄTHE KOLLWITZ
1867–1945

Käthe Kollwitz ist besonders bekannt für ihre schonungslosen und expressionistischen Zeichnungen und Drucke, in denen sie die Auswirkungen von Armut und Krieg auf benachteiligte Gemeinschaften dokumentiert. Sie lebte gemeinsam mit ihrem Mann Karl, einem Arzt, in einer verarmten Gegend Berlins, wo dieser in ihrer kleinen Wohnung eine Praxis betrieb. Der stetige Strom bedürftiger Patienten erinnerte Kollwitz täglich an das Los der Armen. Kollwitz kämpfte ihr Leben lang mit Angstzuständen und Depressionen. Als Kind erlebte sie den Tod ihrer Geschwister und im Oktober 1914 wurde ihr Sohn Peter im 1. Weltkrieg getötet. Ihre Arbeiten sind durchzogen von Traurigkeit und autobiografischen Andeutungen. Ihre Radierung *Frau mit totem Kind* (1903) ist schmerzhaft prophetisch: Kollwitz hatte Peter als Modell für dieses niederschmetternde Bild genutzt.

Neben ihren sozialkritischen Werken schuf Kollwitz viele Selbstporträts: mehr als 100 Zeichnungen und Radierungen sowie zwei Porträtbüsten. Viele von ihnen stellen eine des Lebens überdrüssige Figur dar, zermürbt von ihrer Verantwortung als Zeugin und Chronistin. Sogar die Selbstporträts aus ihren Dreißigern scheinen eine viel ältere Frau zu zeigen. Hier wird nichts beschönigt oder idealisiert. Stattdessen sieht sie dem Betrachter mit festem, aber auch gehetztem Blick entgegen; sie scheint zu viel gesehen zu haben. Oft stützt sie den Kopf in die Hand – eine weitere Geste der Müdigkeit. Der Mangel an Farbe in ihren Zeichnungen und Drucken trägt zur bedrückenden Atmosphäre bei. Die dunklen, schattigen Bereiche erinnern an Rembrandts Umgang mit dem Chiaroscuro. Die tief eingegrabenen Linien spiegeln die alternde Haut der Künstlerin wider. Diese unbeirrt ehrlichen Selbstporträts sind untersetzt mit Angst und Verzweiflung.

Käthe Kollwitz
Frontales Selbstporträt,
1922–23
Holzschnitt,
15 x 15,6 cm
Museum of Modern Art,
New York

Dieser Holzschnitt vereint viele der Merkmale von Kollwitz' Vorgehensweise bei Selbstporträts: die ausschließliche Konzentration auf das Gesicht, die frontale Komposition und der eindringliche Blick. Die Entscheidung für einen Holzschnitt verleiht ihren Linien, die mit expressiver Kraft aus dem Holzblock herausgeschnitzt wurden, eine starke Skulpturenhaftigkeit. Die schwarze Farbe trägt weiter zur bedrückenden Atmosphäre bei.

WEITERE WICHTIGE WERKE

- *Frau mit totem Kind*, 1903, Radierung, Barber Institute of Fine Arts, Birmingham, Großbritannien
- *Selbstporträt*, 1926–36, Bronze, Los Angeles County Museum of Art, Los Angeles, USA

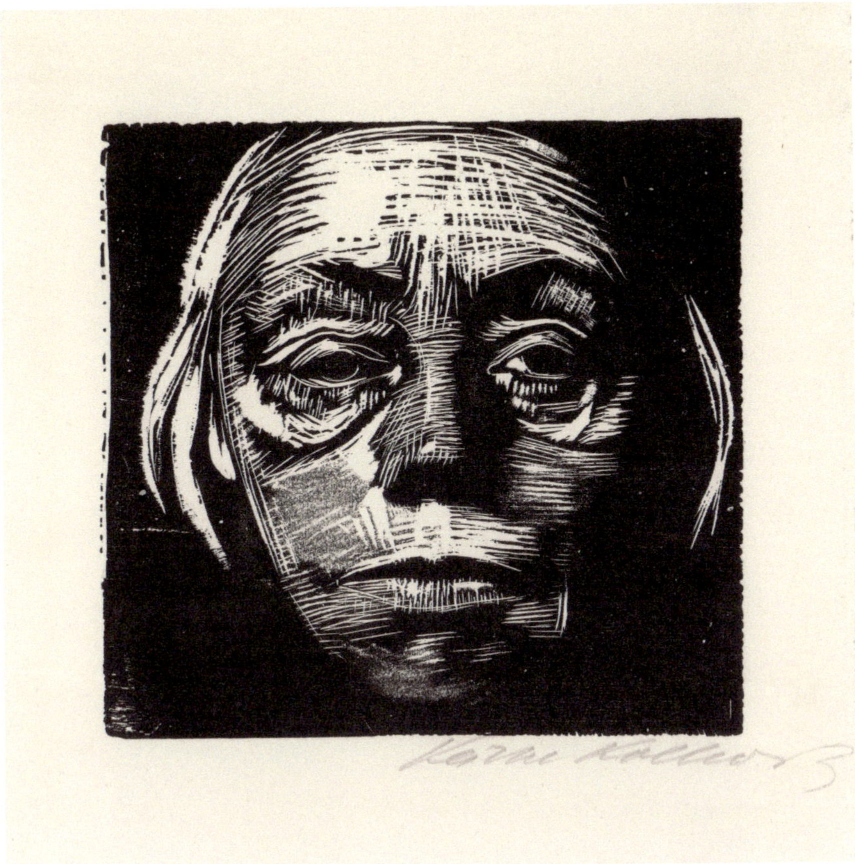

MERKMALE

- Sozial bewusste Selbstporträts in Form von Zeichnungen, Drucken und Skulpturen
- Fokus vor allem auf direkt frontaler Darstellung
- Eindringlich selbstkritischer Blick
- Nichtidealisierte Darstellung des Alterns
- Expressionistische Linienführung
- Monochromatische Palette und kühner Einsatz von Chiaroscuro-Tönen und Schatten

DOROTHEA TANNING
1910–2012

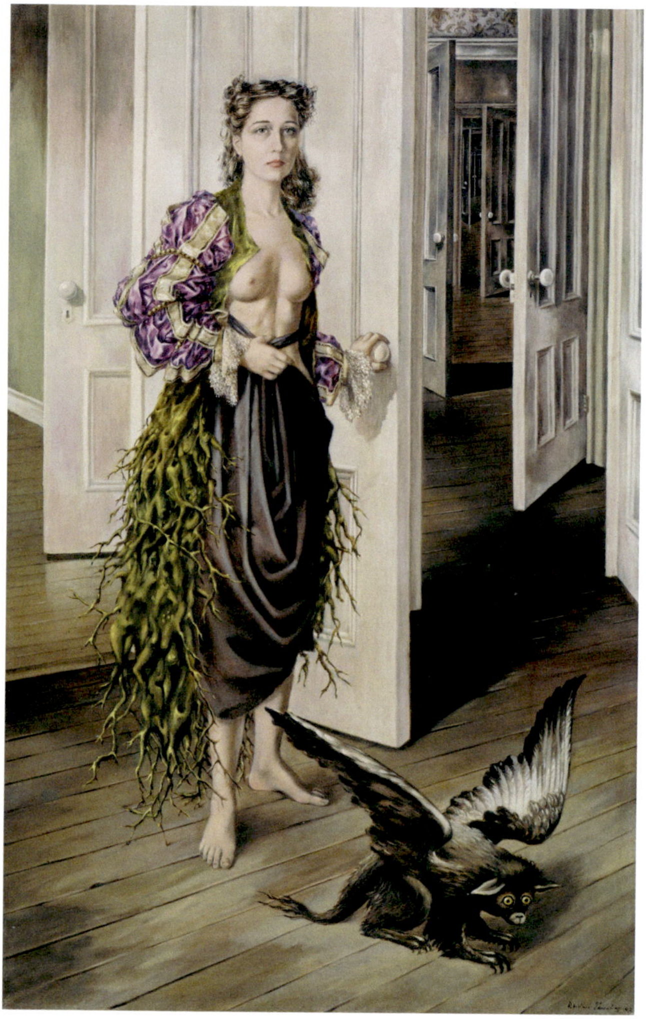

Der Surrealismus begegnete uns erstmals in den 1920ern und umfasste bildende Kunst, Philosophie und Literatur. Aufbauend auf der Freudschen Psychoanalyse erkundeten die Surrealisten auf der Suche nach tieferen Wahrheiten irrationale und unbewusste Zustände. Die amerikanische Künstlerin und Autorin Dorothea Tanning traf 1936 das erste Mal auf surrealistische Kunst, als sie die Ausstellung

Fantastic Art, Dada & Surrealism am Museum of Modern Art in New York besuchte. Sie sagte über ihren tiefgreifenden Einfluss: »Hier in diesem Museum ist die wirkliche Explosion, die mich tief erschütterte. Hier ist die unendlich vielseitige Welt, auf die ich gewartet habe.« Tanning, die keine echte Kunstausbildung hatte, begann sofort damit, ihre eigene surreale Sprache zu formulieren.

Dorothea Tanning
Birthday, 1942
Öl auf Leinwand,
102 x 65 cm
Philadelphia Museum
of Art, Philadelphia

Der ausgeprägte Realismus, der sich in Tannings frühem Werk zeigt, wich später suggestiven, abstrakten Gemälden, weich genähten Plastiken und eindringlichen Installationen. Außerdem schrieb sie Belletristik und Gedichte. Tannings lange und erfolgreiche Karriere erstreckte sich über sieben Jahrzehnte. Sie starb 2012 im Alter von 102 Jahren.

Tannings faszinierendes Selbstporträt *Birthday* (1942) kündet von ihrem Eintritt in den internationalen Kreis der Surrealisten. Wie viele ihrer frühen Gemälde enthält das Werk eine weibliche Protagonistin, die eine traumartige, architektonische Kulisse besetzt. Tanning öffnet die Tür und enthüllt damit eine Abfolge weiterer Wege nach vorn. Uns stehen hier so viele Möglichkeiten offen. Die aufrecht stehende, 32-jährige Künstlerin scheint nicht nur volle Kontrolle über ihre Zukunft, sondern auch über ihre sexuelle Identität zu haben. Ihr nackter Oberkörper wird von fantastischen Kleidern umrahmt, darunter einem hinreißenden grünen Rock, dessen Fransen sich in sich windende menschliche Formen auflösen. Eine unheimliche, geflügelte Kreatur sitzt zu Tannings Füßen – das perfekte Haustier für eine surrealistische Begegnung dieser Art.

Ende 1942 besuchte der surrealistische Künstler Max Ernst Tannings beengtes Atelier im Greenwich Village. Er führte Recherchen für seine kommende *Exhibition by 31 Women* in der Art of This Century Gallery in New York durch, die seiner ersten Frau Peggy Guggenheim gehörte. Ernst war berührt von Tannings bezauberndem Selbstporträt und schlug den Titel *Birthday* vor, um das Erwachen ihrer surrealistischen Ideen hervorzuheben. Sein Besuch kennzeichnete außerdem das Erwachen einer neuen Beziehung. Ernst und Tanning heirateten 1946. Ihre Partnerschaft hielt bis zu Ernsts Tod 30 Jahre später.

WEITERE WICHTIGE WERKE

- *Selbstporträt*, 1944, San Francisco Museum of Modern Art, San Francisco, USA

MERKMALE

- Konstruktion surrealistischer Persönlichkeiten und Charaktere
- Realistische Darstellung traumartiger Szenarien
- Interesse an unheimlichen Innenräumen und Architekturen
- Prachtvolle Kleidung und Ausstattung
- Bestimmte, selbstbewusste Pose
- Starker erzählerischer Impuls

FRIDA KAHLO
1907–1954

Im Zentrum von Frida Kahlos Werk steht die Widerstandskraft angesichts des Traumas. Geboren in Mexiko-Stadt, erkrankte sie mit sechs Jahren an Kinderlähmung, die sie dauerhaft hinken ließ. Als Teenager war sie in einen Busunfall verwickelt und erlitt schwere Verletzungen an Wirbelsäule und Becken. Auch zahllose Operationen konnten nicht verhindern, dass sie kein Baby austragen konnte. Unstet waren auch ihre Beziehungen. Zweimal heiratete sie den Maler Diego Rivera, doch beide Partner hatten immer wieder Affären.

Sie sinnierte: »Manche werden unter einem Glücksstern geboren und andere bleiben im Dunkeln … Ich gehöre zu denen, für die es pechschwarz aussieht.« Trotz ihrer vielen persönlichen Leiden ist Kahlos symbolisches und äußerst autobiografisches Werk erstaunlich optimistisch. Der Großteil ihres Œuvres besteht aus Selbstporträts, die zwar nur mäßig groß, aber universell in der Wirkung sind. In vielen unterzieht sie sich qualvollen Prozessen: Ihr Körper wird zerschnitten, gefesselt, zerlegt und verwandelt, ihr Schmerz verschwindet unter einem festen, stoischen Gesichtsausdruck. Ihr Blick unter der charakteristischen Augenbraue verrät nichts. Sie fühlte sich zur Psychoanalyse und der Vorstellung hingezogen, unter die Oberfläche zu gelangen und Selbsterkenntnis zu finden. Allerdings scheute sie surrealistische Label und sagte: »Ich habe niemals Träume gemalt. Was ich zeigte, war meine eigene Realität.«

Kahlo verfolgte die europäische Kunst, blieb aber der mexikanischen Kultur und Politik verbunden. Sie sammelte einheimische Kleidung und sah sich bewusst als mexikanische Frau. Viele ihrer Gemälde verraten den starken Einfluss der *ex voto*- oder *retablo*-Kunst. Andere sind in strahlendes Licht getaucht oder zeigen einen Dschungel mit üppiger Flora und Fauna. Alle sind fantastisch und berauschend, aber gleichzeitig überaus lebendig und authentisch.

Frida Kahlo
Selbstporträt mit Dornenhalsband und Kolibri, 1940
Öl auf Leinwand, 61,2 x 47 cm
Harry Ransom Center, Austin, Texas

Diego Rivera schenkte Kahlo einst einen Affen. In diesem Gemälde, das kurz nach ihrer Scheidung entstand, zupft das freche Tier an Kahlos Dornenhalsband, worauf sie zu bluten beginnt. Der Kolibri ist ein beliebtes Symbol für das Glück in der Liebe, könnte aber auch Huitzilopochtli repräsentieren, den aztekischen Gott des Krieges. Die schwebenden Libellen deuten möglicherweise auf Auferstehung und Heilung hin.

WEITERE WICHTIGE WERKE

- *Die zwei Fridas*, 1939, Museo de Arte Moderno, Mexiko-Stadt, Mexiko
- *Selbstporträt mit abgeschnittenem Haar*, 1940, Museum of Modern Art, New York, USA
- *Die zerbrochene Säule*, 1944, Museo Dolores Olmedo, Mexiko-Stadt, Mexiko

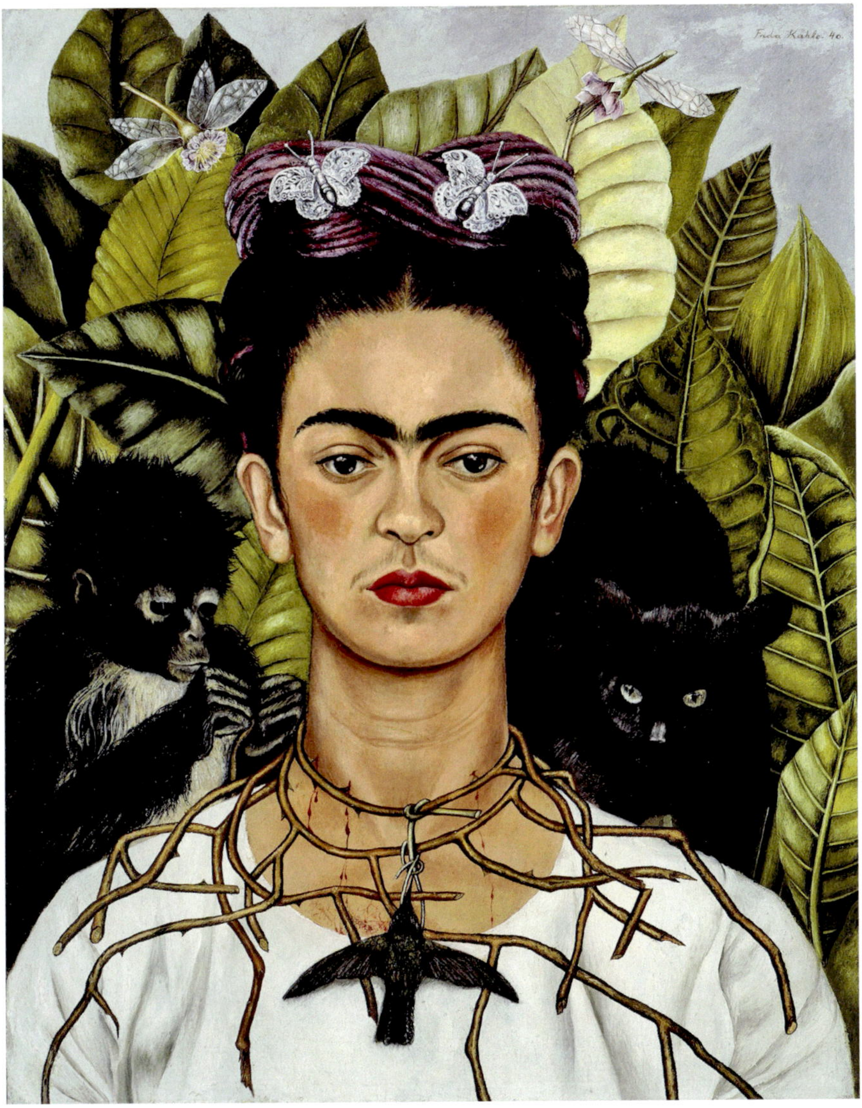

MERKMALE

- Stoische Betrachtung von Schmerz und Leiden
- Starkes Interesse an Autobiografie
- Nutzung von Metaphern und Symbolismus zum Intensivieren der Realität
- Interesse an Psychoanalyse und unbewussten Zuständen
- Konstruktion einer starken visuellen Identität in Leben und Kunst
- Einfluss mexikanischer Kunst, Kultur und Mode

CHARLOTTE SALOMON
1917–1943

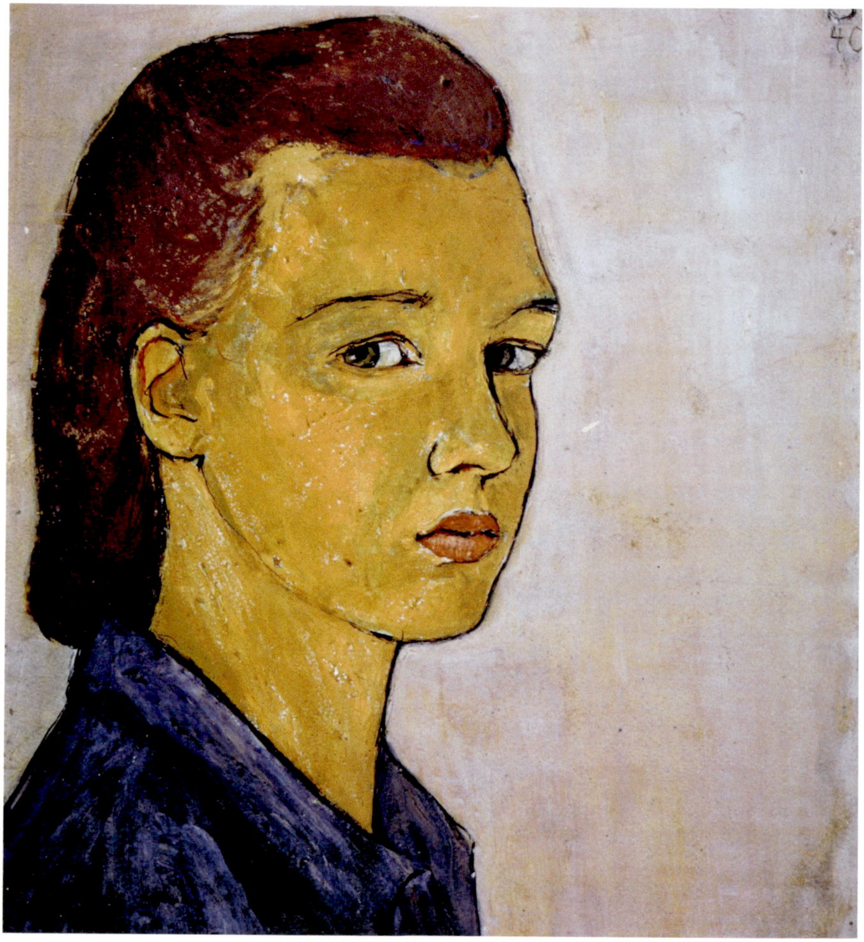

Charlotte Salomon
Selbstporträt, 1940
Gouache auf Karton,
54 x 49 cm
Sammlung des Jüdischen
Museums, Amsterdam

Dieses seltene Selbstporträt hebt Salomons stille Intensität hervor. Sie wendet sich mit vorsichtiger Reserviertheit dem Betrachter zu und es ist schwer, nicht die tiefe Traurigkeit in ihrem Gesicht zu sehen. Salomons Gesicht und Hals sind mit sauberen, dunklen Linien gezeichnet – was möglicherweise ihre natürliche Unabhängigkeit symbolisiert, aber auch ihre grafische, fast schon »comic-artige« Herangehensweise an die Malerei widerspiegelt.

Viele Künstler haben immer wieder auf Selbstporträts zurückgegriffen und damit eine Art Tagebuch über ihre persönlichen und künstlerischen Verwandlungen geschaffen. Die deutsche Künstlerin Charlotte Salomon spürte bereits früh, dass die Zeit nicht auf ihrer Seite stand. Daher ist ihr Werk angefüllt von einem Gefühl der Eile und einem Wunsch nach sofortigem Verständnis.

Salomon stammte aus einer wohlhabenden jüdischen Familie in Berlin. Sie war nach der Schwester ihrer Mutter benannt, die mit 18 Jahren Selbstmord begangen hatte. Ihre Mutter nahm sich das Leben, als Salomon gerade neun war; man sagte ihr, sie sei an der Grippe gestorben. Der Aufstieg der Nazis sorgte für zusätzliche Beklemmung. In diesem angespannten, antisemitischen Umfeld hatte sie Glück, 1936 einen Platz an den Vereinigten Staatsschulen für Freie und Angewandte Kunst zu erhalten. Es wurden zwar nur wenige jüdische Studenten damals an einer Universität zugelassen, doch sie profitierte von der Tatsache, dass ihr Vater im 1. Weltkrieg gekämpft hatte. 1937 brach sie jedoch ihr Studium ab, Anfang 1939 emigrierte sie. Das Leben unter der Naziherrschaft war zu gefährlich geworden.

Salomon ging zu ihren Großeltern in die Villa L'Ermitage nahe Nizza. Deren reiche amerikanische Besitzerin Ottilie Moore hatte ihre Türen für Flüchtlinge geöffnet. Allerdings war dies kein ländliches Idyll: Das Risiko einer deutschen Invasion und der Gefangennahme durch die Nazis blieb hoch. Ihre Großeltern hatten für den Ernstfall einen Vorrat an tödlichen Drogen. Nur Monate nach Salomons Ankunft gelang es ihrer Großmutter, nach einem fehlgeschlagenen ersten Versuch Selbstmord zu begehen. Erst danach enthüllte ihr Großvater, dass auch ihre Mutter und ihre Tante sich das Leben genommen hatten. Verzweifelt über diese Nachricht, überlegte Salomon, es ihnen gleichzutun, entschied sich aber, durchzuhalten: »Wie schön das Leben ist. Ich glaube an das Leben! Ich werde für sie alle leben!«

Salomon beschloss, ein Buch mit Wörtern, Bildern und Vorschlägen für die Musik zu schaffen. Sie wollte ihr Leben auf Papier festhalten: ihre Erfahrungen, ihre Beziehungen, das sich entfaltende gesellschaftliche und politische Bild, alles in einem Band zusammengefasst. Ihre Vision war ein episches Werk, ein Opus. Es war eine Verbeugung vor Richard Wagners Konzept des *Gesamtkunstwerks* aus bildender Kunst, Poesie und Musik. Statt jedoch wie Wagner die deutsche Kultur zu feiern, revolutionierte sie die Form, indem sie ihre verletzliche Position als junge, verfolgte jüdische Frau erkundete, die der Gesellschaft entfremdet ist. Zwischen 1941 und 1943 arbeitete sie in ihrem kleinen Zimmer ruhelos an dem einmaligen Werk *Leben? Oder Theater?* Die fertige Arbeit enthält 769 Gouachen. Über vielen Bildern liegt Transparentpapier , auf dem Erzählungen und Gedichte notiert sind.

Leben? Oder Theater? behandelt Salomons Leben – von ihrer Kindheit und ihrer Familie bis zu ihrer Liebesaffäre mit Alfred Wolfsohn, dem Musiklehrer ihrer Stiefmutter, und dies vor dem sich verschlechternden gesellschaftlichen und politischen Hintergrund. Salomon nutzte einfache Pseudonyme – nannte sich selbst etwa »Charlotte Hann«. Bei der Arbeit summte sie und stellte sich das Buch als »Singspiel« vor. Sie schlug sogar passende Begleitmusik vor, z. B. von Mozart und Schubert sowie Nazi-Marschmusik. Mit der Zeit wurde ihr Umgang mit der Farbe immer expressionistischer und dringlicher, so als müsste sie der Fertigstellung entgegeneilen.

1943 übergab Salomon das fertige Werk einem örtlichen Arzt und drängte ihn: »Verstecken Sie es, das ist mein ganzes Leben.« Die Nazis kamen im Oktober. Salomon und ihr Mann, Alexander Nagler, wurden verhaftet und nach Auschwitz geschickt. Vermutlich wurde Salomon gleich nach ihrer Ankunft ermordet; sie war im fünften Monat schwanger. Nagler starb im folgenden Jahr in dem Lager.

Charlotte Salomon
Illustrationen aus *Leben? Oder Theater?*, 1941–42
Gouache,
32,5 x 25 cm
Sammlung des Jüdischen Museums, Amsterdam

Eine Szene aus Salomons *Leben? Oder Theater?* (gegenüber) zeigt die Künstlerin als Kind im Bett, wo sie ihre verstorbene Mutter Franziska umarmt. Ihre Mutter verspricht, als Engel zurückzukehren, um einen Brief zu überbringen, in dem sie weitere wunderbare Dinge über den Himmel erzählt. Die traumartige Anmutung dieser innovativen Komposition erinnert an das Werk des russischen Künstlers Marc Chagall, der Salomons Bilderwelt bewunderte.

Mit zunehmendem Fortschritt der Arbeit an ihrem Buch wird Salomons Umgang mit der Farbe lockerer und ausdrucksvoller. Zusammen wirken die Illustrationen frisch und modern, fast wie Comics oder die Sequenzen eines Storyboards für einen Film.

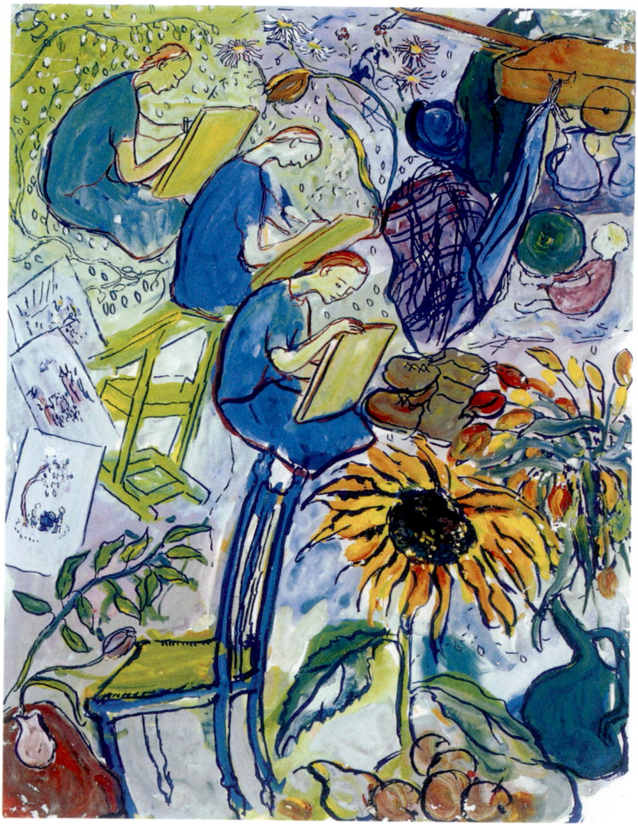

2015 tauchte ein erschütterndes Postscript zu ihrem tragischen Leben auf. In einem Brief gesteht sie, wie sie ihren Großvater 1942 mithilfe eines vergifteten Omelettes getötet hatte. War es ein Akt der Gnade? Oder Rache am Großvater wegen dessen sexuellen Missbrauchs verschiedener weiblicher Familienmitglieder? Vielleicht war es reine Fiktion und der Großvater starb eines natürlichen Todes. Leben oder Theater? Wir werden es nie genau erfahren.

MERKMALE

- Darstellung autobiografischer Inhalte mittels Malerei, Literatur und Musik
- Verwendung von Pseudonymen
- Lyrischer und ausdrucksvoller Einsatz von Gouachen
- Grafische Linien und kreative Mischung von Bildern und Texten
- Traumartige Darstellung verstorbener Personen
- Ausdrucksstarke Dringlichkeit und Intensität

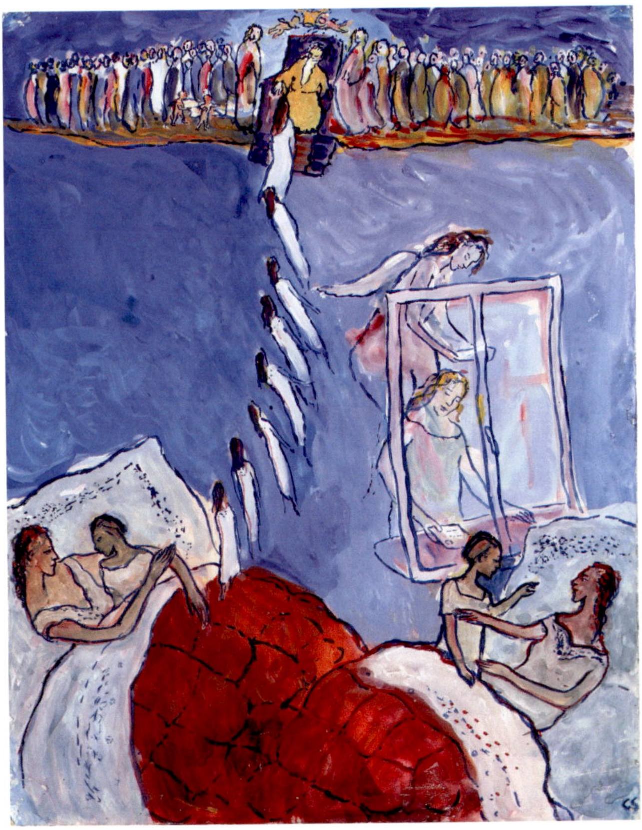

HELENE SCHJERFBECK
1862–1946

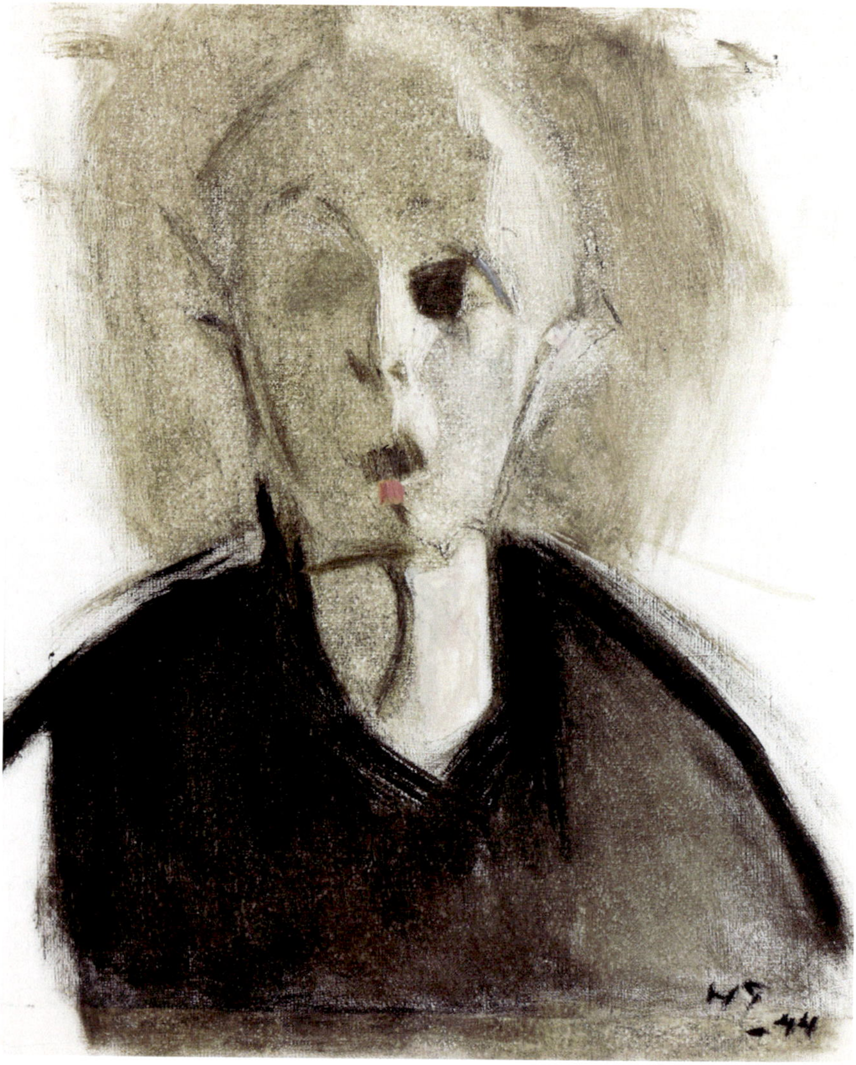

Helene Schjerfbeck
Rotgesprenkeltes Selbstbildnis, 1944
Öl auf Leinwand,
45 x 37 cm
Ateneum Art Museum,
Helsinki

Dieses Selbstporträt verrät ein deutliches Interesse an der Abstraktion. Schjerfbecks freier und gestischer Einsatz von Farbe nimmt die verzerrende Behandlung des Gesichts vorweg, die wir später bei Künstlern wie Frank Auerbach und Francis Bacon beobachten können.

Helene Schjerfbeck genoss in ihrer Heimat Finnland beträchtliche Erfolge und war besonders bekannt für ihre ausdrucksvollen und malerischen Porträts, Landschaften und Genre-Szenen. Immer experimentierte sie auch mit Selbstporträts, wobei sich ihre persönliche Ästhetik von realistischen Darstellungen hin zu einer zunehmenden Stilisierung entwickelte. Ihre erstaunlichsten Selbstporträts schuf sie erst spät: In den letzten zwei Jahren ihres Lebens entstanden mehr als 20 Gemälde und Zeichnungen ihrer selbst. Möglicherweise war dieser Eifer inspiriert durch Rembrandt, der auch im Alter sehr produktiv war. Es löste zudem das Problem der wenigen verbliebenen Modelle. Sie sagte: »Das Modell ist immer verfügbar, auch wenn es nicht immer erfreulich ist, sich zu sehen.«

Schjerfbecks beißende Selbstanalyse meidet Theatralik und Melodrama. Sie erkundete die Auswirkungen des Alters auf Kopf und Schultern und verfolgte ihren körperlichen und seelischen Niedergang mit entschlossener Objektivität. Die entstandenen Bilder vermitteln den schrittweisen Verfall einer bestimmten Person, berühren aber auch die allgemeinen Prozesse des Alterns. Sie empfand dabei aber auch Freiheit, wie sie 1926 in einem Brief an ihren Schriftstellerfreund Einar Reuter betonte: »Die Erschöpfung des Alters ist etwas völlig anderes – befreiend, weil du den Dingen ihren Lauf lassen kannst und nichts mehr hast als die Empfindlichkeit des Pinsels.«

In *Rotgesprenkeltes Selbstbildnis* (1944) wird Farbe aufgebracht, verschmiert und von der Oberfläche gekratzt, sodass eine geisterhafte Maske bleibt: teils Person, teils Totenkopf. Ganze Bereiche ihres Gesichts lösen sich in eine amorphe graue Wolke auf. Ihr linkes Auge verschwindet in der Trübnis. Ihr rechtes Auge ist vergrößert, weit geöffnet mit einem furchterregenden, gehetzten Ausdruck. Trotz ihrer Gebrechlichkeit sind Schjerfbecks künstlerische Interessen unbezähmbar. Ihre Hinwendung zur gestischen Abstraktion zeigt sich in der lockeren Pinselführung und dem überraschenden roten Fleck auf ihrer Unterlippe. Trotzig sitzt er in der Mitte der Leinwand, ein wahrer Funke des Lebens.

MERKMALE

- Viele Selbstporträts in späteren Lebensjahren
- Anhaltende Dokumentation des seelischen und körperlichen Verfalls
- Gestischer und ausdrucksstarker Umgang mit Farbe
- Auflösung körperlicher Merkmale
- Ungeschönte und ehrliche Darstellung des Alterns
- Maskenartige Behandlung von Gesichtszügen

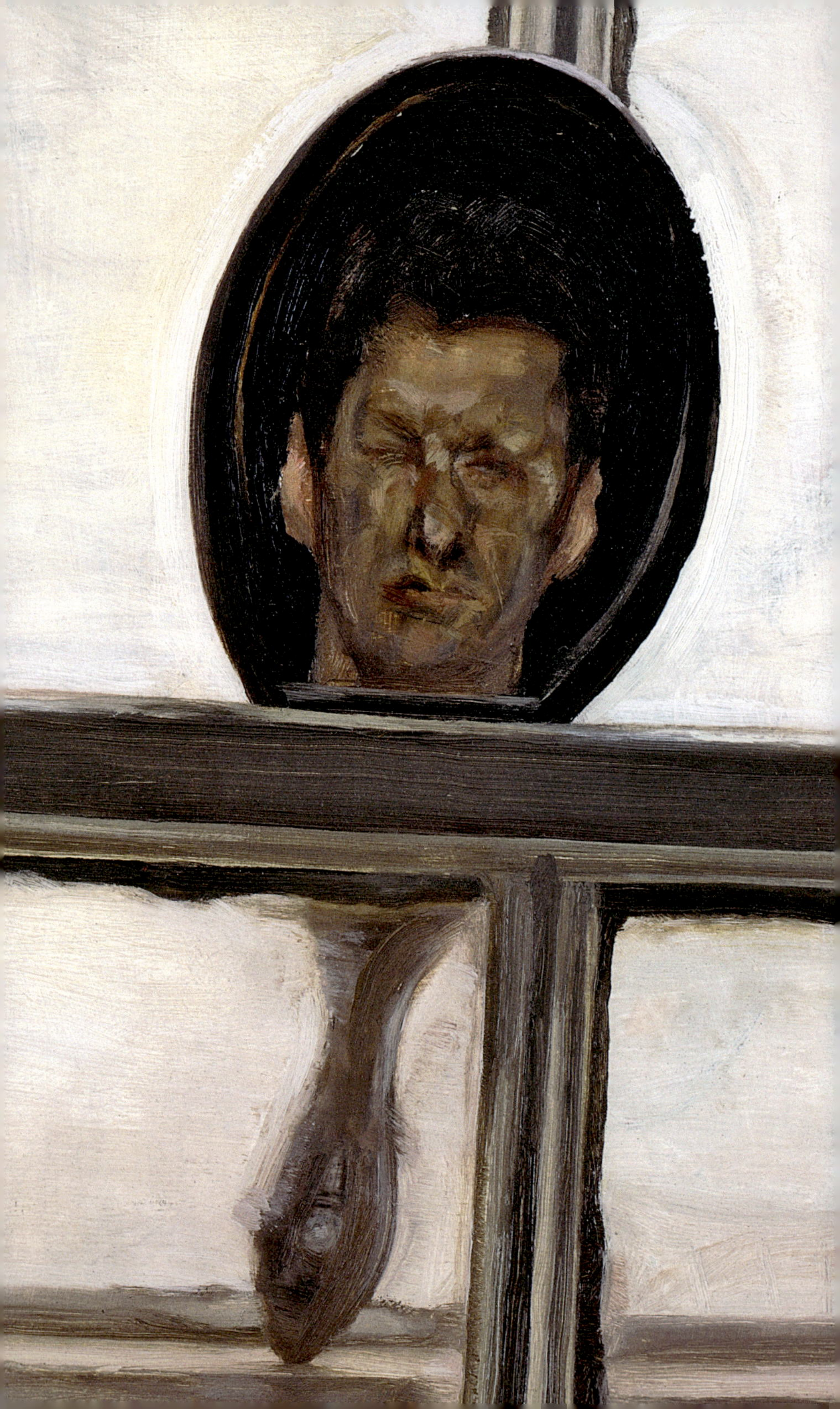

NAH DRAN UND PERSÖNLICH

-

»Ich möchte, dass Farbe für mich als *Fleisch* agiert ... meine Porträts sollen *von* den Menschen sein, nicht *wie* sie ... Soweit es mich betrifft, *ist* die Farbe die Person. Sie soll für mich genauso funktionieren wie das Fleisch.«

-

Lucian Freud, 1982

PAULA MODERSOHN-BECKER
1876–1907

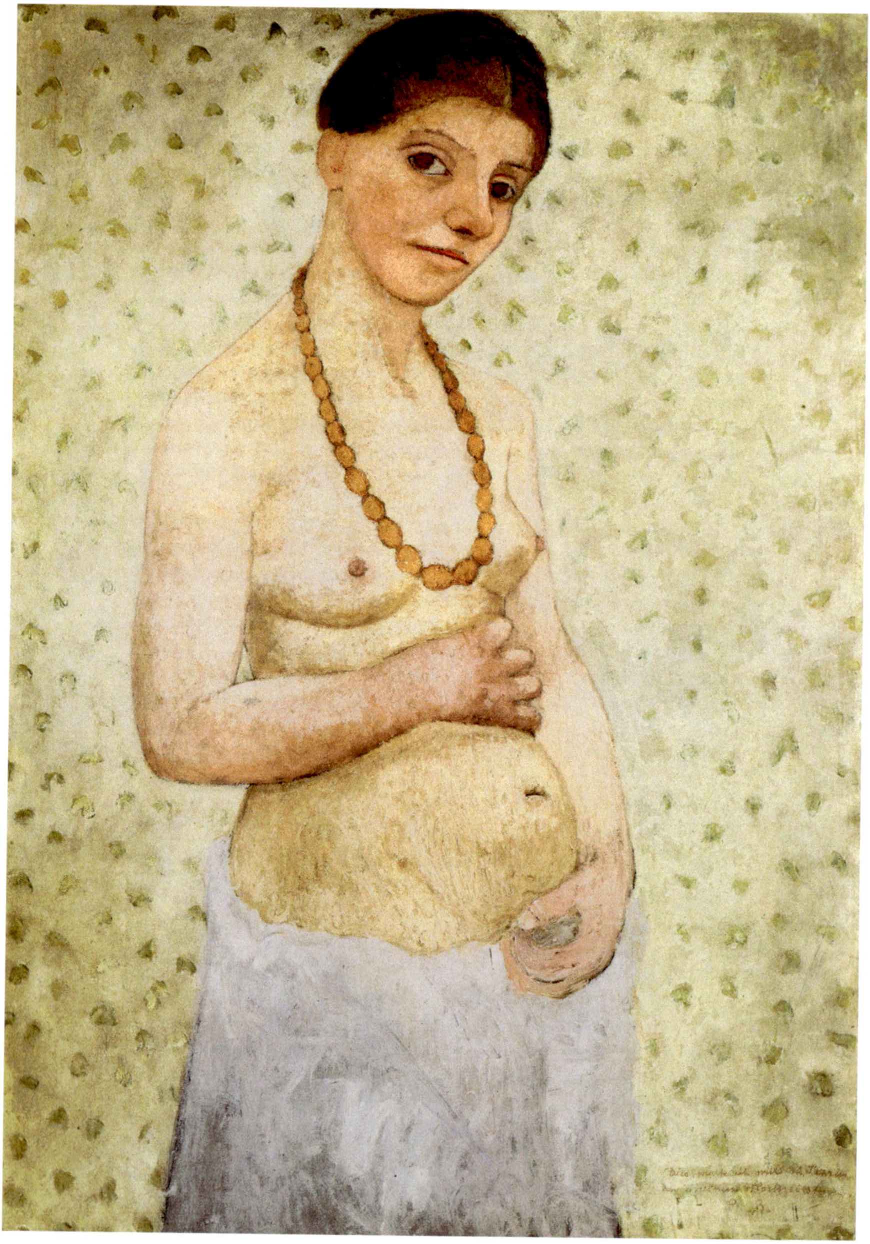

Paula Modersohn-Becker
Selbstbildnis zum 6. Hochzeitstag, 1906
Tempera auf Leinwand, 101,8 x 70 cm
Paula Modersohn-Becker Museum, Bremen

Ein Jahr nach der Entstehung dieses Gemäldes nahm Modersohn-Becker ihr Leben in Worpswede wieder auf, immer noch zerrissen zwischen der Verantwortung gegenüber ihrer Familie und ihrem Drang nach künstlerischer Unabhängigkeit. Sie brachte im November 1907 ein Mädchen, Mathilde, zur Welt, starb aber leider einige Wochen später an einer Embolie.

Die Vorstellung des sexuell getriebenen Künstlers, der die Zuwendung seiner gefügigen weiblichen (und oft nackten) Muse verlangt, zieht sich durch die Kunstgeschichte. Viele Frauen kämpften innerhalb dieses tief verankerten Mythos um ihre Identität. Paula Modersohn-Becker erfand eine neue Methode, um die weibliche Kreativität darzustellen. 1906 beschloss sie, ihren Mann und ihr Heim in Worpswede zu verlassen, und ging nach Paris, um dort ihre Studien als Malerin fortzusetzen. Inspiriert durch Cézanne, van Gogh (siehe S. 66–69) und die gespenstischen Mumiengemälde im Louvre, entwickelte sie einen einzigartigen figurativen Stil, wobei sie dicke Streifen pastöser Farbe auf die Bildfläche auftrug. Im selben Jahr traf sie den radikalen Entschluss, sich mit nacktem Oberkörper zu malen.

Selbstbildnis zum 6. Hochzeitstag (1906) ist einer der ersten weiblichen Selbstporträt-Akte der westlichen Kunst. Die Künstlerin wirkt in ihrem Selbstbewusstsein fast skulpturenhaft solide. Ihr Blick ist klar und fest, während sie vorsichtig ihren gerundeten Bauch umfasst. Obwohl Modersohn-Becker vermutlich zur Entstehungszeit des Bildes nicht schwanger war, stand sie unter beträchtlichem Druck, nach Worpswede zurückzukehren, um eine Familie zu gründen. Sie scheint tief in Gedanken versunken, als würde sie über ihre Zukunft nachsinnen. Ihr gerundeter Bauch deutet Mütterlichkeit, aber gleichzeitig auch die naturgemäße Produktivität des weiblichen Körpers an. Indem sie sich nackt und schwanger darstellt, erkennt Modersohn-Becker ihre Fähigkeit an, neue Formen generieren zu können, sowohl körperlich als auch künstlerisch. Dieses Selbstporträt stellt also eine Art Manifest dar, das ihre kreative Absicht sowie ihre Legitimität als Frau und Künstlerin bestätigt. 1906 schrieb sie: »Ich bin ICH und hoffe, es immer mehr zu werden.«

WEITERE WICHTIGE WERKE

- *Selbstbildnis mit Bernsteinkette*, 1906, Paula Modersohn-Becker Museum, Bremen
- *Ruhende Mutter mit Kind*, 1907, Paula Modersohn-Becker Museum, Bremen

MERKMALE

- Frühes Beispiel nackter weiblicher Selbstporträts
- Der weibliche Körper als Herausforderung patriarchaler Mythen
- Gleichzeitige Darstellung des Selbst als Künstlerin und Muse
- Interesse an Mutterschaft und Mutter-und-Kind-Motiven
- Einsatz dicker Impasto-Farben und ungewöhnlicher Farbtöne

ERNST LUDWIG KIRCHNER
1880–1938

1905 gehörte der in Dresden lebende Ernst Ludwig Kirchner zu den Gründern einer neuen Künstlergruppe. *Die Brücke* strebte danach, eine Verbindung zwischen ihren geistigen Vorfahren Albrecht Dürer (siehe S. 18–21) und Lucas Cranach und den neuesten Entwicklungen der fauvistischen und postimpressionistischen Malerei zu knüpfen. Ihre Bilder vereinten starke Farben und überspitzte Formen zur Darstellung von Emotionen – später als Deutscher Expressionismus bezeichnet. Die Gruppe glaubte an die Verschmelzung von Kunst und Leben: gemeinsam leben, arbeiten, lieben. Zunächst war Kirchners Atelier der Treffpunkt für die Malsessions, Partys und sexuellen Begegnungen der *Brücke*-Künstler. Später zogen sie in einen größeren Raum in der Berliner Straße in Dresden, den Kirchner mit bunt bemalten Wandbehängen dekorierte, um dieses gemeinsame Utopia zu verschönern.

Selbstbildnis mit Modell (1910) zeigt Kirchner als den ultimativen Bohemien, der Genie und Potenz verkörpert. Er stolziert in die Szene in einem exotischen, bunt gemusterten Morgenmantel, der seinen ansonsten nackten Körper bedeckt. Lässig hängt ihm die Pfeife im Mundwinkel. Die zinnoberrote Pinselspitze ruht vor seinem Unterleib. Kirchner ist bereit zum Handeln. Eine anonyme junge Frau in einem fließenden himmelblauen Kleid sitzt im Hintergrund auf einem roten Puff. Ist sie Geliebte, Modell oder beides? Sie wirkt bereit, aber auch reserviert: Mit der linken Hand greift sie ihr rechtes Knie und schließt damit im Prinzip ihren Körper. Ihre unklare Beziehung trägt zu der schon klaustrophobischen Szene bei, die vollgepackt ist mit einer berauschenden Mischung aus mitreißenden Farben und gedrängten Pinselstrichen.

Die in diesem Bild dominante Sexualität war nur kurzlebig. Nach 1915 verkörperte Kirchner in seinen Selbstporträts wiederholt den Mythos vom »Künstler als Opfer«. In seinem berühmten *Selbstbildnis als Soldat* (1915) hält er den Stumpf seines rechten Armes hoch – die Hand verloren in einem imaginären Kampf. Kirchners kurze Dienstzeit im 1. Weltkrieg trug zum schrittweisen Verfall seiner geistigen Gesundheit bei. Er beging 1938 Selbstmord.

Ernst Ludwig Kirchner
Selbstbildnis mit Modell,
1910 (überarbeitet 1926)
Öl auf Leinwand,
150,4 x 100 cm
Hamburger Kunsthalle,
Hamburg

Dieses Gemälde enthüllt Kirchners außergewöhnliche Fähigkeiten als Kolorist. Königsblau kollidiert mit Grellorange, Babyrosa und Pechschwarz. Breite Streifen und hängende Stoffe unterstreichen den Gegensatz der Farbkombinationen. Gesichtsausdrücke scheinen in diesem Zusammenhang an Bedeutung zu verlieren, sie sind auf leere, dumpfe Augen und verschwommene, maskenartige Züge reduziert.

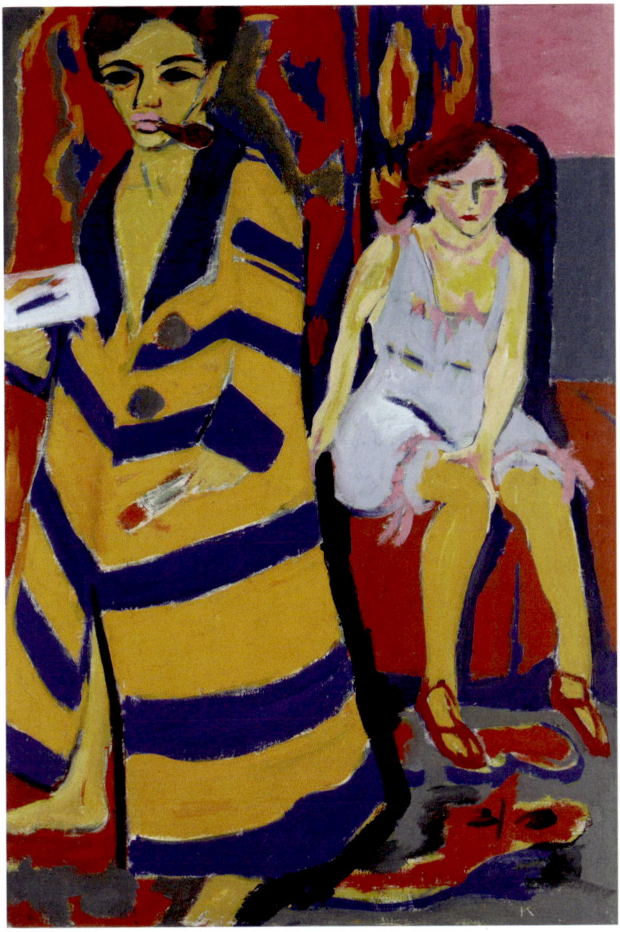

WEITERE WICHTIGE WERKE

- *Selbstbildnis als Soldat*, 1915, Allen Memorial Art Museum, Oberlin, USA

MERKMALE

- Expressionistische Selbstporträts
- Interesse am Mythos des promiskuitiven, sexuell getriebenen Künstlers
- Erkundung des Themas »Künstler mit Modell«
- Starke Implikation von sexuellen Beziehungen und Narrativen
- Gegenüberstellung kontrastierender Farben und Muster
- Gestische und ausdrucksstarke Pinselstriche
- Einfluss von Fauvismus und Postimpressionismus

SINAIDA SEREBRJAKOWA
1884–1967

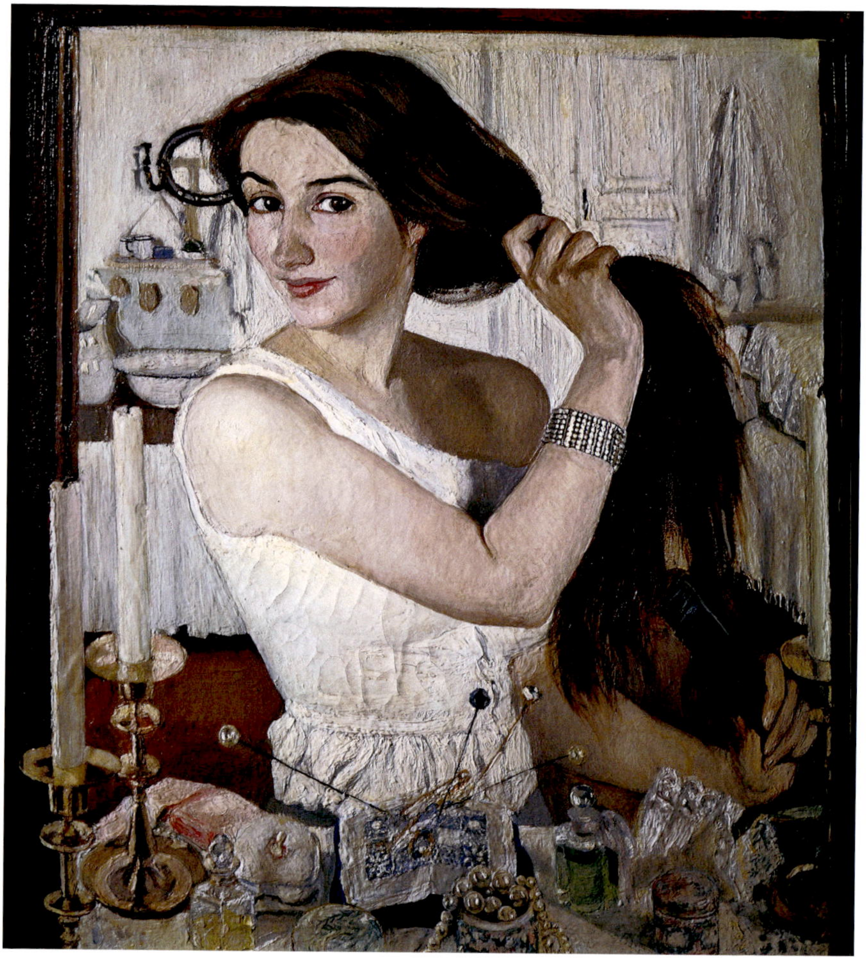

In der westlichen Kunst des frühen 20. Jahrhunderts gibt es nur wenige Selbstporträts knapp bekleideter Frauen. Verglichen mit Paula Modersohn-Beckers besinnlicher Nacktheit (siehe S. 88) oder Gwen Johns zaghaften nackten Selbstbildnissen strotzt Sinaida Serebrjakowas *Am Toilettentisch* (1909) förmlich vor Selbstbewusstsein. Dieses Gemälde wurde im Winter gefertigt. Draußen schneite

Sinaida Serebrjakowa
Am Toilettentisch, 1909
Öl auf Leinwand,
75 x 65 cm
Tretjakow-Galerie,
Moskau

Dieses Selbstporträt zeigt, wie gut es ist, im Augenblick zu leben und die kleinen Dinge zu schätzen, von Haarnadeln und Parfümflaschen bis zu Perlen und Nippes. Die russische Revolution setzte Serebrjakowas Glück leider ein Ende. Ihr Ehemann wurde eingesperrt und starb 1919 an Typhus und sie musste sich mit begrenzten Mitteln um ihre vier Kinder und ihre kranke Mutter kümmern.

es und deshalb blieb Serebrjakowa zu Hause, genoss die Wärme ihres Zimmers und bewunderte sich im Spiegel. Sie steht direkt davor, um einen besseren Blick zu erhaschen, und füllt die Bildfläche mit ihrer strahlenden Präsenz. Als Mutter von vier Kindern scheint sie diesen seltenen persönlichen Augenblick zu genießen. Sie trägt nur ihre Unterwäsche; das Unterhemd rutscht ihr lässig von der Schulter und enthüllt einen starken, athletischen Körper. Ihr Blick fällt direkt auf den Betrachter, ihr verschmitztes Lächeln ist mehr als nur ein bisschen kokett. Diese junge russische Künstlerin ist sich ihrer Schönheit bewusst und ergreift jede Chance, ihr Glück nach einem Jahr Ehe zu feiern.

Serebrjakowas Selbstporträt wurde erstmals 1910 und zwar auf einer Ausstellung der Gruppe »Mir Iskusstwa« in St. Petersburg präsentiert, wo es große Bewunderung erfuhr, unter anderem durch den russischen Porträtmaler Walentin Serow, der es als »sehr süße und frische Sache« bezeichnete. Im folgenden Jahr schuf Serebrjakowa ein weiteres Selbstporträt, *Badende* (1911). Dieses Werk zeigt die Künstlerin nackt und in all der Anmut einer klassischen Statue. Ihr selbstbewusster figürlicher Stil verrät die Kenntnis der Gemälde Tizians und Jean-Antoine Watteaus, die sie bei ihren Studien in Italien und Frankreich kennengelernt hatte. Bei der Wahl des landschaftlichen Hintergrunds erfüllte sich Serebrjakowa ihren Wunsch, die Schönheit Russlands zu würdigen. Ihre Fähigkeiten, die Großartigkeit und Intimität der nackten weiblichen Form festzuhalten, kommt auch in weiteren wichtigen Werken zum Ausruck, darunter dem epischen Gruppenbild *Badehaus* (1913).

WEITERE WICHTIGE WERKE

- *Badende*, 1911, Russisches Museum, Sankt Petersburg, Russland
- *Selbstporträt als Pierrot*, 1911, Kunstmuseum, Odessa, Ukraine
- *Badehaus*, 1913, Russisches Museum, Sankt Petersburg, Russland

MERKMALE

- Bestimmte Darstellungen der weiblichen Nacktheit und Intimität
- Klassisches Interesse am menschlichen Körper
- Statueske und heroische Darstellungen von Frauen
- Selbstbewusste und verspielte Idealisierung
- Interaktion der Figuren mit Landschaften oder häuslichen Kontexten
- Darstellung unterschiedlicher Lichteffekte, einschließlich natürlichen Lichts

EGON SCHIELE
1890–1918

Der österreichische Expressionist Egon Schiele war erst 28, als er 1918 an der Spanischen Grippe verstarb. In seinem kurzen Leben schuf er etwa 100 Selbstporträts als Zeichnungen und Aquarelle. Diese außergewöhnlichen Werke haben auch ein Jahrhundert später noch die Macht zu schockieren. Schiele zeichnete sich oft nackt. Er zieht Grimassen, verrenkt seinen ausgemergelten Körper in übermütige, animalische Posen oder scheint zu masturbieren. Ganz offensichtlich ist der Drang zu Verzerrung und Übertreibung: Gliedmaßen werden verlängert oder amputiert, Finger sind gespreizt und die Haut ist purpur und grün gesprenkelt und totenblass. Seine Linien sind auf unnachahmliche Weise dicht und angespannt und voller Klarheit und Absicht in das Papier geritzt, so als wäre er verzweifelt bemüht, diesen Ausbruch an potenter Sexualität einzufangen. Die Andeutung selbstbewusster Performativität lässt sich kaum leugnen. Zahllose Schwarzweißfotos zeigen, wie der Künstler vor einem Spiegel oder Objektiv die Posen übte.

Der im niederösterreichischen Tulln geborene Schiele studierte in Wien, wo er die Aufmerksamkeit von Gustav Klimt, einem führenden Vertreter der Secession erregte, bekannt für seine getragene und dekorative Gestaltung. Obwohl sich Schiele in seiner kurzen Karriere seine Unabhängigkeit bewahrte, teilte Klimt Modelle und Gelegenheiten mit dem Jüngeren und bot ihm einen Einstieg in Wiens reiche Kulturszene. Sigmund Freuds Theorien der Psychoanalyse und sexuellen Abweichungen boten in diesen Jahren reichen Diskussionsstoff. Schieles Selbstporträts zeigen, dass er die neuen Ideen über die Beziehung zwischen dem Ich und dem Unbewussten kannte. Seine Selbstdarstellung bekräftigte die altbekannten Mythen vom Künstler als Außenseiter am Rand der Gesellschaft. Außerhalb der Kunstszene wurden seine Kunst und Lebensweise oft missverstanden. 1912 musste er für einige Tage wegen sexueller Unmoral ins Gefängnis, weil er seine Arbeiten in seinem Atelier in Anwesenheit von Kindern gezeigt hatte.

Egon Schiele
Selbstbildnis mit gespreizten Fingern, 1911
Bleistift und Gouache, verstärkt durch Weiß, auf Papier,
28 x 52,5 cm
Sammlung Leopold, Wien

Dies ist ein schönes Beispiel für Schieles Annäherung an das Zeichnen von Selbstporträts zwischen 1910 und 1912. Der Künstler nimmt eine defensive Haltung an, indem er seine linke Schulter schützend hochzieht, seine Finger sind charakteristisch gespreizt. Die Linienführung ist agil und dicht, die Haut gefleckt und grotesk. Schiele umgibt seinen Körper mit weißer Farbe, wodurch ein besonderer Nimbus entsteht, eine zusätzliche Schutzzone, die seinen Außenseiterstatus betont.

WEITERE WICHTIGE WERKE

- *Kniender Akt (Selbstporträt)*, 1910, Sammlung Leopold, Wien, Österreich
- *Selbstporträt mit Lampionfrüchten*, 1912, Sammlung Leopold, Wien, Österreich

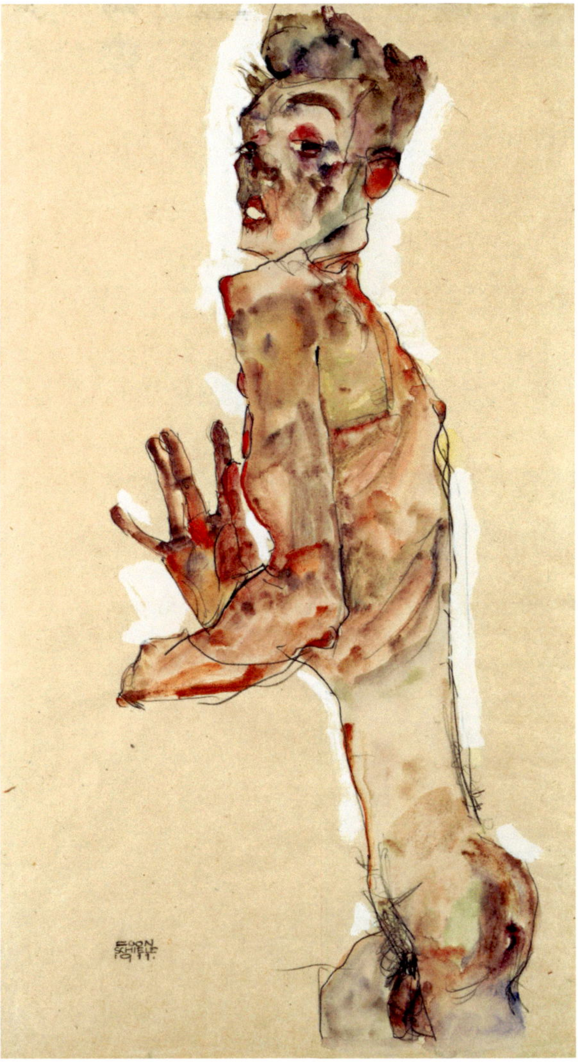

MERKMALE

- Produktiver Maler von Selbstporträts
- Interesse am kreativen Potenzial ungehemmter Sexualität
- Erkundung des romantischen Mythos vom Künstler als Außenseiter
- Extreme Verzerrung und Entstellung
- Starke Andeutung von Performance und Posen
- Wachsendes Bewusstsein für unbewusste Zustände
- Interesse am expressiven Potenzial des Zeichnens

AMRITA SHER-GIL
1913–1941

Amrita Sher-Gil, die Tochter einer ungarischen Opernsängerin und eines adligen Sikh, pendelte in ihrer Kindheit zwischen Ungarn und Indien. Mit 16 Jahren ging sie gemeinsam mit ihrer Mutter zum Kunststudium nach Paris. Sie studierte an der L'Ecole des Beaux Arts und gewann schon früh Anerkennung für ihre Gemälde von Frauen, die sie allein oder in Gruppen darstellte. In ihrem kurzen Leben schuf sie 19 Selbstporträts. Diese zeigen sie in verschiedenen Stimmungen und Identitäten, die ihr kulturelles Erbe und ihre Position als ethnisch gemischte, offen bisexuelle Frau hervorheben. Sher-Gil experimentierte mit verschiedenen Moden und Posen. Manchmal sieht sie aus wie eine Bohemienne, dann wieder trägt sie einen schicken Pariser Bob und westliche Kleidung oder ist in einen Sari gehüllt. Zusammen bieten diese Selbstporträts einen verspielten Einblick in ihre Vorstellung von Zugehörigkeit.

1933 wurde Sher-Gil »von einem intensiven Verlangen geplagt, nach Indien zurückzukehren, weil ich auf seltsam unerklärliche Weise spürte, dass dort mein Schicksal als Malerin lag«. *Selbstporträt als Tahitianerin* (1934) war eines der letzten Bilder vor ihrer Reise und enthüllt ihre stetige Erkundung anderer kultureller und künstlerischer Identitäten. Das Werk ist eine Referenz an Gauguins berühmte Gemälde junger Tahitianerinnen: außergewöhnlich, reich in Farbe und Form, allerdings mit einem kolonialen, sexualisierenden, männlichen Blick. Indem Sher-Gil die Identität einer tahitianischen Frau annimmt, drückt sie ihr Bestreben nach einer empathischen, stärkenden Darstellung von Geschlecht und Rasse aus. Im Hintergrund erinnern japanische Holzschnitte an van Gogh, der ebenfalls japanische Drucke in seine Selbstporträts einbezog (siehe S. 66). Dieses Bestehen auf einer Verschmelzung der Stile spiegelt Sher-Gils eigene komplexe Position wider. Sie war selbst eine Außenseiterin, eine Adlige, versiert in europäischem Postimpressionismus, die sich bemühte, in ihrer neuen, modernen indischen Kunst indigene Gemeinschaften darzustellen.

Amrita Sher-Gil
Selbstporträt als Tahitianerin, 1934
Öl auf Leinwand,
90 x 56 cm
Sammlung von Navina und Vivan Sundaram

Sher-Gil nimmt in diesem Gemälde eine selbstbewusste Dreiviertelstellung ein. Sie schaut in die Ferne und ist sich ihrer Sexualität bewusst, ohne sich durch den Blick des Betrachters vereinnahmen zu lassen. Manche haben auf die dunkle Präsenz hinter der Künstlerin hingewiesen: Ist dies ihr eigener Schatten oder repräsentiert sie die männliche Figur, die oft in Darstellungen weiblicher Akte aufragt?

WEITERE WICHTIGE WERKE

- *Junge Mädchen*, 1932, National Gallery of Modern Art, Neu-Delhi, Indien
- *Selbstporträt im blauen Sari*, 1937, Kiran Nadar Museum of Art, Noida, Indien

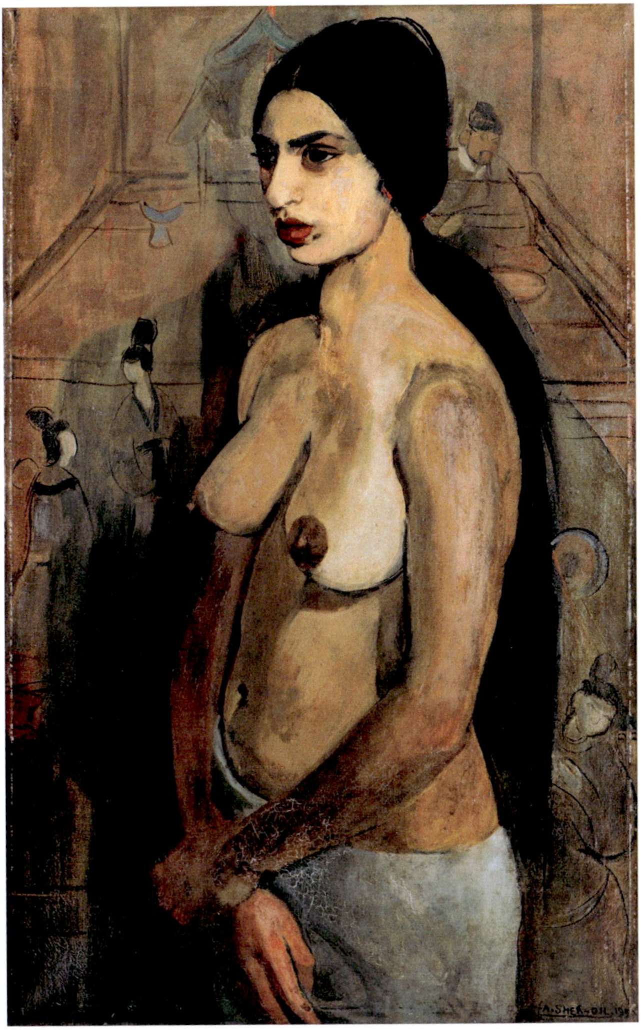

MERKMALE

- Selbstporträts zum Erkunden intersektioneller Identitäten
- Verspielter Einsatz von Kostüm und Styling
- Verschmelzung eines globalen Spektrums als kulturelle und kunstgeschichtliche Referenzen
- Einfluss von postimpressionistischer Malerei und Referenzen
- Erkundung der Sinnlichkeit aus einer weiblichen Perspektive heraus

LUCIAN FREUD
1922–2011

Lucian Freud scheute die Öffentlichkeit und war ein Mann weniger Worte. Dieser renommierte Maler wählte seine Modelle mit Bedacht und bevorzugte Personen, die er kannte: Freunde, Familienmitglieder oder enge Mitarbeiter. Freud erklärte: »Es geht um mich und meine Umgebung. Ich arbeite von den Menschen aus, die mich interessieren und die ich mag.« Er stellte gern nackte Körper dar, bei denen er dann jedes Grübchen, jede Delle und Falte festhielt. Er sagte: »Soweit es mich betrifft, *ist* die Farbe die Person.« In seiner intimen und vertrauten Atelierumgebung positionierte er seine Modelle in komplizierten Posen, in denen sie viele Stunden ausharren mussten. Oft streckten sich seine Modelle auf Betten oder Sofas aus, scheinbar schlafend oder unwohl wirkend. Freuds bestes Werk ergab sich aus dem intensiven Blick hinter geschlossenen Türen auf eine ruhende Person – eine verblüffende Ähnlichkeit zu der Arbeitsweise seines Großvaters Sigmund Freud während seiner psychoanalytischen Untersuchungen.

Freud kam im Laufe der Jahre immer wieder auf Selbstporträts zurück, von frühen Kreide- und Bleistiftzeichnungen, mit denen er glatte, jugendliche Gesichtszüge festhielt, bis zu knorrigen, pastösen Darstellungen der Unvollkommenheiten des Alters. Freud arbeitete niemals mit Fotografien. Bei Gemälden von anderen arbeitete er direkt vom Modell, während er für seine Selbstporträts einen Spiegel bemühte. Diesen integrierte er oft in die Bilder oder nutzte zumindest das Wort »Reflexion« in den Titeln.

In *Interior with Hand Mirror* (1967) steckt ein kleiner Spiegel in der Lücke zwischen den zwei Rahmen eines Schiebefensters. Freuds körperloser, ein bisschen makaber aussehender Kopf füllt das ovale Glas. Er blinzelt und verzieht das Gesicht – verzweifelt scheinbar, im erstaunlich gleißenden Licht des Tages ein Gefühl seiner Selbst festzuhalten. Ein genauerer Blick auf dieses kleine Juwel von Bild enthüllt einen aufwendigen Prozess, in dem der Künstler die Ölfarbe wiederholt aufgetragen, abgekratzt und erneut aufgetragen hat. Das fertige Bild scheint eine schwere Geburt gewesen zu sein. Es dient als Erinnerung an die beständigen Komplexitäten und Herausforderungen beim Malen des eigenen Ich.

Lucian Freud
Interior with Hand Mirror (Selbstporträt), 1967
Öl auf Leinwand,
25,5 x 17,8 cm
Privatsammlung

Es ist schwer zu sagen, ob der Blick aus dem Fenster in diesem Gemälde einen wolkenverhangenen Himmel oder eine lichtüberflutete Wand darstellt. Freuds Manipulation der verschiedenen Lichteffekte ist ebenso faszinierend. Obwohl das Bild in helles Tageslicht getaucht ist, enthüllt der Spiegel das gedämpfte Licht in den Tiefen seines Ateliers.

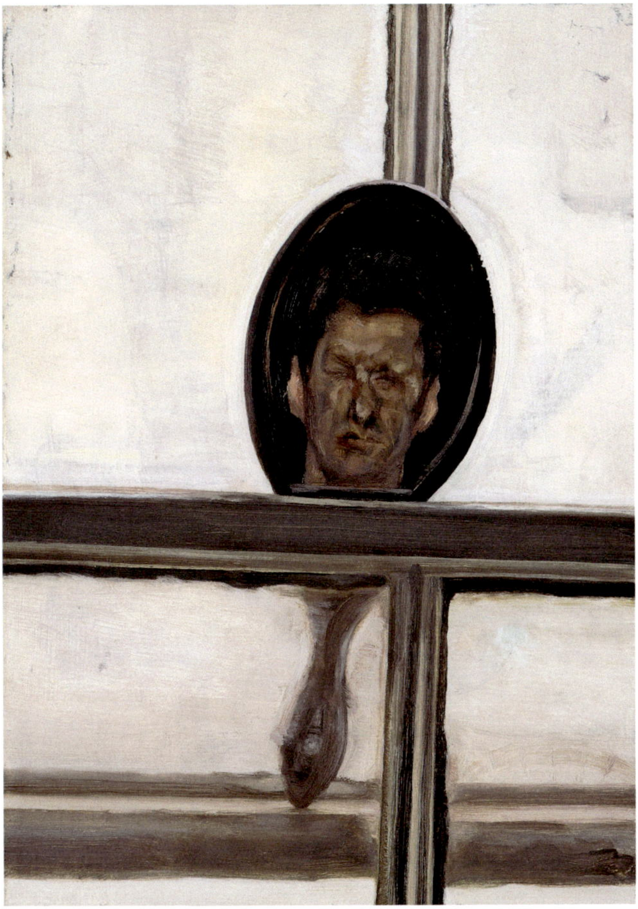

WEITERE WICHTIGE WERKE

- *Reflection with Two Children (Selbstporträt)*, 1965, Museo Thyssen-Bornemisza, Madrid, Spanien
- *Maler bei der Arbeit, Reflexion*, 1993, Privatsammlung

MERKMALE

- Intensive und anhaltende Untersuchung des Selbst und anderer
- Ungeschönte Darstellung des nackten Körpers
- Breites Spektrum an Kompositionen, vom flüchtigen Blick in kleine Spiegel bis zum frontalen Ganzkörper-Selbstporträt
- Vertrauliches Arbeiten im Atelier
- Einbeziehung unterschiedlicher Lichtquellen und -effekte

CHUCK CLOSE
* 1940

1967 löste der amerikanische Maler Chuck Close das Problem, was er malen solle, indem er die Kamera auf sich richtete. Er nahm ein Brustbild auf, legte ein komplexes Raster darüber und begann akribisch und aufwendig damit, das Bild auf eine sehr große Leinwand zu übertragen. Mit Acrylfarbe baute er schrittweise, Quadrat für Quadrat, von oben nach unten das Bild zusammen.

Der halbnackte Mann in *Big Self-Portrait* (1967–68) ragt mit der Nonchalance des Beatniks über dem Betrachter auf. Er trägt eine schwarze Hornbrille und wirres Haar, eine Zigarette zwischen den Lippen. Wir sehen alles: die Bartstoppeln, den Rauch der Zigarette. Selbst Unschärfen und Unregelmäßigkeiten aus dem fotografischen Prozess sind sorgfältig herausgearbeitet. Trotz der extremen Nähe und der starken physischen Ähnlichkeit wird nicht tiefer nachgeforscht. Close will keine emotionale oder psychologische Tiefe oder kontextuelle Breite vermitteln. Er ist nahe, aber nicht persönlich. Im Grunde dreht sich alles um Systeme, Sequenzen und Oberflächenbeziehungen. Schauen wir das Bild mit unfokussierten Augen an, entdecken wir ein formelles, abstraktes Gemälde.

Close fertigt seit mehr als fünf Jahrzehnten Gemälde von sich selbst und seinen Freunden. Dabei kehrt er auf der Suche nach einem nicht näher spezifizierten »jedermann« immer wieder zu den gleichen Brustbild-Kompositionen zurück. Mit der Zeit weitete er sein System auf Farben und lockerer gepixelte Einheiten aus, sodass sich eine größere bildhafte Textur und optische Komplexität ergaben. Trotz seiner unermüdlichen Suche nach dem Unpersönlichen lässt sich die effektheischende und persönliche Ambition kaum leugnen, die sein frühes Werk antrieb. Die Stärke von *Big Self-Portrait* liegt in seiner lauten Beteuerung: Ich bin ein Künstler. Ich sehe aus wie ein Künstler. Schaut mich an.

Chuck Close
Big Self-Portrait, 1967–68
Acrylfarbe auf Leinwand, 273,1 x 212,1 cm
Walker Art Center, Minneapolis

Close hat das Betrachten seiner riesigen Gemälde mit der Erfahrung verglichen, die die winzigen Lilliputaner gemacht haben müssen, als sie in Jonathan Swifts Buch *Gullivers Reisen* (1726) über Gullivers Gesicht geklettert sind. Ihm gefällt außerdem, wie das Bild – abhängig von der Position des Betrachters zur Leinwand – ins Blickfeld oder auch wieder heraus gerät.

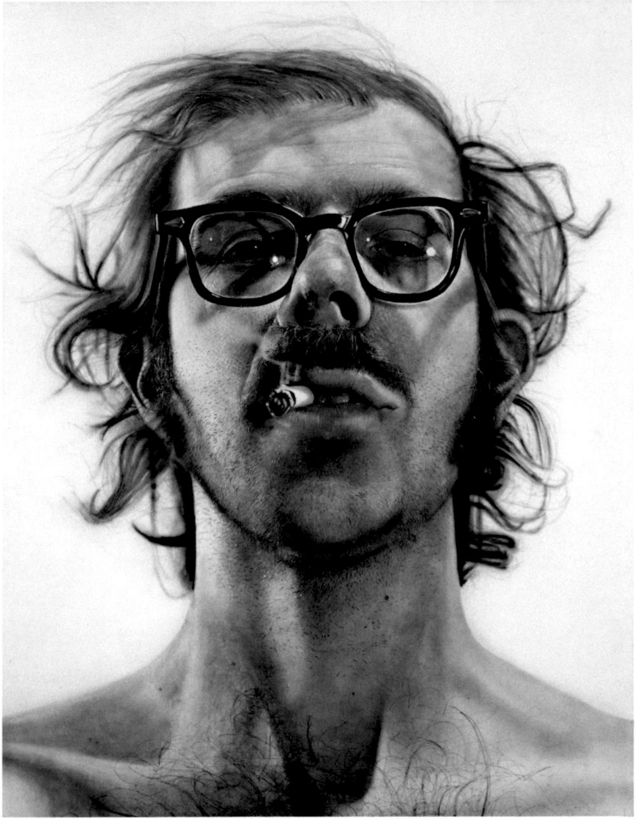

WEITERE WICHTIGE WERKE

- *Selbstporträt*, 1997, Museum of Modern Art, New York, USA

MERKMALE

- Produktiver Maler von Selbstporträts
- Großformatige Gemälde von sich und seinen Freunden
- Nahe, frontale Pose, vor allem von Kopf und Schultern
- Kein Interesse an psychologischen Einsichten oder breiterem Kontext
- Enger Bezug auf fotografisches Quellmaterial
- Einsatz eines extrem figürlichen Realismus zum Erkunden formeller Fragen
- Arbeitsaufwendiger Prozess, bei dem das Bild Abschnitt für Abschnitt aufgebaut wird

MARINA ABRAMOVIĆ
* 1946

Ab Mitte der 1970er waren feministische Bestrebungen in vollem Gang, die Vorstellung vom weiblichen Körper als passives Kunstobjekt für die männliche Würdigung überkommen. Einen zugänglichen und unbeschränkten Raum, in dem Frauen dies vorantreiben konnten, bot Performance-Kunst, und oft setzten sie dabei auf provozierende Weise ihre Körper ein. Auch die in Serbien geborene Marina Abramović begann damit in den frühen 1970ern, nachdem sie ursprünglich Malerei studiert hatte. Ihre frühen Performances waren körperliche und geistige Herausforderungen mit riskanten, manchmal lebensbedrohlichen Aktionen, bei denen sie etwa psychoaktive Drogen nahm oder vor Publikum durch Feuer sprang. Durch ihre extremen Aktionen hoffte sie, spirituelle und intellektuelle Erleuchtung zu finden. Sie sagte: »Ich teste meine Grenzen, um mich zu verwandeln, aber ich nehme auch die Energie des Publikums auf und verwandle es ... Eine machtvolle Performance verwandelt jeden im Raum.«

1975 lernte Abramović den deutschen Künstler Ulay (Frank Uwe Laysiepen) kennen. Sie wurden Kollegen und Partner und arbeiteten bis zu ihrer Trennung 1988 regelmäßig zusammen. Viele ihrer Aktionen drehten sich um die Gleichheit der Geschlechter, Politik und die Vereinnahmung von Raum. 1977 veranstalteten sie in der Galleria Comunale d'Arte Moderna in Bologna ihre Performance *Imponderabilia*. Das Paar zog sich aus und stand einander im Eingang zur Galerie gegenüber. Besucher, die den Raum betreten wollten, mussten sich seitwärts zwischen den beiden hindurchquetschen. Sie standen also vor der Entscheidung, ob sie einen Mann oder eine Frau frontal berühren würden. Dieser einfache, aber auch übergriffige körperliche Kontakt sollte ein Nachdenken über Geschlecht, Sexualität und Anderssein auslösen. Durch die Besetzung des öffentlichen Eingangs machten Abramović und Ulay ihr Publikum zu aktiven Teilnehmern und Mitkünstlern.

Marina Abramović und Ulay
Imponderabilia, 1977
Performance, 90 min.
Galleria Comunale d'Arte Moderna, Bologna

In diesem Werk wurden Abramović und ihr Partner Ulay zu einer »lebendigen Tür«, die nur einen eng begrenzten Eingang für die Galeriebesucher bot. Eine versteckte Kamera dokumentierte Besucher beim Eintritt in den Raum und projizierte ihre Reaktionen auf einen danebenstehenden Bildschirm. Die Künstler hatten für die Performance drei Stunden vorgesehen, allerdings wurde die Aktion nach 90 Minuten bereits von der Polizei abgebrochen.

WEITERE WICHTIGE WERKE

- *Rhythm 0*, 1974, Performance, Studio Morra, Neapel, Italien
- *Art Must Be Beautiful, Artist Must Be Beautiful*, 1975, ZKM, Karlsruhe

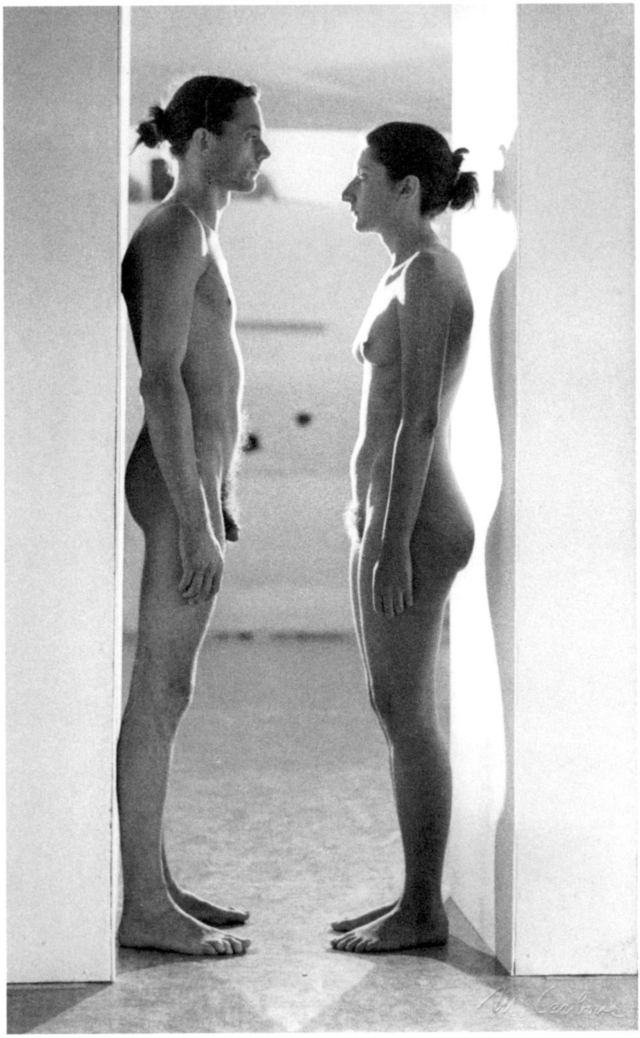

MERKMALE

- Interesse an den politischen Aspekten von Geschlecht, Raum und Gleichheit
- Performance-Kunst, die Stärke und Ausdauer verlangt
- Körperlicher Einsatz in extremen, riskanten Aktivitäten
- Interesse an wiederholten, ritualistischen Aktionen, um einen Zustand der Erleuchtung zu erreichen
- Implizite Notwendigkeit der Einbeziehung und Teilnahme des Publikums
- Einsatz von Fotografie und Video zur Dokumentation von Performances

ANA MENDIETA
1948–1985

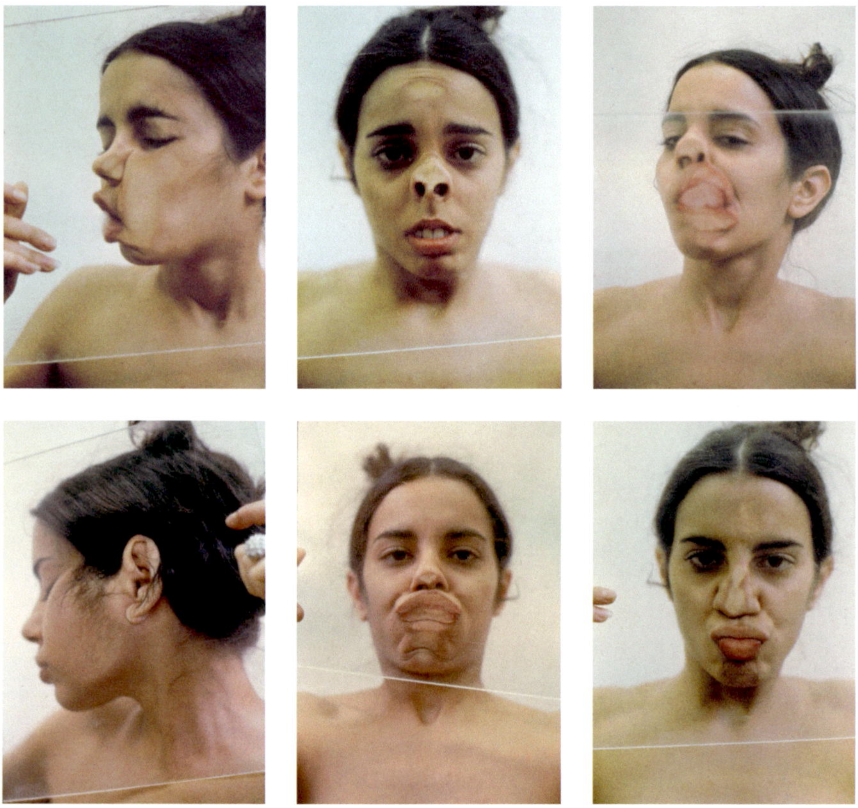

Ana Mendietas Kindheit war geprägt von Vertreibung und Exil. Geboren auf Kuba, gehörte sie zu den 14.000 Kindern, die im Rahmen der »Operation Pedro Pan« in die USA geschickt wurden. Dieser geheime Exodus war die elterliche Reaktion auf die radikalen Bildungsreformen der marxistisch-leninistischen Regierung. Ohne ihre Eltern und ihren jüngeren Bruder wurden die 12-jährige Ana und ihre ältere Schwester Raquelín 1961 nach Iowa geschickt, wo sie in verschiedenen Pflegefamilien und -einrichtungen lebten. Mendieta sah ihre Familie fünf Jahre nicht und kehrte erst 1980 wieder in ihre Heimat zurück.

Ana Mendieta
Ohne Titel (Glas auf Gesicht), 1972
Sammlung aus sechs Farbfotos, jeweils 61 x 43,8 cm
Institute of Contemporary Art, Miami

Diese Fotos dokumentieren, wie Mendieta ihr Gesicht gegen Plexiglasscheiben drückt, um eine Reihe grotesker Verzerrungen zu erzeugen. Dies impliziert Gewalt, nicht nur aufgrund der bewussten Entstellung der Gesichtszüge der Künstlerin, sondern auch aufgrund der Andeutung von Aufprall und Druck. Wie viele ihrer Werke scheint auch dieses eine unheimliche Vorahnung ihres Schicksals zu sein.

Sie studierte an der University of Iowa anfangs Malerei, später ging sie in das Intermedia-Programm des deutsch-amerikanischen Künstlers Hans Breder. Dieser ermutigte seine Studenten, künstlerisch in verschiedenen Disziplinen wie Performance, Video und Konzeptkunst zu arbeiten. Mendieta nahm aktiv daran teil und erinnerte sich, dass »der Wendepunkt für mich 1972 war, als ich erkannte, dass meine Gemälde nicht real genug waren für das, was das Bild vermitteln sollte, und mit real meine ich, dass meine Bilder Macht haben, magisch sein sollten«.

Ihre frühen Experimente mit Performance und deren Dokumentation führten zu einer Reihe innovativer Kurzfilme und Fotos, die den Akt der körperlichen Verwandlung der Künstlerin festhalten. *Untitled (Facial Hair Transplant)* (1972) zeigt Mendieta mit einem Vollbart, nachdem sie sorgfältig die Gesichtshaare ihres Freundes auf ihre eigenen Wangen verpflanzt hatte. Dieses Werk ist eine Herausforderung für die binären Definitionen von Geschlecht und Identität. Mendieta manipulierte ihre Gesichtszüge auch auf andere radikale Weise, indem sie Strümpfe über den Kopf zog, Perücken und Make-up trug oder ihre langen Strähnen einseifte, um Masken, Brillen und verzerrende Auswölbungen herzustellen. Angespornt durch die zunehmenden feministischen Diskurse und ihre eigenen intersektionellen Erfahrungen nutzte Mendieta ihren Körper zum Erkunden einer Vielzahl von Identitäten und Positionen. Singuläre oder feste Interpretationen dagegen mied sie.

Die Implikation von Gewalt prägt einen Großteil von Mendietas frühen Arbeiten. In der Foto-Serie *Ohne Titel* 1972 ist die Künstlerin gegen Glasscheiben gepresst, sodass ihr Gesicht gequetscht und verzerrt wird. Im folgenden Jahr dokumentierte sie sich mit blutverschmiertem Gesicht, den Kopf zurückgelegt, um ihre blutende Nase zu zeigen. Diese verstörenden und konfrontativen Arbeiten sind ein Versuch, die Aufmerksamkeit auf das Thema Gewalt gegen Frauen zu lenken. Ihr Interesse an Blut nimmt außerdem eine ritualistische Signifikanz an, indem es seine symbolische Bedeutung als Lebenskraft und Mittel der Erneuerung in vielen Kulturen und Glaubenssystemen hervorhebt, darunter auch der Santería, der auf Kuba vorherrschenden afroamerikanischen Religion.

1973 begann sie mit der Serie *Silueta*, die sie sieben Jahre lang beschäftigen und die mehr als 100 Filme und Fotos von Orten in Iowa und Mexiko ergeben würde. In dieser Serie wird Mendietas Körper zunehmend verdeckt. Wir finden seine Spur in verschiedene natürliche Stoffe eingebettet, wie etwa Schlamm, Blumen, Sand und Blätter. In einer Verschmelzung von Ideen aus Performance, Konzept- und Landschaftskunst enthüllt *Silueta* Mendietas Gedanken über Vergänglichkeit, die sie als »Erde-Körper-Kunst« bezeichnete. Sie erkannte den biografischen Impuls hinter ihrer Rückkehr zur Natur an und sagte: »Meine Erkundung der Beziehung zwischen mir und der Natur mithilfe meiner Kunst ist ganz klar das Ergebnis des Verlusts meiner Heimat während meiner Jugend. Die Schaffung meiner *silueta* in der Natur bewahrt (macht) den Wechsel zwischen meiner Heimat und meinem neuen Zuhause. Sie ist eine Möglichkeit, meine Wurzeln zurückzufordern und eins mit der Natur zu werden.«

Am 8. September 1985 fand Ana Mendietas kurzes Leben ein plötzliches und gewaltsames Ende. Nach einem lauten Streit fiel sie aus dem Fenster der Wohnung im 34. Stock, die sie mit ihrem Ehemann, dem minimalistischen Bildhauer Carl Andre teilte. Nach einem langwierigen und kontroversen Prozess wurde Andre vom Vorwurf des Mordes freigesprochen.

Ana Mendieta
Imagen de Yagul aus der Serie *Silueta*, 1973–77
Silber-Bleach-Druck, 50,8 x 34 cm
San Francisco Museum of Modern Art, San Francisco

Dies ist eine von Mendietas ersten *Silueta*-Arbeiten, die direkt vor ihrer Entscheidung entstand, ihren Körper komplett aus dem Werk herauszuhalten. Die Performance fand in einem Zapoteken-Grab im mexikanischen Yagul statt und hebt ihr Interesse an alten Kulturen und Ritualen hervor. Mendietas regloser Körper ist teilweise durch weiße Wildblumen verdeckt, sodass man an Tod und Erneuerung erinnert wird.

WEITERE WICHTIGE WERKE

- *Untitled (Facial Hair Transplants)*, 1972, Nachlass der Künstlerin
- *Untitled (Facial Cosmetic Variations)*, 1972, Museum of Modern Art, New York, USA
- *Untitled (Self-Portrait with Blood)*, 1973, Tate Collection, Großbritannien

MERKMALE

- Performance-basiertes, dokumentiertes Arbeiten
- Erkundung intersektioneller Erfahrungen und Identitäten
- Nutzung des Selbst zum Erkunden von Gewalt und Unterdrückung
- Interesse an körperlicher Abwesenheit, Spuren und Vergänglichkeit
- Besetzung von Räumen abseits von Galerien
- Verkörperung alter Kulturen und Rituale

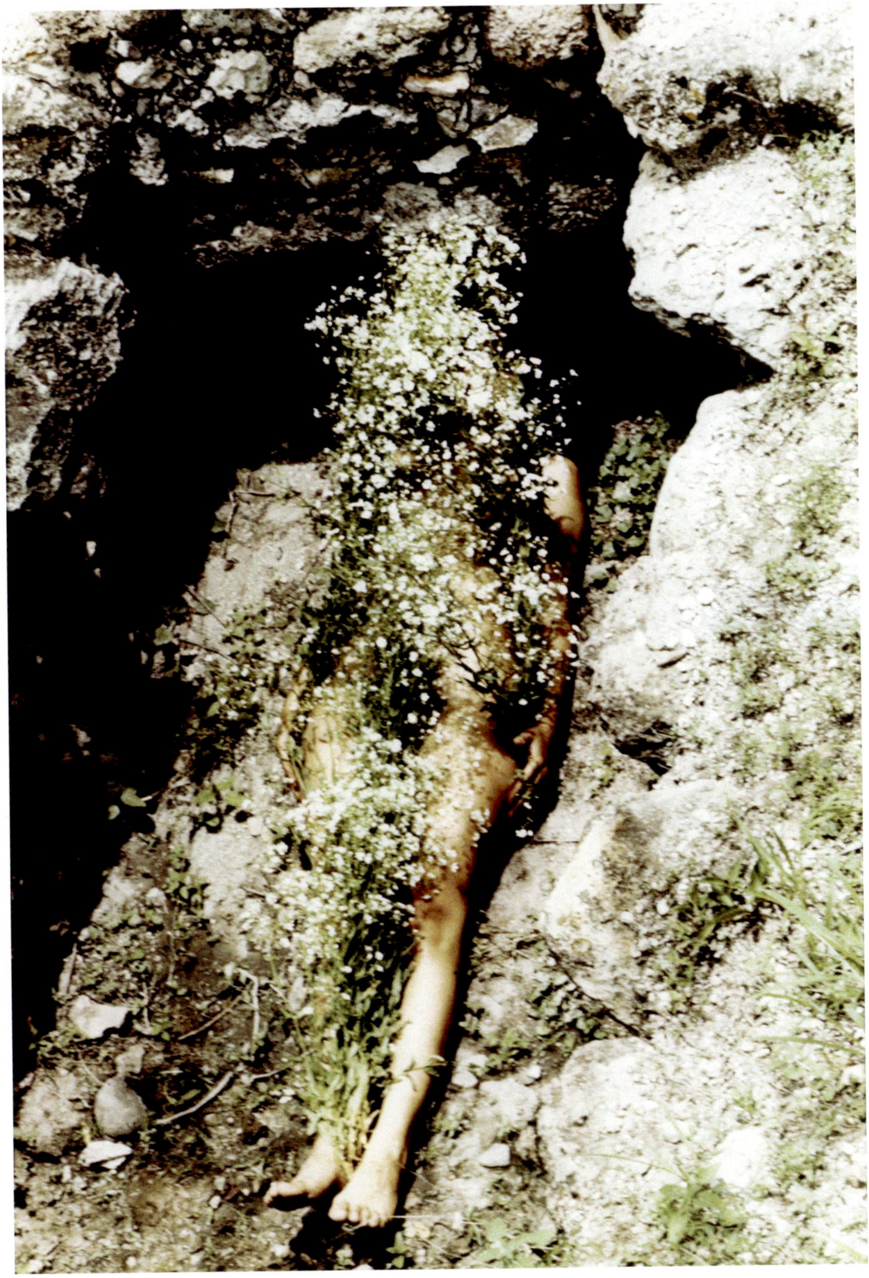

JEAN-MICHEL BASQUIAT
1960–1988

Jean-Michel Basquiat wurde in Brooklyn, New York City, als Sohn eines haitianischen Vaters und einer puertoricanischen Mutter geboren. Als Kind besuchte er mit seiner Mutter häufig Galerien, wo er seine Liebe zu moderner europäischer und amerikanischer Kunst entdeckte. Außerdem war er fasziniert von Comics, Poesie, Musik und den Illustrationen in Gray's Anatomy. Seine Teenager-Jahre waren unruhig: Wegen familiärer Querelen brach er die Schule ab und lief von zu Hause fort. Diese unsichere Existenz setzte sich bis in sein frühes Erwachsenenleben fort. Er hatte keinen festen Wohnsitz, trat als Poet, Musiker und Straßenkünstler auf und verzierte das urbane Gewebe von Lower Manhattan mit Botschaften unter dem Tag SAMO©. Anfang der 1980er schaffte er den Sprung von der Straße in die Galerie, vom Underground in den Mainstream, und gewann internationale Anerkennung für seine Stream-of-Consciousness-Gemälde, in denen er Text, Figuren, Gesten und politische Kommentare verschmolz. 1988 starb er mit 27 Jahren an einer Überdosis Heroin.

Obwohl sich Basquiat in seiner kurzen Laufbahn nur am Rande mit Selbstporträts befasst hatte, zeigen viele seiner Werke autobiografische Töne: Hinweise auf seine Identität als schwarzer amerikanischer Künstler und seine Erfahrungen in einer vorrangig weißen Kunstwelt. Zudem nutzte er seine Kunst zur Würdigung der Leistungen seiner musikalischen und sportlichen Helden wie Charlie Parker und Muhammad Ali sowie für Kommentare über Rassenungerechtigkeit und Ausgrenzung. Über die Motivation hinter seiner Arbeit sagte er: »Es sind etwa 80 % Zorn.«

Basquiats Selbstporträts sind häufig konfrontativ, intensiv und brutal: Der Kopf vergrößert und verdreht, die Augen leer und hohl, die Zähne in schmerzvollen Grimassen gefletscht. Basquiats Körper wirkt mächtig und heldenhaft, die Arme sind selbstbewusst ausgestreckt, die Anatomie definiert und klar abgegrenzt. Der Einfluss von Pablo Picasso und Robert Rauschenberg ist ebenso spürbar wie das Bewusstsein für afrikanische Kunst, Cartoons und Kinderzeichnungen. Basquiats raffinierte Verschmelzung unterschiedlicher Strömungen erinnert an die Dualität des Seins: Vergangenheit und Gegenwart, Leben und Tod, Heroismus und Verletzlichkeit.

Jean-Michel Basquiat
Selbstporträt, 1986
Acrylfarbe auf Leinwand,
180 x 260,5 cm
Museu d'Art Contemporani de Barcelona (MACBA), Barcelona

Dieses Selbstporträt, das gegen Ende von Basquiats kurzem Leben entstand, hat schier epische Ausmaße. Der Künstler nimmt das Zentrum des Gemäldes ein, wo er eine selbstbewusste, frontale Position innehat. Umgeben von einer Reihe symbolischer Objekte, steht er nackt vor uns und schwingt seine Werkzeuge, teils Sieger, teils Sensenmann. Es ist schwer zu sagen, ob das Gemälde künstlerische Freiheit repräsentiert oder intensive Pein und Isolation.

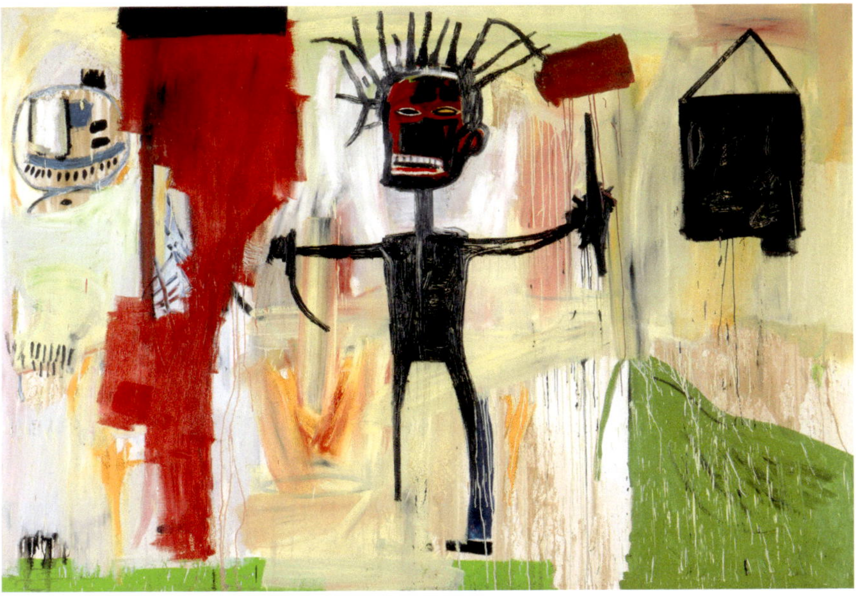

WEITERE WICHTIGE WERKE

- *Self-Portrait as a Heel – Part Two, 1982*, Sammlung von Stéphanie Janssen
- *Selbstporträt*, 1984, Yoav Harlap Collection, USA

MERKMALE

- Umfassende autobiografische Referenzen und Andeutungen
- Erkundung schwarzer männlicher Identitäten und Erfahrungen
- Darstellung einsamer, heroischer Figuren
- Beschäftigung mit dem expressiven Potenzial von Köpfen, Totenschädeln und Masken
- Energischer und spontaner neoexpressionistischer Umgang mit Farbe
- Aufwendige Schichtung von Ideen und Motiven aus Kunst, Musik, Comics und Street Art

JENNY SAVILLE
* 1970

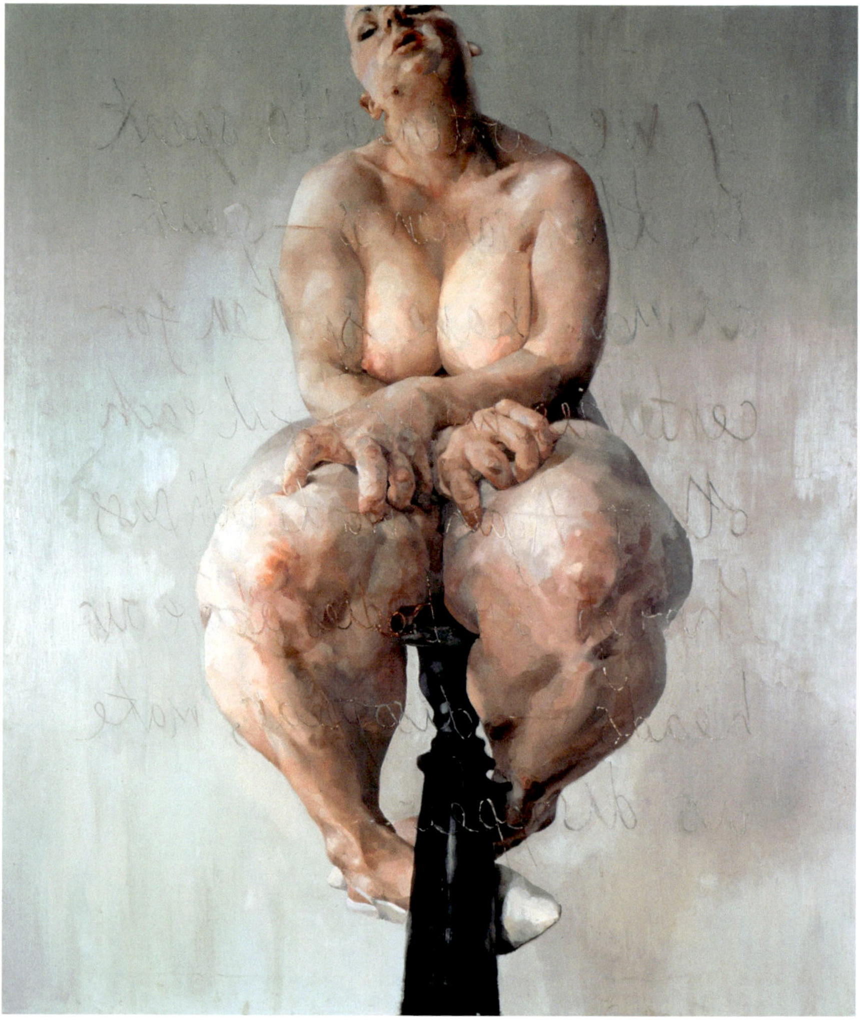

Jenny Savilles Aufstieg zum Ruhm kann nur als kometenhaft beschrieben werden. Der Kunstsammler Charles Saatchi kaufte einige ihrer Gemälde, als sie noch an der Glasgow School of Art studierte, und präsentierte sie in zwei aufsehenerregenden Ausstellungen: *Young British Artists III* (1994) in der Saatchi Gallery und *Sensation* (1997) an der Royal Academy in London.

Jenny Saville
Propped, 1992
Öl auf Leinwand,
213,5 x 183 cm
Saatchi Collection,
London

Dieses Werk zeigt eine Textpassage der feministischen Philosophin Luce Irigaray. In anderen Gemälden hat Saville einzelne, wichtige Wörter auf ihren Körper geschrieben. Mit Linien zieht sie manchmal auch die Konturen ihres Körpers nach und erzeugt so eine Art Pfad. Dieser Prozess erinnert an die Vermerke, die ein Schönheitschirurg vor dem Fettabsaugen auf dem Körper macht.

Viele von Savilles frühen großformatigen Bildern zeigen die Künstlerin nackt. Häufig wählte sie einen nahen, niedrigen Blickpunkt, um eine dramatische Verkürzung und Verzerrung ihres Körpers zu erreichen. Ihr kräftiger Körper füllt jede Leinwand. Gestische Pinselstriche kollidieren, um jede Wölbung, jeden Makel und jede Unebenheit festzuhalten. Ihr kleiner Kopf thront auf dieser skulpturenartigen Masse. Sie scheint seltsam abwesend, als würde sie ihren korpulenten Körper mit stiller Akzeptanz beobachten. Diese wenig schmeichelhaften Selbstporträts fordern den Betrachter auf, sich mit einem Körpertyp zu beschäftigen, der oft als hässlich oder abstoßend empfunden wird. Ihr Werk will idealisierte Darstellungen des weiblichen Körpers in der Kunst und den Medien infrage stellen.

Savilles Gemälde verraten ein breites Spektrum an Einflüssen, von der klassischen Skulptur zu den üppigen Darstellungen von Peter Paul Rubens, Lucian Freud (siehe S. 98–99) und Willem de Kooning. Saville, die mit vergrößerten Fotografien ihrer Körperteile arbeitet, wurde außerdem durch die provokative feministische Performance-Kunst der 1970er beeinflusst. Ihr Quellmaterial reicht weit über die Kunstwelt hinaus und schließt Bilder von chirurgischen Prozeduren ebenso ein wie von Tod, Tieren und Fleisch.

Propped (1992) ist ein wichtiges Beispiel für Savilles feministische Annäherung an die figürliche Darstellung. In diesem Gemälde sitzt die Künstlerin auf einem winzigen Hocker und blickt nach vorn, als würde sie in einem beschlagenen Spiegel ihre Reflexion begutachten. Ihre Finger krallen sich voller Anspannung und Unbehagen in die weiche Haut ihrer Schenkel. Die Textpassage, die auf die Oberfläche des Spiegels gekratzt ist, bezieht sich auf einen Essay der feministischen Philosophin Luce Irigaray. Sie ist in Spiegelschrift geschrieben, wie eine geheime Botschaft an die Künstlerin.

WEITERE WICHTIGE WERKE

- *Plan*, 1993, Saatchi Collection, London, Großbritannien

MERKMALE

- Frauenbild feministisch hinterfragen
- Ungeschönte, nackte Selbstporträts
- Ausdrucksstarker Umgang mit Pinselstrichen und Farbe
- Verkürzende und verzerrende Blickpunkte
- Fehler und oberflächliche Unvollkommenheiten fordern Schönheitsideale heraus
- Aktive Posen und performatives Vorgehen

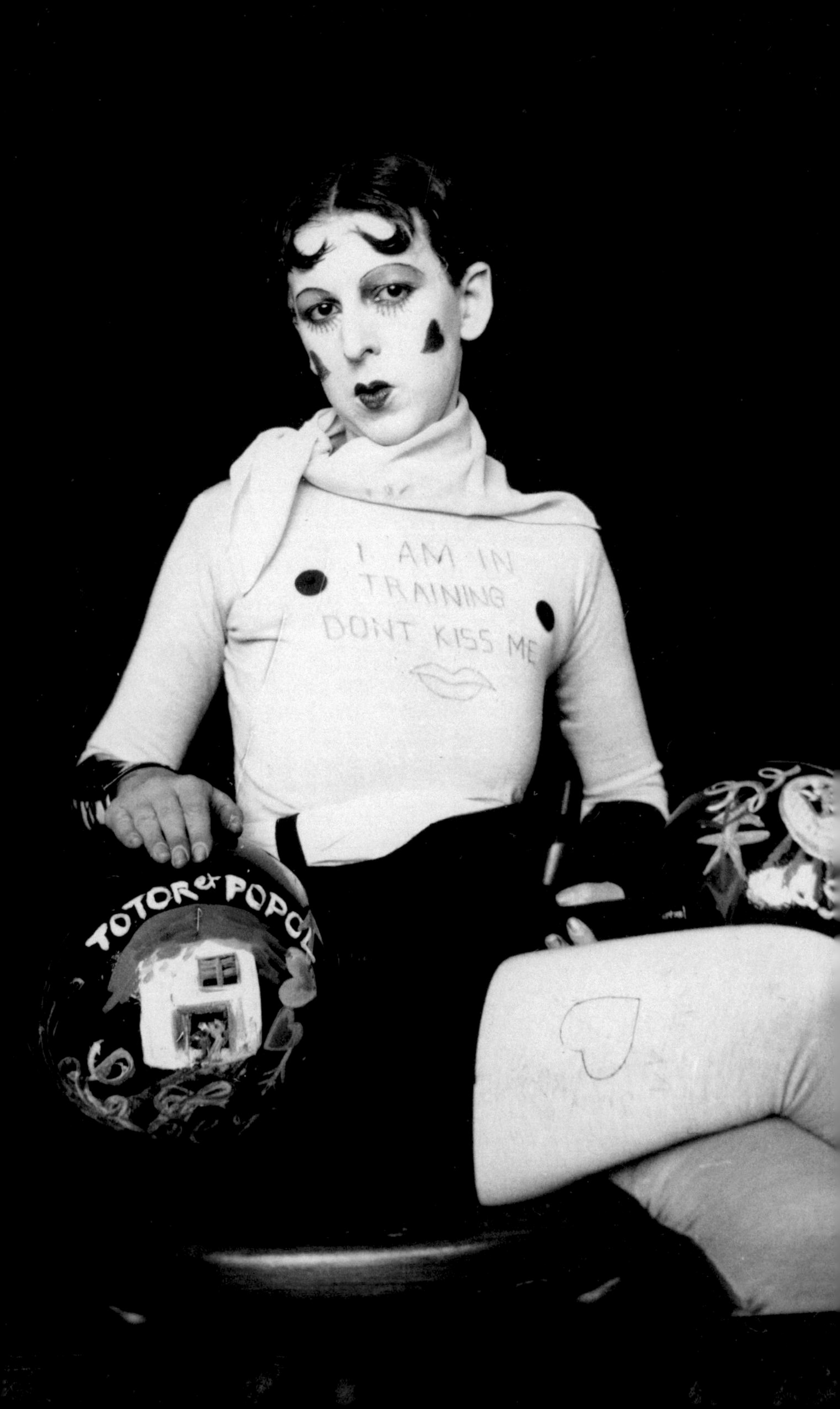
I AM IN
TRAINING
DONT KISS ME
TOTOR et POPOL

GESICHTER MACHEN

-

**»Unter dieser Maske eine weitere Maske.
Ich werde wohl nie all diese Gesichter
loswerden.«**

-

Claude Cahun, 1930

MARCEL DUCHAMP
1887–1968

»Ich glaube nicht an die Kunst, ich glaube an die Künstler.«

Anfang des 20. Jahrhunderts stellte der französisch-amerikanische Künstler Marcel Duchamp große Fragen zur Kunst, die bis heute aktuell sind. Lediglich optisch ansprechende Kunst sah er kritisch und entschied sich stattdessen für Werke, die den Geist herausforderten. Für Duchamp ging es in der Kunst um Ideen, Sprache, Interpretation und Kontext. Sie hatte nichts mit geschickter Technik oder malerischen Pinselstrichen zu tun. Eine frühe Provokation bestand darin, dass er ein im Laden gekauftes Flaschenregal ausstellte und behauptete, es sei Kunst. Dieses neue »readymade«-Konzept sah vor, Nicht-Kunstobjekte mit neuen Bedeutungen zu versehen, wodurch lang gehegte Annahmen über Geschicklichkeit, Ausdruck und Originalität verworfen wurden.

Duchamps radikaler konzeptueller Ansatz war eine echte Herausforderung für die Porträtmalerei. Im Jahr 1919 verunstaltete er eine billige Reproduktion von Leonardo da Vincis *Mona Lisa*, indem er dem verehrten Porträt einen Schnurrbart und einen Spitzbart hinzufügte und das Stück *L.H.O.O.Q.* nannte. In schnell gesprochenem Französisch klingen die Buchstaben wie *elle a chaud au cul* – sie hat einen heißen Hintern. Duchamps spielerische Intervention stellt die Fähigkeit der Porträtmalerei infrage, die Identität eines Porträtierten zu erfassen und im Bild festzuhalten. Um diese Idee weiterzuführen, schuf Duchamp 1920 ein neues Alter Ego, Rose Sélavy. Ihr Name spielt auf das französische *Eros, c'est la vie* an, »Liebe, so ist das Leben«, was Duchamps anhaltende Faszination für skurrile Wortspiele unterstreicht. In Zusammenarbeit mit dem Künstler und Modefotografen Man Ray schuf er eine Serie von Schwarz-Weiß-Fotografien von sich selbst, verkleidet als sein faszinierendes weibliches Gegenstück. Außerdem signierte er verschiedene Kunstwerke mit Sélavys Namen.

Duchamps Rollenspiel, mit dem er statische Definitionen von Geschlecht und Identität infrage stellen wollte, hat nachfolgende Künstlergenerationen beeinflusst. Seine rätselhafte und unberechenbare Persönlichkeit legte er nie ab. 1923 gab er seine Entscheidung bekannt, keine Kunst mehr zu machen, um sich stattdessen dem Schachspiel zu widmen.

Marcel Duchamp und Man Ray
Rrose Sélavy (Marcel Duchamp), 1923
Silbergelatinedruck, 22,1 x 17,6 cm
J. Paul Getty Museum, Los Angeles

Duchamp und Man Ray arbeiteten in den 1920er-Jahren gemeinsam an dieser Fotoserie. Für dieses Bild nahm Duchamp eine Pose ein und schaute möglichst verführerisch. Man Ray unterstrich die Wirkung des Bildes durch die weiche Beleuchtung, die er bei seiner Arbeit als Modefotograf perfektioniert hatte. In einer weiteren rätselhaften Wendung fügte Duchamp dem Namen von Rose ein zusätzliches R hinzu.

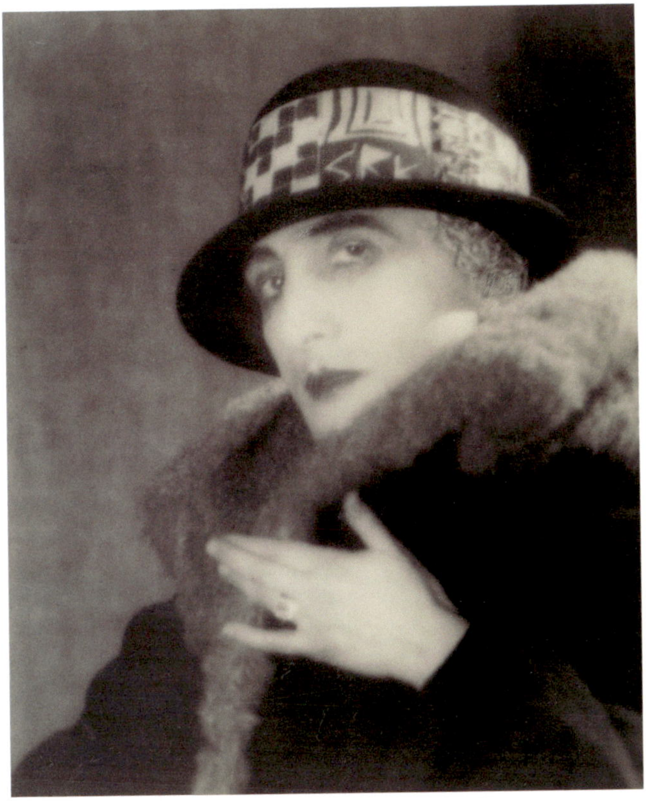

WEITERE WICHTIGE WERKE

- *L.H.O.O.Q.*, 1919, Privatsammlung, Paris, Frankreich
- *Wanted, $2,000 Reward*, 1923, Philadelphia Museum of Art, Philadelphia, USA
- *With My Tongue in My Cheek*, 1959, Musée National d'Art Moderne, Paris, Frankreich

MERKMALE

- Auffassung, dass Kunst alles sein kann
- Einsatz einer breiten Palette von Materialien, Konzepten und Ideen
- Schaffung von schwer fassbaren und rätselhaften Personen
- Interesse an Rollenspielen, Maskerade und Gesten
- Vermeidung starrer Interpretationen von Geschlecht und Identität
- Kollaborativer, ergebnisoffener Ansatz
- Witziger und ironischer Gebrauch von Wörtern, Phrasen und Titeln

CLAUDE CAHUN
1894–1954

Claude Cahun war Schriftstelleri, politische Aktivistin und Künstlerin. Sie wurde auf den Namen Lucy Schwob getauft und stammte aus einer prominenten jüdischen Literaturfamilie in Nantes, Frankreich. Im Jahr 1909 verliebte sich der Teenager Schwob in Suzanne Malherbe. Sie sollten lebenslange Partner werden – beruflich wie privat. Einige Jahre später trafen Schwob und Malherbe gemeinsam die Entscheidung, ihre Namen zu ändern. Nachdem sie mit verschiedenen Varianten experimentiert hatten, wurde aus Schwob Claude Cahun – wobei Claude in Frankreich ein geschlechtsneutraler Name ist – und Malherbe benutzte das Pseudonym Marcel Moore. Gemeinsam zogen sie Anfang der 1920er-Jahre nach Paris, wo sie in literarischen, künstlerischen und theatralischen Kreisen verkehrten und sich an zeitgenössischen politischen Debatten beteiligten, darunter auch an der aktiven Opposition gegen den Faschismus.

In den 1930er Jahren beschäftigte sich Cahun mit dem Surrealismus. Sein Mitbegründer, der Schriftsteller André Breton, beschrieb Cahun als »einen der merkwürdigsten Geister unserer Zeit«. Das surrealistische Interesse an der Freudschen Psychoanalyse, an unbewussten Zuständen, Alter Egos und unterdrückten sexuellen Begierden belebte und intensivierte Cahuns Schreiben. In ihrem 1926 erschienenen Buch *Carnaval en Chambre* (Karneval im Schlafzimmer) erforschte Cahun Ideen von Maskierung und multiplen Identitäten. In einer Passage warnte Cahun davor, eine einzige Maske zu lange zu tragen, aus Angst, sie könnte hängen bleiben: »Mit Entsetzen sieht man, dass das Fleisch und seine Maske untrennbar geworden sind.« Obwohl Cahun und Moore 1937 Paris in Richtung Jersey verließen, würden die surrealistischen Ideen Cahuns Schaffen weiterhin stützen.

Neben ihrer nach außen gerichteten Rolle als Schriftstellerin und politische Aktivistin schuf Cahun auch eine umfangreiche Sammlung von Schwarz-Weiß-Fotografien, in denen sie eine erstaunliche Bandbreite an Rollen und Identitäten einnahm. Cahun experimentierte oft mit Make-up, Kleidung, Masken und Perücken, um ihre Visionen

Claude Cahun
Foto aus der Serie *I am in training don't kiss me*, ca. 1927
Schwarz-Weiß-Foto, 11,7 x 8,8 cm
Jersey Heritage Collections, Jersey

Wie Marcel Duchamp (siehe S. 114–15) hielt Cahun die Fotografie für das perfekte Medium, um sich verändernde Definitionen von Identität und Geschlecht festzuhalten. In diesem faszinierenden Bild wird Cahun zum Bodybuilder und nimmt »männliche« und »weibliche« Züge an. Die Hanteln sind mit den Namen der Comic-Legenden Totor und Popol verziert, was den Fokus auf mächtige Vorbilder lenkt.

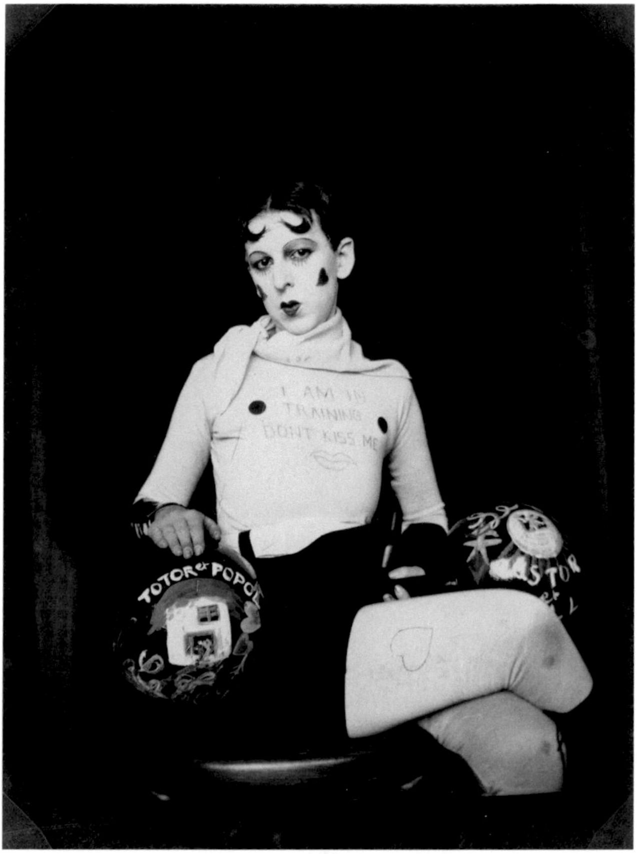

zu intensivieren, wobei sie während des gesamten Prozesses eng mit Marcel Moore zusammenarbeitete. Moore schuf viele der Kostüme und spielte eine aktive Rolle, indem sie nicht nur Ideen beisteuerte und entwickelte, sondern auch viele der Bilder aufnahm. Zu Lebzeiten Cahuns wurde nur ein einziges Selbstporträt veröffentlicht, und die Fotografien wurden selten betitelt. Es ist in der Tat unklar, ob Cahun jemals die Absicht hatte, diese Bilder überhaupt öffentlich zu zeigen.

In Cahuns autobiografischem Buch *Aveux non Avenus* (Verleugnungen) von 1930 drückte die Künstlerin ihre nicht-binäre Identität aus: »Mischen Sie die Karten. Maskulin? Feminin? Das hängt von der Situation ab. Neutrum ist das einzige Geschlecht, das immer zu mir passt.« Viele ihrer frühen Bilder zeigen eine androgyne Figur, wie in *What do you want from me?* (1928), wo das Markenzeichen der Künstlerin, der rasierte Kopf, entkörpert und dupliziert wird. Sexuelle Zweideutigkeit ist auch Thema des Fotos *I am in training don't kiss me*.

Hier finden wir Cahun in ungewöhnlicher Kleidung: Der enge weiße Bodystocking mit aufgenähten Brustwarzen flacht den Körper ab und stellt ihn in den Mittelpunkt. Durch die weiße Schminke entsteht ein maskenhaftes Gesicht, das mit Herzchenwangen, übertriebenen Wimpern und einer betonten Amorschleife geschmückt ist. Cahuns unterschiedliche Identitäten veranlassten sie sogar zu einer Zeitreise in die Vergangenheit, um die Erfahrung der Jugend zu erforschen. In *Self-Portrait (in cupboard)* geht die Künstlerin, jetzt in den Dreißigern, von einer kindlichen Unschuld aus, zusammengerollt, als würde sie im Wäscheschrank schlafen.

Die antifaschistischen Aktivitäten von Cahun und Moore auf dem von den Nazis besetzten Jersey führten schließlich zu ihrer Verhaftung. Sie kamen ins Gefängnis und wurden zum Tode verurteilt. Mit der Befreiung der Insel 1945 wurden Cahun und Moore entlassen. Sie konnten zwar in ihre Heimat zurückkehren, doch ihre Werke waren größtenteils von den Deutschen zerstört worden. Obwohl Cahun bis zu ihrem Tod 1954 weiterhin Selbstporträts anfertigte, erholte sie sich nie vollständig von der Inhaftierung. Cahuns einzigartiges Werk tauchte einige Jahrzehnte später auf. Erst jetzt wird es wegen seiner Vorwegnahme vieler postmoderner Ideen in Bezug auf Zusammenarbeit und Autorschaft, Leistung und Identität gewürdigt.

Claude Cahun
What do you want from me?, 1928
Silbergelatinedruck, 18 x 23 cm
Metropolitan Museum of Art, New York

Auf dieser merkwürdigen Fotografie finden wir zwei Ansichten von Kopf und Schultern der Künstlerin, von denen die eine die andere überlagert, um ein surreales Zwillings- oder Doppelbild zu schaffen. Der Kopf im Profil scheint in das Ohr seines Doppelgängers zu flüstern. Diese Komposition unterstreicht Cahuns Interesse, die Vorstellung einer festen, singulären Identität infrage zu stellen.

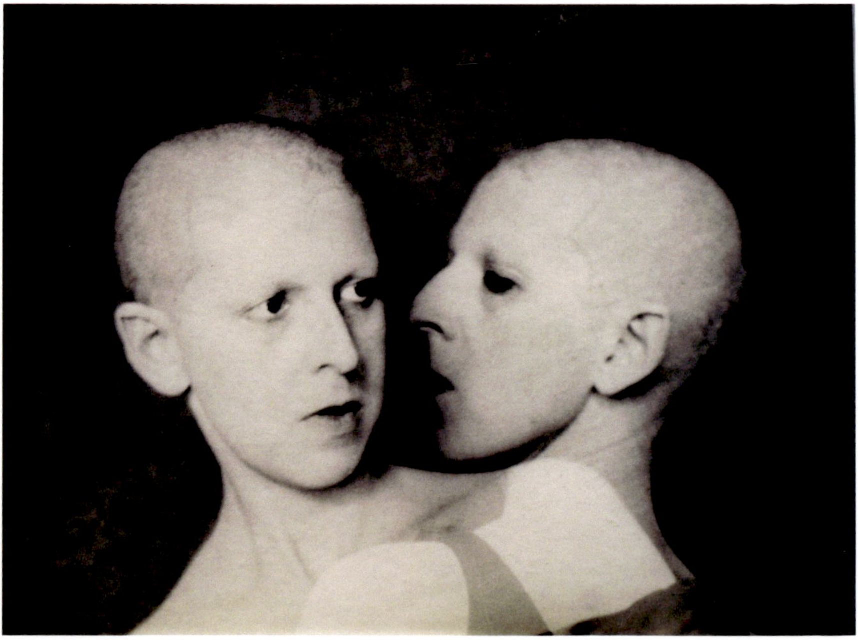

Claude Cahun
Self-Portrait (in cupboard),
ca. 1932
Schwarz-Weiß-Foto,
11,2 x 8,5 cm
Jersey Heritage
Collections, Jersey

Für dieses traumhafte Bild kleidete sich Cahun in Söckchen und Shorts, die Haare zu blonden Locken gedreht und mit einer schicken Schleife verziert. Freuds Regressionstheorie ist hier mehr als nur eine Anspielung. Die Implikationen von Offenbarung und Verbergen werden auch durch das Öffnen und Schließen von Schubladen und Türen verstärkt.

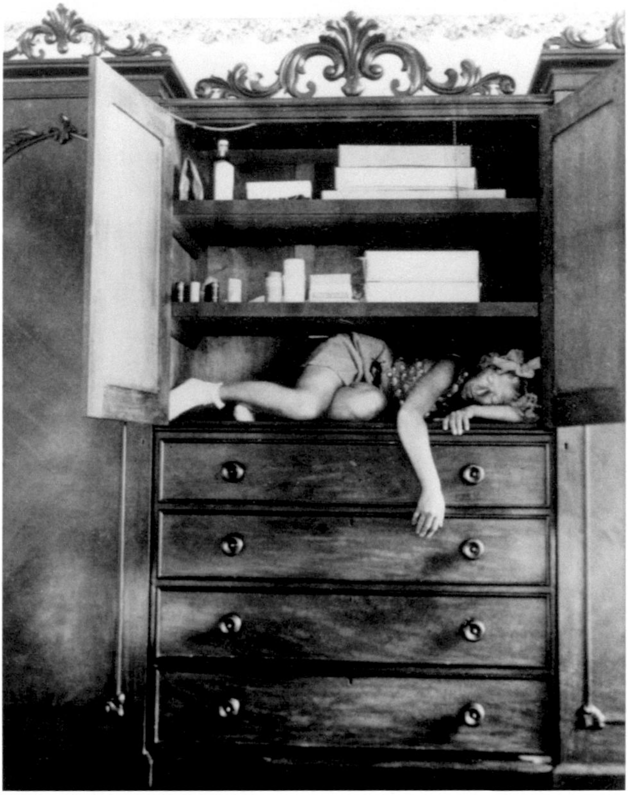

WEITERE WICHTIGE WERKE

- *Self-Portrait (Doppelbild als* Elle *in* Barbe Bleue*)*, ca. 1924, Jersey Heritage Collections, Großbritannien
- *Self-Portrait (full-length masked figure in cloak with masks)*, ca. 1928, Jersey Heritage Collections, Großbritannien

MERKMALE

- Zusammenarbeit bei Fotografien
- Erforschung multipler nicht-binärer Identitäten
- Starkes Interesse an Aufführung, Theatralik und Rollenspiel
- Verwendung von Styling, Kostümen und Requisiten
- Surrealistische Erforschung von Alter Egos
- Untersuchung von traumartigen Erzählungen und Zuständen

MARISOL
1930–2016

Maria Sol Escobar wurde in Paris als Tochter wohlhabender venezolanischer Eltern geboren. Ihre Mutter beging Selbstmord, als Marisol gerade elf Jahre alt war. Von da an wurde sie zurückhaltend, sprach während ihrer gesamten Kindheit nur, wenn es nötig war, und war bis ins Erwachsenenalter über lange Zeiträume sehr schweigsam.

In den frühen 1960er-Jahren erlangte Marisol internationale Anerkennung für ihre handgefertigten Holzkonstruktionen, die von amerikanischer Volkskunst und präkolumbianischer Kunst inspiriert waren. Sie lebte in New York City, bezog ihre Inspiration aber ebenso aus dem Alltag in den USA. Einige von Marisols Totems karikieren die leeren Extravaganzen des gesellschaftlichen Lebens. Andere Werke untersuchen die Alltagserfahrungen von Wanderarbeitern oder Müttern, die sich um ihre Kinder kümmern. Obwohl Marisol als eine führende, wenn auch schwer fassbare Figur der Pop Art galt, hebt sich ihr Werk durch ihre soziale Kritik und ihre Auseinandersetzung mit Stereotypen von dem ihrer Zeitgenossen ab.

Marisol baute oft ihre eigenen Züge in ihre Skulpturen ein, vielleicht als Möglichkeit, sich in eine Situation einzufühlen, aber auch als Teil einer umfassenderen Infragestellung ihrer selbst. Sie sagte: »Es kommt ein Punkt, an dem man anfängt zu fragen: »Wer bin ich?« Ich habe versucht, das durch meine Skulptur herauszufinden. Deshalb habe ich all diese Masken gemacht, und jede von ihnen ist anders. Bei jedem Abguss sah mein Gesicht anders aus. Man hat eine Million Gesichter.«

Marisols *Self-Portrait* (1961–1962) ist eher eine Verheimlichung statt einer Enthüllung. Das Werk zeigt nicht weniger als sieben verschiedene hölzerne Gesichter, von denen keines der Künstlerin ähnlich ist. Ihre ungleichen Identitäten liegen auf einer einfachen Holzschiene wie an einer Wurfbude auf dem Rummel. Sechs Beine

Marisol
Self-Portrait, 1961–1962
Holz, Gips, Filzstift, Farbe, Grafit, menschl. Zähne, Gold und Plastik
110,5 x 114,9 x 192,1 cm
Museum of Contemporary Art Chicago, Chicago

Marisol bezog oft Fundstücke oder vorgefertigte Objekte, wie Hüte, Taschen und Modeaccessoires, in ihre Installationen ein. In dieser Arbeit befestigte sie sogar menschliche Zähne in den Mündern ihrer handgeschnitzten Köpfe. Trotz dieser persönlichen Note verrät Marisols Arbeit wenig. Mehrere Identitäten werden suggeriert, doch private Enthüllungen werden letztlich zurückgehalten.

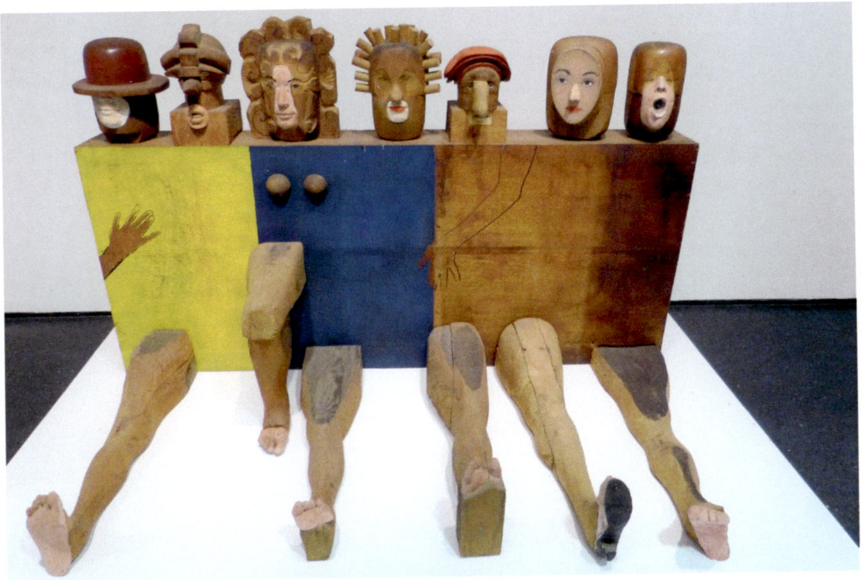

ragen aus diesem farbenprächtigen kollektiven Körper heraus. Ein Knie ist angezogen, während die anderen nach vorn gestreckt sind und die Fersen eine natürliche Barriere schaffen. Die Botschaft ist klar: draußen bleiben.

WEITERE WICHTIGE WERKE

- *The Party*, 1965–1966, Toledo Museum of Art, Toledo, USA
- *Wachs-Prototyp für Selbstporträt-Ring*, 1967, Museum of Modern Art, New York, USA

MERKMALE

- Skulpturen multipler Identitäten
- Kritik an Klassen-, Geschlechts- und Rassenstereotypen
- Mangelndes Interesse an autobiografischen Enthüllungen
- Einarbeitung von Fertigobjekten und Zubehör
- Unnahbare und schwer fassbare Darstellung

ANDY WARHOL
1928–1987

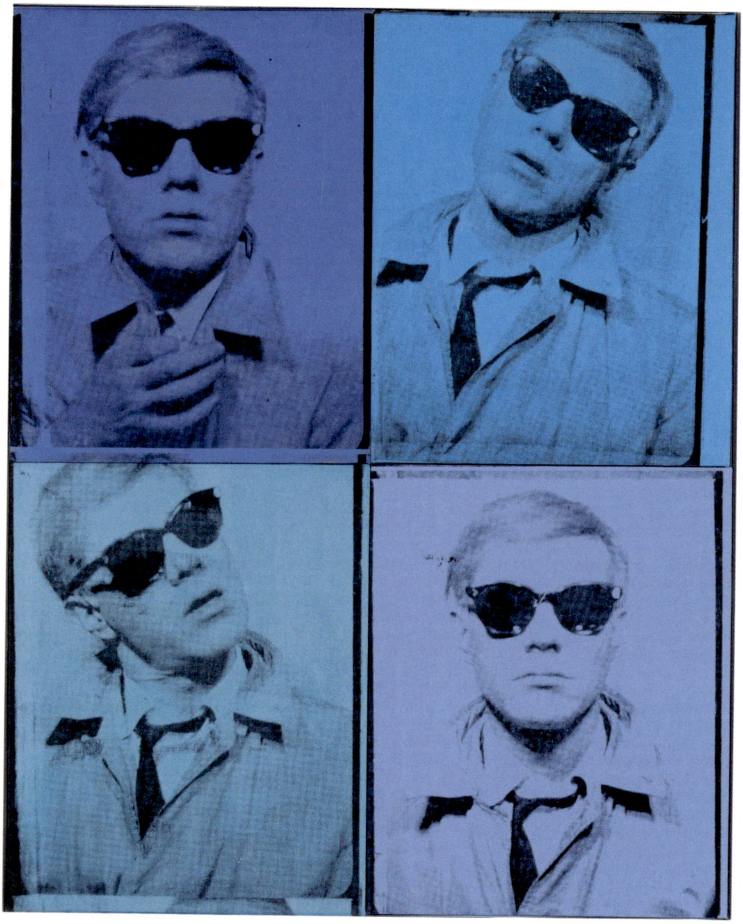

Andy Warhols Siebdrucke der Reichen und Berühmten fanden in den frühen 1960er-Jahren internationale Beachtung. Auch seine eigene, sorgfältig kultivierte Identität wurde sofort erkennbar. Warhol war eine Ikone: nicht nur als Künstler, auch als Filmemacher, Kurator, Manager und Partygänger. Er verbrachte viel Zeit damit, sein Image mit Make-up, Kollagenbehandlungen und seiner charakteristischen silberblonden Perücke zu pflegen.

Das Selbstporträt spielte erst nach Warhols erfolgreichem Wechsel vom anonymen Werbegrafiker zur Pop-Art-Sensation eine wichtige Rolle in seinem Schaffen. 1963 trug Warhol eine dunkle Brille und einen

Andy Warhol
Self-Portrait, 1963–64
Siebdruck auf synthetischer Polymerfarbe auf Leinwand, 4 Tafeln, je 50,8 x 40,6 cm
The Collection of Mr and Mrs S. Brooks Barron

Warhol liebte das unpersönliche und unmittelbare Potenzial der Selbstporträts in Fotokabinen. Er bot sich nicht nur bereitwillig dieser minderwertigen Bildmaschine an, sondern lud auch viele berühmte Persönlichkeiten ein, sich nach dem gleichen Verfahren selbst zu porträtieren. 1971 investierte er in eine Big Shot-Polaroidkamera, um Bilder spontaner und schneller zu produzieren.

Regenmantel und verwandelte sich in einen Geheimagenten, einen Meister der Verkleidung. Er schlüpfte in einen Fotoautomaten am Times Square in New York City und nahm dort Sofortbilder von sich auf. Die vier Bilder fangen den Künstler in verschiedenen Posen ein: mit schiefem Kopf wie gehängt, frontal mit einem Gesicht wie auf einem Fahndungsfoto, mit zur Kehle erhobener Hand und spöttischer Theatralik. Er vergrößerte diese minderwertigen Fotos zu Siebdrucken, bevor er sie auf die Leinwand übertrug und brillante Blautöne hinzufügte. Obwohl das Selbstporträt wenig von Warhols Persönlichkeit und Charakter verrät, bestätigt es doch seinen Status als coole Kunstlegende und unterstreicht seine sich entwickelnden Fähigkeiten als Schöpfer eigener Mythen. Wie Warhol selbst einmal feststellte: »Wenn Sie etwas über Andy Warhol wissen wollen, schauen Sie sich einfach die Oberfläche meiner Bilder und Filme und mich an, denn das bin ich. Dahinter verbirgt sich nichts.«

Warhols bewusst oberflächliche und beherrschte Selbstporträts führten über mehrere Jahrzehnte hinweg zu vielfältigen Posen, Verkleidungen und Identitäten. Es gibt jedoch einige Momente der Entblößung. Oberflächlich betrachtet wirken seine 1981–1982 entstandenen Selbstporträt-Serien in Frauenkleidern, als wolle er die Geschlechtergrenzen wie Duchamps testen, doch bei genauerem Hinsehen vermitteln sie eine große Verletzlichkeit. Warhols letzte Selbstporträts von 1986 sind ähnlich reflektierend. Der Kopf dieses todesfürchtigen Künstlers taucht mit schädelähnlicher Vorahnung aus der Dunkelheit auf, und seine Haare stehen wie aus Angst vor dem Ende in die Höhe.

WEITERE WICHTIGE WERKE

- *Self-Portrait in Drag (blond wig)*, 1981–1982, The Museum of Fine Arts, Houston, USA
- *Self-Portrait*, 1986, Solomon R. Guggenheim Museum, New York, USA

MERKMALE

- Bewusste Schaffung einer ikonischen Kunstfigur
- Interesse an fertigen Porträts von Prominenten aus Zeitschriften und Werbung
- Einsatz von Sofortbildkamera-Verfahren einschließlich Fotokabinen und Polaroids
- Wiederholung zur Entpersonalisierung und Distanz
- Interesse an Rollenspielen, Verkleidung und Maskerade
- Experimente mit Make-up und Drag zur Erforschung multipler Persönlichkeiten

TEHCHING HSIEH
* 1950

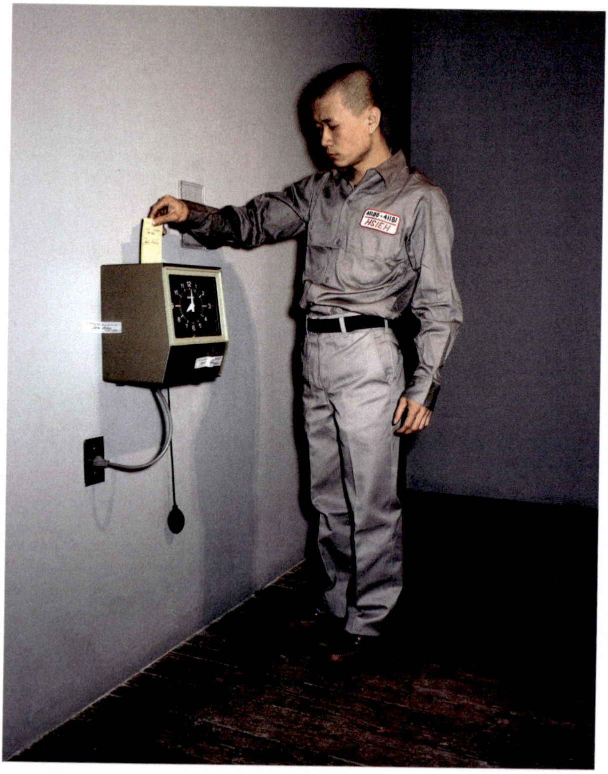

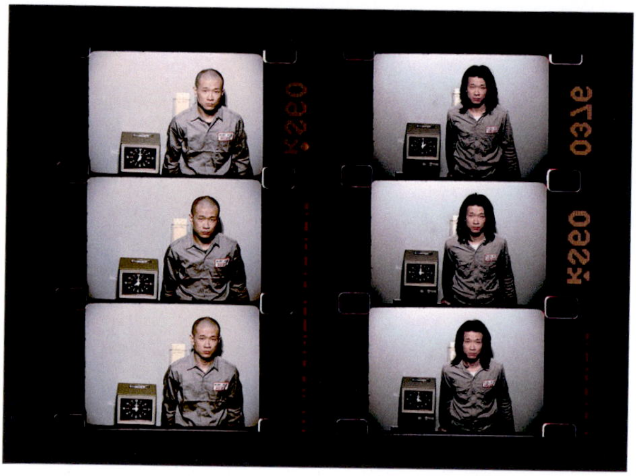

Tehching Hsieh
One Year Performance,
1980–1981
Poster, Briefe, Fotos, Stechkarten, Stechuhr, 16-mm-Filmkamera (Farbe, stumm) und Uniform, Abmessungen variabel
Tate Collection, Großbritannien

Hsiehs frühe Arbeit erforderte totales körperliches und geistiges Engagement. Er brach sich sogar beide Knöchel, als er an einem frühen Werk mit dem Titel *Jump* (1973) arbeitete. Hsieh begann diese *One Year Performance* mit einem rasierten Kopf und einer geschäftsmäßigen Uniform. Am Ende des Jahres sieht er zerzaust und erschöpft aus, sein langes, ungekämmtes Haar zeugt vom Lauf der Zeit.

Sich zur Arbeit einzustechen ist eine Aufgabe, der sich viele Menschen täglich gegenübersehen, aber es ist schwer vorstellbar, wie stressig es ist, ein ganzes Jahr lang zu jeder vollen Stunde die Stechkarte zu zücken. Tehching Hsieh hat sich für eine One Year Performance (1980–1981) genau dieser Herausforderung gestellt. Dieses Meisterwerk der Präsentation begann mit einer einfachen getippten Absichtserklärung. Dann installierte Hsieh in seinem Studio in Manhattan eine Stechuhr und montierte eine 16-mm-Kamera an die Decke, um sein stündliches Fahndungsfoto aufzunehmen. Hsieh verpasste nur 113 von 7.800 möglichen Stechzeiten. Das fertige Werk umfasst eine schonungslose Ausstellung der Lochkarten neben seiner bewährten Stechuhr. Ein 16-mm-Film, der über 7.000 Bilder auf sechs Minuten komprimiert, liefert ein intensiv schwirrendes Porträt der totalen körperlichen Erschöpfung.

One Year Performance (1980–1981) war die zweite von fünf Hsiehs Jahresprojekten. In seiner dritten *One Year Performance* (1981–1982) veröffentlichte Hsieh ebenfalls eine Erklärung, in der er versprach, ein Jahr lang nur mit einem Schlafsack ohne Unterkunft zu leben. Auf den Straßen rund um sein Atelier verweigerte er selbst den bescheidenen Schutz der U-Bahn oder eines Buswartehäuschens und unternahm somit eine weitere bemerkenswerte Ausdauerleistung. Wieder erstreckt sich das Werk über eine lange Zeitspanne, wobei der Künstler zu einem entmenschlichten Rädchen in einem gefühllosen Getriebe wird. Dieser Unterton des Lebens am Abgrund bezieht sich auf seine Autobiografie: Der in Taiwan geborene Hsieh zog 1974 nach New York City, wo er 14 Jahre lang als illegaler Einwanderer lebte, bevor er 1988 schließlich anerkannt wurde. Das übergeordnete Ziel von Hsiehs Werk ist es, Kunst und Leben zu verschmelzen und über den Lauf der Zeit nachzudenken. Er sagte: «Leben ist eine lebenslange Strafe; Leben ist vergehende Zeit; Leben ist freies Denken.«

WEITERE WICHTIGE WERKE

- *One Year Performance (Outdoor Piece)*, 1981–1982

MERKMALE

- Ausdauer und zeitbasierte Performance, häufig isoliert
- Sorgfältige Dokumentation von einfachen Aktionen und Szenarien
- Nachdenken über universelle Themen wie Verlauf der Zeit, Arbeit, Freiheit und Überleben
- Totale Verschmelzung von Kunst und Leben
- Nutzung öffentlicher Räume außerhalb von Galerien

CINDY SHERMAN
* 1954

»Ich benutze mich nur deshalb als Modell, weil ich weiß, dass ich bis zum Äußersten gehen und jede Aufnahme so hässlich, albern oder verrückt wie möglich machen kann.«

Als Kind verkleidete sich Cindy Sherman gern. Später, während ihres Studiums der Malerei am Buffalo State College in New York Anfang der 1970er-Jahre, veränderte sie ihr Erscheinungsbild für Partys, sie kleidete sich in Secondhand-Läden ein und probierte immer wieder neue Identitäten aus. Sherman gab die Karriere als Malerin schnell auf und entschied sich stattdessen für die Fotografie. Sie sagte: »Ich kopierte andere Kunstwerke, und dann wurde mir klar, dass ich einfach eine Kamera benutzen und meine Zeit stattdessen in eine Idee stecken konnte.« Nach dem Studium begann Sherman, die Fotografie und ihre fortwährende Auseinandersetzung mit verschiedenen Identitäten und Persönlichkeiten miteinander zu kombinieren. Sie begann, die Kamera auf sich selbst zu richten.

Sherman arbeitet oft in Serien und verfolgt eine bestimmte Idee oder ein Thema über einen bestimmten Zeitraum hinweg. Aus einem frühen Werk, den *Untitled Film Stills* (1977–80), entstanden 69 kleine Schwarz-Weiß-Fotografien. Für jede nahm Sherman ein anderes weibliches Stereotyp aus amerikanischen B-Movies der 1950er- und 1960er-Jahre an. Mittels Kleidung, Haaren und Make-up schlüpfte sie überzeugend in vertraute Rollen, von der blonden Sexbombe und der sexy Studentin über die verlassene Geliebte bis hin zur verzweifelten Hausfrau. Einige der Szenen wurden in ihrer Wohnung oder an verschiedenen Orten in New York aufgenommen, andere weiter weg am Straßenrand in Arizona oder im Strandhaus eines Freundes auf Long Island. Die weibliche Protagonistin ist immer solo, dennoch fühlt sie sich oft beobachtet oder durch ihre Umstände bedroht. Weitere Geschichten werden angedeutet und zugleich geleugnet. Indem sie ihren eigenen Körper für Gender-Stereotypen in Kunst und Kultur benutzt, betont Sherman deren alarmierende Verbreitung und Beharrlichkeit. Sie parodiert und kritisiert die Fixierung auf Begriffe wie weibliche Verletzlichkeit, Sexualität, Pflicht oder Dummheit.

Die meisten nachfolgenden Werke Shermans sind farbig, werden zunehmend größer und weisen mit zunehmenden Möglichkeiten

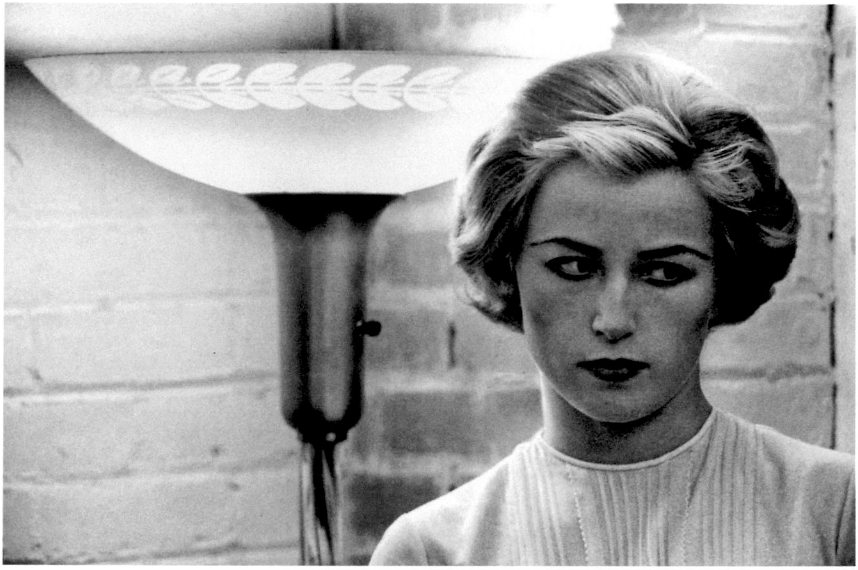

Cindy Sherman
Untitled Film Still #53,
1980
Silbergelatinedruck,
20,3 x 25,4 cm
Mit freundl. Gen. der
Künstlerin und Metro
Pictures, New York

In den *Untitled Film Stills* versetzt sich die Künstlerin in die Rolle von Schauspielern, die vorgefasste Rollen spielen. In diesem Bild scheint der prüde gekleideten Protagonistin unbehaglich zu sein, als wäre sie sich der unwillkommenen Anwesenheit eines anderen bewusst. Das Bild zeigt einen vertrauten Filmmoment; die weitere Erzählung wird jedoch nicht offengelegt.

eine komplexere Komposition auf. Auf *Untitled Film Stills* folgten bald weitere Serien wie *Centerfolds* (1981), *Fairy Tales* (1985) und einige *Sex Pictures* (1992), in denen der Körper der Künstlerin fast völlig verschwindet und durch zerlegte medizinische Modelle aus Plastik ersetzt wird. Die *History Portraits* (1988–1989) markieren Shermans Reise in die Vergangenheit, um neue Typen zu finden. Manchmal nimmt sie direkten Bezug auf ein bestimmtes Gemälde. In *Untitled #224* (1990) zum Beispiel verkleidet sie sich als Caravaggios *Kleiner kranker Bacchus* (1594) und übernimmt die Rolle des Weingottes. Ihre Besetzung eines zuvor inszenierten Selbstporträts bietet eine zusätzliche Ebene der Performance. In anderen Werken parodiert Sherman generische Typen: die kokette Verführerin, eine rachsüchtige Judith oder eine stillende Jungfrau mit absurd kugelförmigen Brustprothesen.

Aktuellere Werke untersuchen die Darstellung älterer Frauen. Sherman fand eine besondere Inspirationsquelle in der genauen Beobachtung wohlhabender amerikanischer Damen, die alle geschminkt und frisiert und mit ein wenig Hilfe eines Spezialisten sanft geliftet sind. Schauen Sie genau hin, und Sie beginnen, die Risse, die Unvollkommenheiten und den übereifrigen Gebrauch von Concealer zu erkennen. Man spürt eine Zärtlichkeit, durchdrungen von einem Gefühl der Sterblichkeit.

Sherman achtet sehr darauf, ihre Arbeiten nicht als herkömmliche Selbstporträts zu beschreiben. Sie sagte: »Ich glaube wirklich nicht, dass [die Werke] von mir handeln. Es geht vielleicht darum, dass ich nicht ich selbst sein will und dass ich all die anderen Figuren sein will. Oder sie zumindest ausprobieren möchte.« Shermans Schaffen wird zudem von einem Gefühl der Privatsphäre untermauert. Sie arbeitet gern allein, als Set- und Kostümregisseurin, Maskenbildnerin, Autorin und Model. Charakterisierung entsteht durch intensive Selbstreflexion. Sie sagte: »Ich denke darüber nach, eine andere Person zu werden. Ich schaue in einen Spiegel neben der Kamera ... indem ich in den Spiegel starre, versuche ich, durchs Objektiv zu dieser Figur zu werden. Es scheint zu klappen. Es klingt wie Meditation ... Etwas anderes übernimmt.«

WEITERE WICHTIGE WERKE

- *Untitled #224*, 1990, Museum of Modern Art, New York, USA

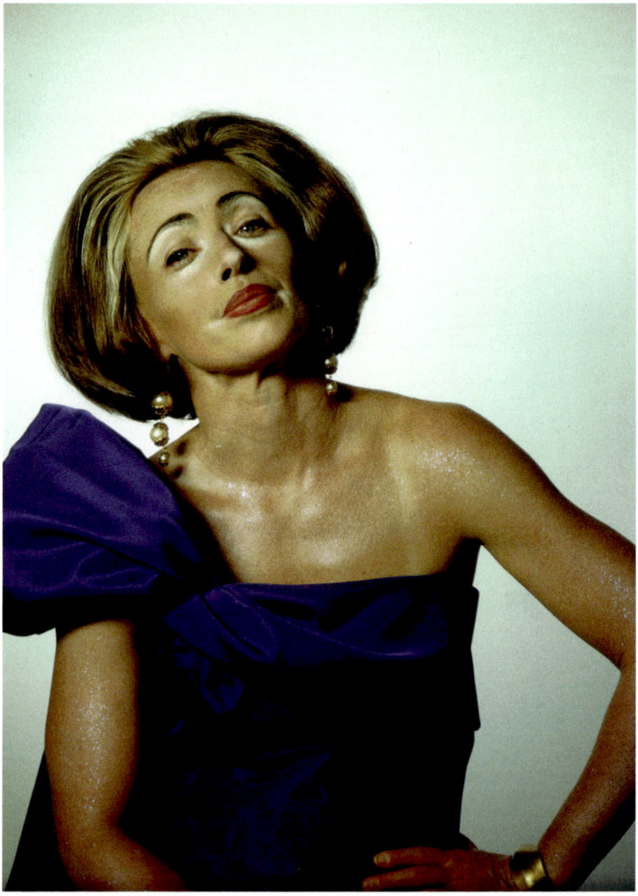

Cindy Sherman
Untitled (#400), 2000
Chromogener Farbabzug, 93,3 x 66 cm
Mit freundl. Gen. der Künstlerin und Metro Pictures, New York

Diese Fotografie gehört zu einer Reihe von *Head Shots* (2000–1), in denen Sherman die Konventionen der Studio-Porträtfotografie untersucht, von Standardposen bis hin zu weich leuchtenden Hintergründen. Sie nahm die Identität älterer Frauen aus verschiedenen Kreisen an. Sherman verleiht ihren Figuren trotz der fallenden Masken ein Gefühl von Würde und Pathos.

Cindy Sherman
Untitled #216, 1989
Chromogener Farbabzug, Bild 221,3 x 142,6 cm, Rahmen 238,8 x 160 cm
Mit freundl. Gen. der Künstlerin und Metro Pictures, New York

Dieses Werk zeigt Parallelen zu Jean Fouquets *Diptychon von Melun* (ca. 1452), vor allem in den kunstvollen Faltenwürfen,den niedergeschlagenen Augen und runden Brüsten der Jungfrau. Indem sie diese neu gestellte Szene fotografisch festhält, räumt Sherman mit der kunsthistorischen Besessenheit von Einzigartigkeit und Originalität auf. Durch die Verwendung von Prothesen hebt sie den künstlichen und konstruierten Charakter historischer Gemälde hervor.

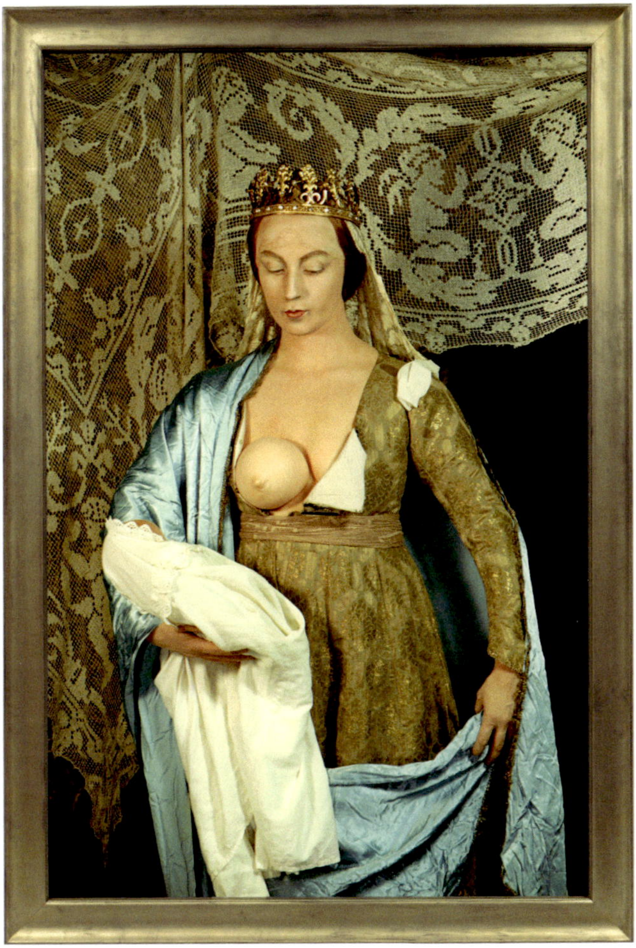

MERKMALE

- Performance-basierte Fotografie
- Nutzung des Selbst zur Übernahme einer Vielzahl von Rollen und Identitäten
- Feministische Kritik an Geschlechterstereotypen in Kunst und Kultur
- Umfassende Verwendung von Kostümen, Styling, Prothesen und Requisiten
- Interesse an der Kunstfertigkeit der zeitgenössischen Kultur
- Bewusster Verzicht auf Selbstoffenbarung

MARC QUINN
* 1964

Nach Abschluss seines Studiums der Kunstgeschichte an der Universität Cambridge kam Marc Quinn Anfang der 1990er-Jahre mit einer aufstrebenden Generation sogenannter Young British Artists (»YBAs«) in Kontakt. Tracey Emin, Damien Hirst und Sarah Lucas u. a. verfolgten einen spielerischen Umgang mit Gegenständlichkeit, und ihre Werke offenbaren ein gemeinsames Interesse an selbstreferenzierten Themen um Leben und Tod. Quinns Werk umfasst eine breite Palette von Materialien wie Blut, Blumen und sogar DNA.

Quinns frühes Selbstporträt *Self* (1991) katapultierte seine Karriere in die Öffentlichkeit. Dieses ikonische Werk entsprang dem Interesse des Künstlers am Prozess des Einfrierens und seiner Fähigkeit, die Zeit effektiv anzuhalten. Quinn hatte einen genialen Einfall und beschloss, seinen Kopf aus seinem eigenen gefrorenen Blut zu gießen. Er genoss die Reinheit dieses Selbstporträts: das Abbild des Künstlers, geformt aus den vitalen Flüssigkeiten seines eigenen Körpers. Etwa 5,7 Liter von Quinns Blut waren nötig, um die Form zu füllen. Zufällig ist dies in etwa die Blutmenge eines Erwachsenen. Dieses grausige Fragment, abrupt am Hals aufgeschnitten und mit fest geschlossenen Augen, hat nichts von der Eleganz traditioneller Büsten. Es besteht nicht der Wunsch, das lebhafte Bewusstsein des Dargestellten einzufangen. Stattdessen scheint der Kopf im Gefrierschrank gefangen, auf ewig oder bis die Anlage versagt.

Quinns Körper tauchte im Laufe seiner Karriere in vielen anderen Werken wieder auf. Er fertigte Ganzkörperabgüsse von sich aus Gummi und Nylon, die er von der Decke hängt und wie leere Samenkapseln aufspreizt. Diese erschlafften Gefäße erinnern an Michelangelos Haut in *Das Jüngste Gericht* (siehe S. 22). Für *Self-Concious 19/10/2000* setzte Quinn einen Strang seiner eigenen DNA in einem Fläschchen mit reinem Alkohol ein. Auf den ersten Blick erscheint das Werk minimal, doch es enthält tatsächlich Quinns gesamten genetischen Bauplan. Auf einer Ebene ist es eine ungenaue Darstellung: Seit Quinn seine Alkoholsucht überwunden hat, rührt er das Zeug nicht mehr an.

Marc Quinn
Self, 1991
Blut (des Künstlers), rostfreier Stahl, Acrylglas und Kühlanlage,
208 x 63 x 63 cm
Privatsammlung

Ohne ständige Stromversorgung würde sich dieses eingefrorene Selbstporträt schnell auflösen. Als dieses Werk entstand, kämpfte Quinn mit Alkoholismus, er beschäftigt sich darin mit den Themen Abhängigkeit und Kontrolle, veranschaulicht durch dieses verwundbare Objekt. Quinn stellt alle fünf Jahre eine neue Iteration von *Self* her und die Serie als Ganzes verfolgt seine physische Transformation über die Zeit hinweg.

WEITERE WICHTIGE WERKE

- *No Visible Means of Escape IV*, 1996, Tate Collection, Großbritannien
- *Self-Conscious 19/10/2000*, 2000, Privatsammlung des Künstlers

MERKMALE

- Bildhauerische Praktiken, die unsere Beziehung zur Schönheit erforschen, oft durch figurative Werke
- Wiederholte Verwendung von Abgüssen zur Herstellung einer Ähnlichkeit
- Interesse an Blut als Symbol des Lebens und der Erneuerung
- Beschäftigung mit Gefriertechniken
- Erforschung der Beziehung zwischen Innen und Außen
- Interesse an der Dramatik und Körperlichkeit der barocken Skulptur
- Interesse an der Gewinnung und Lagerung von genetischem Material

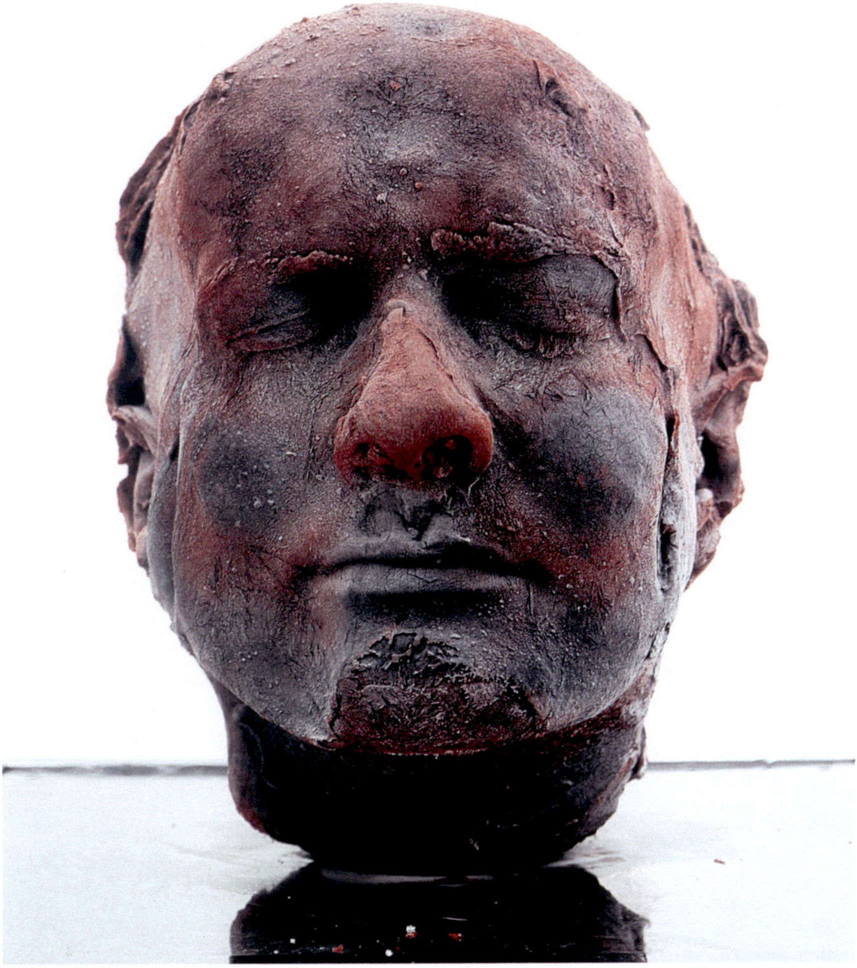

CATHERINE OPIE
* 1961

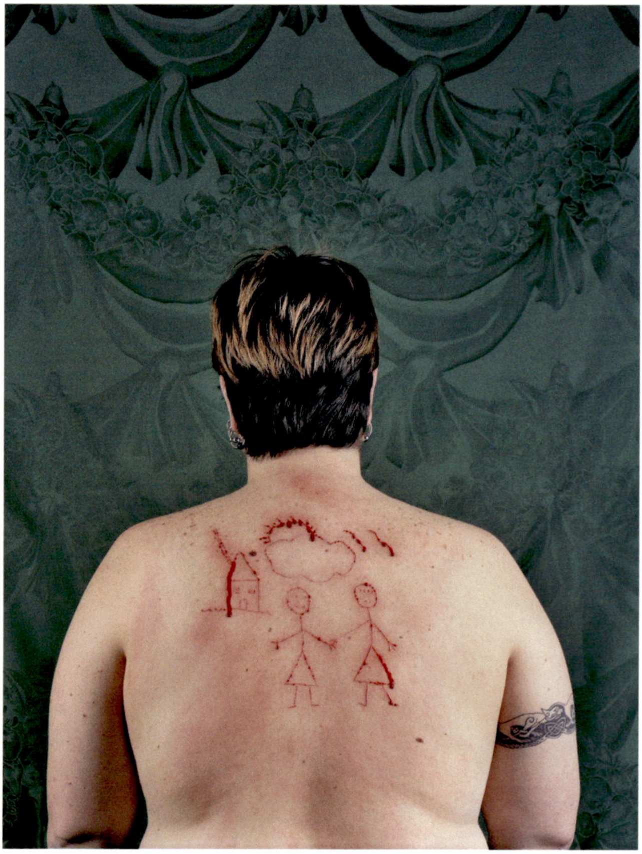

Die in Los Angeles lebende Fotografin Catherine Opie beschrieb sich selbst einmal als »verdrehte Sozialdokumentarfotografin«. Ihre Arbeit umfasst Landschafts- und Stadtfotografie. Doch am bekanntesten ist sie für ihre zarten und einfühlsamen Porträts ihrer Freunde und Mitarbeiter aus LGBTQIA+-Gemeinschaften. In Anlehnung an die Konventionen der historischen Porträtmalerei veredelt sie ihre Porträtierten mit starker Beleuchtung und üppigen, drapierten Hintergründen in satten Farben. Opies formelle und oft vollfrontale Kompositionen erinnern auch an die würdevollen fotografischen Porträts von Lewis Hine und August Sander.

Catherine Opie
Self-Portrait/Cutting,
1993
Farbabzug,
101,6 x 74,8 cm
Solomon R. Guggenheim
Museum, New York

Catherine Opies Fotografien enthalten oft kunsthistorische Referenzen. Dieses Werk mit seiner klaren Abgrenzung des würdevollen Menschen vor einem satten, farbigen Hintergrund erinnert an Porträts des Malers Hans Holbein aus der nördlichen Renaissance. Opies starker Einsatz von Licht gilt als Referenz des Chiaroscuro der Renaissance und des Barock.

Opie beschäftigte sich im Laufe ihrer Karriere mehrfach mit Selbstporträts, sowohl um ihre Solidarität mit den von ihr vertretenen Gemeinschaften hervorzuheben als auch um über persönliche Erfahrungen nachzudenken. 1993 war Opie ein aktives Mitglied der Leather-Community von Los Angeles. Obwohl sie sich mit diesem Lebensstil tief verbunden fühlte, sehnte sie sich auch nach einer stabilen Beziehung, einem Kind und häuslicher Zufriedenheit. In *Self-Portrait/Cutting* (1993) ist Opie bis zur Taille nackt. Sie wendet sich vom Betrachter ab und zeigt eine in ihren Rücken geätzte Kinderzeichnung von einer glücklichen Familie, deren frische Wunden noch immer nässen. Zwei Gestalten, die Röcke tragen, halten sich an den Händen, da steht ein hübsches Haus, die Sonne taucht aus den Wolken auf und Vögel fliegen am Himmel. Opie benutzt ihren Körper als leere Leinwand, um ein Gefühl der Sehnsucht zu veranschaulichen und sich eine mögliche Zukunft vorzustellen.

2001 brachte Opie nach künstlicher Befruchtung ihren Sohn Oliver zur Welt. Opies *Self-Portrait/Nursing* (2004) zeigt die Künstlerin beim Stillen ihres Babys. Dies ist eine majestätische Vision der Zufriedenheit: der königlich drapierte Brokat, der thronähnliche Stuhl, die klassische Verbindung von Mutter und Kind. Indem sich Opie auf kunsthistorische Darstellungen der Mutterschaft bezieht, hinterfragt sie heteronormative Erzählungen. Sie schlägt eine neue Ikonografie vor, die von inklusiven Interpretationen von Familie und Gemeinschaft geprägt ist.

WEITERE WICHTIGE WERKE

- *Self-Portrait/Pervert*, 1994, Solomon R. Guggenheim Museum, New York, USA
- *Self-Portrait/Nursing*, 2004, Solomon R. Guggenheim Museum, New York, USA

MERKMALE

- Interesse an kollektiven, sexuellen und kulturellen Identitäten
- Einfühlsame Darstellung von LGBTQIA+ und Außenseitern
- Dokumentarfotografie zur Infragestellung der Heteronormativität
- Einsatz kunsthistorischer Konventionen zur Veredelung des Dargestellten
- Absichtliches Verbergen des Gesichts
- Inschriften am Körper durch Tätowierung und Skarifizierung

ZHANG HUAN
* 1965

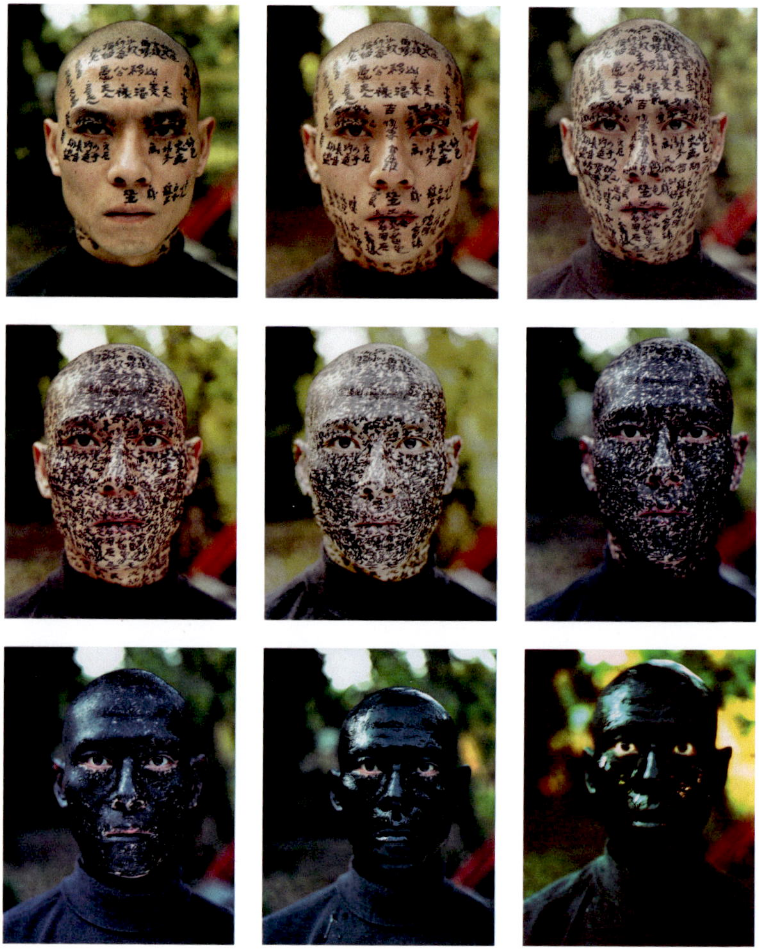

Zhang Huan wuchs in Armut in einem Dorf in der Provinz Henan in China auf. Seine zeichnerischen Fähigkeiten brachten ihm einen Platz an der Kunstschule ein, und er begann seine Karriere als Maler, bevor er sich der Performance zuwandte. Zhangs frühe Experimente mit dem Medium erforderten körperliche und geistige Ausdauer. Für *12m*^{2} *(1994)* zog er sich beispielsweise nackt aus und begoss seinen Körper mit Fischsauce und Honig, bevor er sich in einer schmutzigen Toilette voller Fliegen in Peking einschloss. Die Fliegen nahmen sich schnell der

Zhang Huan
Family Tree, 2000
Polyptychon aus neun Farbfotografien
jede 127 x 101,6 cm
Centre Georges Pompidou, Paris

Zhangs Wahl einer feierlichen, vollfrontalen Pose und des würdevollen Standbilds nimmt seine späteren Experimente mit figürlicher Skulptur vorweg. Die Tinte fungiert als physische Manifestation der vielen unsichtbaren Geschichten und persönlichen Erlebnisse, die unsere Identitäten formen, wohin das Leben uns auch immer führt.

klebbrigen Mixtur an. Am Ende der Performance sprang der Künstler in einen nahe gelegenen Teich, wusch sich und ging weg. Zhang spielt in vielen seiner Arbeiten auf soziale und politische Themen an – in diesem Fall auf den begrenzten Zugang zu angemessenen sanitären Einrichtungen. Er spricht auch poetische und spirituelle Anliegen an und erreicht dabei trotz widriger Umstände oft einen meditativen Zustand der Ruhe.

1998 zog Zhang nach New York City, wo er sich in der internationalen Kunstszene etablierte. *Family Tree (2000)* umfasst eine Sequenz von neun Farbabzügen von Kopf und Schultern des Künstlers. Die Bilder dokumentieren eine Performance, für die Zhang drei traditionelle Kalligrafen einlud, Kanji-Zeichen auf sein Gesicht zu schreiben, und zwar über einen Zeitraum von einem Tag. Die Kalligrafen arbeiteten vom frühen Morgen bis zum Einbruch der Dunkelheit und wurden gebeten, während der gesamten Aufführung die Ruhe zu bewahren und auch dann weiterzuschreiben, wenn ihre Worte unleserlich wurden. Sie wurden angewiesen, eine Reihe chinesischer Sprichwörter und Geschichten über die Überwindung von Schwierigkeiten aufzuschreiben. Am Ende des Tages war Zhangs Gesicht vollständig von der glänzend schwarzen Tinte durchtränkt, bis zu dem Punkt, an dem er sich selbst kaum noch erkennen konnte.

2006 kehrte Zhang nach China zurück, richtete sich ein Atelier ein und konvertierte zum Buddhismus. Er begann, großformatige meditative Köpfe aus Weihrauchasche zu bauen, die aus Tempeln in Shanghai stammt. Einige dieser Werke tragen die Züge des Künstlers.

WEITERE WICHTIGE WERKE

- *12m²*, 1994, Pace Gallery, New York
- *Foam*, 1998, Pace Gallery, New York

MERKMALE

- Frühes leistungsorientiertes Schaffen mit körperlicher und geistiger Ausdauer
- Beschäftigung mit politischen und spirituellen Fragen
- Intensive und doch einfache, nicht dauerhafte Szenarien
- Bezugnahme auf Sprichwörter und Erzählungen zur Erforschung persönlicher Identitäten und Geschichten
- Interesse an Erfahrungen von Migranten
- Beschäftigung mit Skulptur und Malerei zur Erforschung spiritueller Bereiche

YAYOI KUSAMA
* 1929

»In meinem Herzen bin ich ein Außenseiter.«

Im Herzen von Yayoi Kusamas langer und erfolgreicher Karriere liegt ein Paradoxon. Einerseits hat Kusama ihre künstlerische Identität bewusst entwickelt und in ein globales Phänomen verwandelt, angetrieben von ihrer Arbeitsethik und ihrem unermüdlichen Tatendrang. Ihr Stil beeinflusste ihre Entscheidung, ihre eigene Modemarke, Kusama Fashion Company Ltd, zu gründen, was zu farbenfroher Kleidung mit ihren charakteristischen Polkadots führte. Trotz dieser Wiedererkennbarkeit erscheint ein Großteil von Kusamas Arbeit durch Selbstauflösung bedroht. Ihre Gemälde, Zeichnungen, Installationen, Filme und Performances bilden ein Universum aus Mustern und Punkten, die sich wie eine Infektion auf jeder Oberfläche festsetzen.

Seit ihrer Kindheit erlebte Kusama immer wieder Halluzinationen und Persönlichkeitsstörungen. Um das Trauma der Misshandlungen durch ihre Mutter zu verarbeiten, wandte sie sich zunächst dem Zeichnen zu und versuchte, mit diesen beängstigenden Visionen umzugehen und sie auf Papier festzuhalten. Seither erscheinen ihre Punkte überall und auf allem: auf sich selbst, auf nackten Darstellerinnen, auf bauchigen phallischen Formen und auf scheinbar unendlichen Installationen mit Licht und Spiegeln. Dies ist eine originelle und eindringliche Methode und ein fortlaufender Prozess der Selbsttherapie.

Kusama ist weiterhin äußerst produktiv. In den letzten Jahren hat sie eine Reihe von Selbstporträts mit hellen Acrylfarben auf großen Leinwänden entwickelt. In diesen strahlenden und energischen Werken erscheint die Künstlerin als Karikatur oder als Zeichentrickfigur. In *Self-Portrait (2008)* blickt sie geradeaus, wobei ihre vollfrontale Pose an die statische Intensität einer byzantinischen Ikone erinnert. Die gesamte Bildfläche wird durch den obsessiven und präzisen Einsatz von Tausenden Farbpunkten belebt. Die Kraft dieses Werkes liegt eher in seiner Oberfläche als in dem Wunsch, in die Tiefe vorzudringen.

Yayoi Kusama
Self-Portrait, 2008
Acryl auf Leinwand,
227,3 x 181,8 cm
Mit frdl. Gen. d.
Künstlerin und Gagosian

Yayoi Kusama genießt das spielerische und transformative Potenzial der Selbstporträts. Dieses Gemälde gibt es auch als Puzzle, was eine noch stärkere Zerlegung der Bildfläche ermöglicht. In anderen Werken hat die Künstlerin andere Züge und Eigenschaften angenommen, sie erscheint sogar als Sonnenblume und Katze.

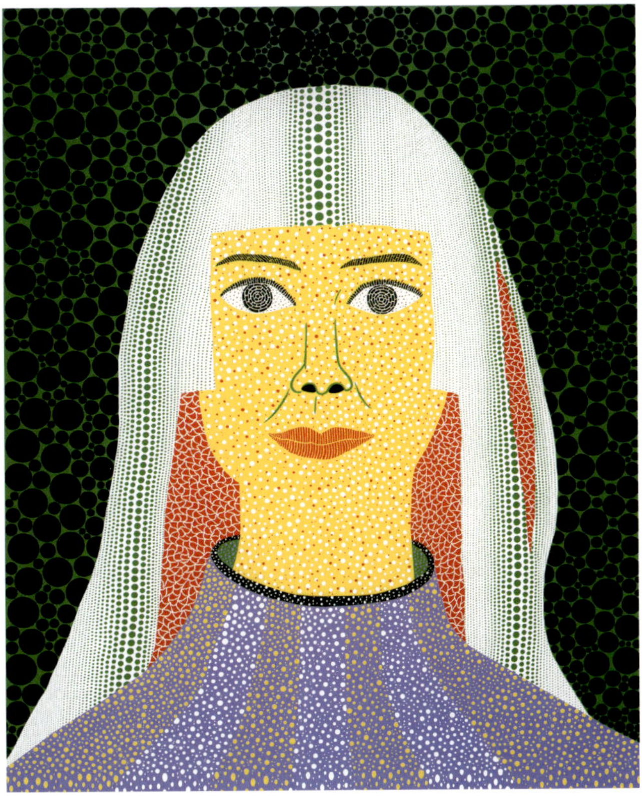

WEITERE WICHTIGE WERKE

- *Photograph of Collage (ca. 1966) with the artist reclining on Accumulation No.2 1962*, ca. 1966, Museum Boijmans Van Beuningen, Rotterdam, Niederlande

MERKMALE

- Hochgradig individuelle Praktiken, die aus der Selbsttherapie hervorgehen
- Einbeziehung des Selbst in radikale Performances und Happenings während der 1960er- und 1970er-Jahre
- Selbstbewusste Förderung einer starken künstlerischen Identität
- Lebendiges Durcheinander des späten Selbstporträts
- Halluzinatorischer Einsatz von Farbe und Form
- Spielerische Verwendung von tierischen und floralen Merkmalen

ZANELE MUHOLI
* 1972

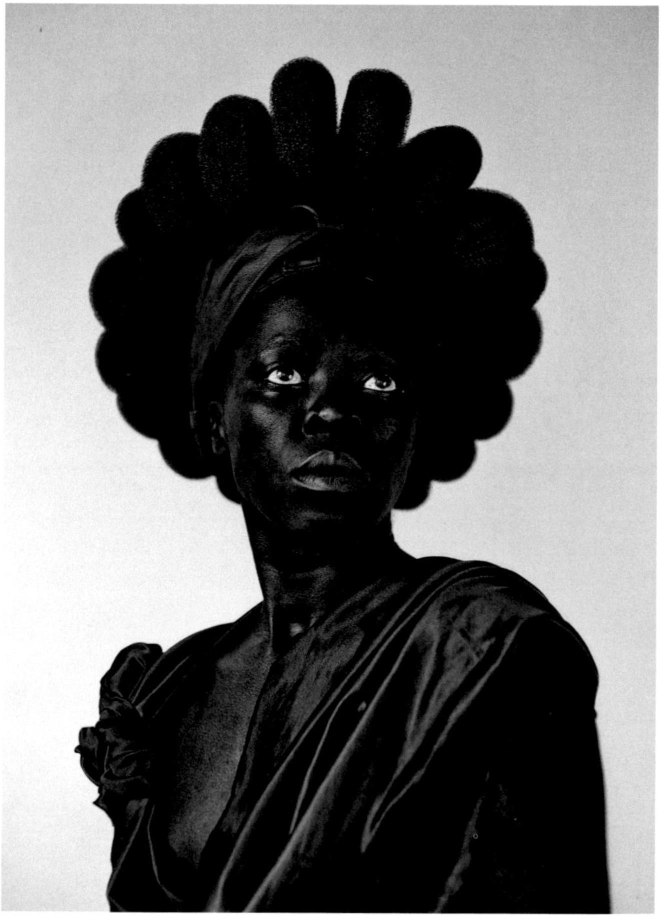

Im Jahr 2014 beschloss die südafrikanische Fotografin Zanele Muholi, die Kamera auf sich selbst zu richten. Dieser Entscheidung waren viele Jahre der Dokumentation von Mitgliedern von LGBTQIA+-Gemeinschaften in Südafrika in einer Fotoserie mit dem Titel *Faces and Phases (2006–)* vorausgegangen. Dieses mächtige Bildarchiv macht die Gemeinschaften und Einzelpersonen sichtbar, die einer Welle von Verbrechen in ganz Südafrika ausgesetzt waren, wobei schwarze Lesben oft die Hauptlast schwerer Misshandlungen tragen. Muholi, die sich selbst eher als visuelle Aktivistin denn als Künstlerin betrachtet, wandte sich den Selbstporträts

Zanele Muholi
Ntozakhe II, Parktown, 2016
Silbergelatinedruck, 100 x 72 cm
Mit frdl. Gen. der Künstlerin und Stevenson Gallery, Kapstadt/Johannesburg

Auf diesem Bild trägt Muholi einen Kopfschmuck aus Haar-Donuts. Er wirkt wie ein Heiligenschein und erinnert an die christliche Ikonografie der Renaissance-Malerei. Der sanfte Faltenwurf ihrer Kleidung sorgt für eine klassische, statuenhafte Ausstrahlung. Muholi blickt nach oben über den Betrachter hinweg in die Ferne. Ihr Gesichtsausdruck wirkt trotzig und vorsichtig zugleich.

zu, um ihre Solidarität mit ihrer Community zum Ausdruck zu bringen. Sie sagte: »Ich arbeite an Inhalten, die von uns, über uns produziert werden – nicht von anderen sogenannten Experten.«

Muholis epische Fotoserie von Selbstporträts trägt den Namen *Somnyama Ngonyama*, oder »Heil der dunklen Löwin«. Diese 2012 begonnene Serie umfasst 365 Schwarz-Weiß-Fotografien, die das ganze Jahr über die Probleme der Schwarzen widerspiegeln. Wie Muholi erklärt, »ist der schwarze Körper selbst das Material, der schwarze Körper, der immer wieder hinterfragt, verletzt und untergraben wird«. Muholi geht in dieser Serie von einer außerordentlichen Bandbreite von Alter Egos aus und benutzt eine Vielzahl von alltäglichen, häuslichen Gegenständen, um improvisierte, aber faszinierende Transformationen zu schaffen. Die Titel beziehen sich auf ihre Bekannten oder auf Personen aus ihrer Vergangenheit. Einige der Kostüme erinnern an koloniale und ethnografische Darstellungen des Andersseins, wobei die Kronen aus Wäscheklammern und die Heiligenscheine aus Gummihandschuhen ebenfalls auf die häusliche Knechtschaft hindeuten. Mit einem konfrontativen Blick trägt Muholi diese schmerzhaften Bedeutungsebenen mit Würde. Es findet ein Prozess der Rückgewinnung statt, wobei Muholi die Erzählung vorantreibt. In der Nachbearbeitung intensiviert sie die Schwärze ihrer Haut, feiert ihre Schönheit und Textur und reagiert damit auf die weit verbreiteten Versuche der Medien, schwarze Körper aufzuhellen. Diese Bilder gehen über die Sicht des Einzelnen hinaus und spiegeln kollektive Erfahrungen und einen gemeinsamen Wunsch nach Veränderung wider.

WEITERE WICHTIGE WERKE

- *Faces and Phases*, 2006–, verschiedene Sammlungen
- *Bester I, Mayotte*, 2015, Stevenson Gallery, Kapstadt/Johannesburg und Yancey Richardson, New York

MERKMALE

- Aktivistischer und politischer Einsatz der Fotografie
- Ermächtigende Darstellung von LGBTQIA+-Communities
- Selbstporträts zum Hinterfragen der Darstellung von Rasse, Geschlecht und Sexualität
- Erfinderischer Einsatz von Requisiten und Kostümen zum Ausloten verschiedener Identitäten und Metaphern
- Verwendung von Alter Egos und Namen zur Offenlegung persönlicher und politischer Historie
- Akzentuierung der Schwärze in der Postproduktion

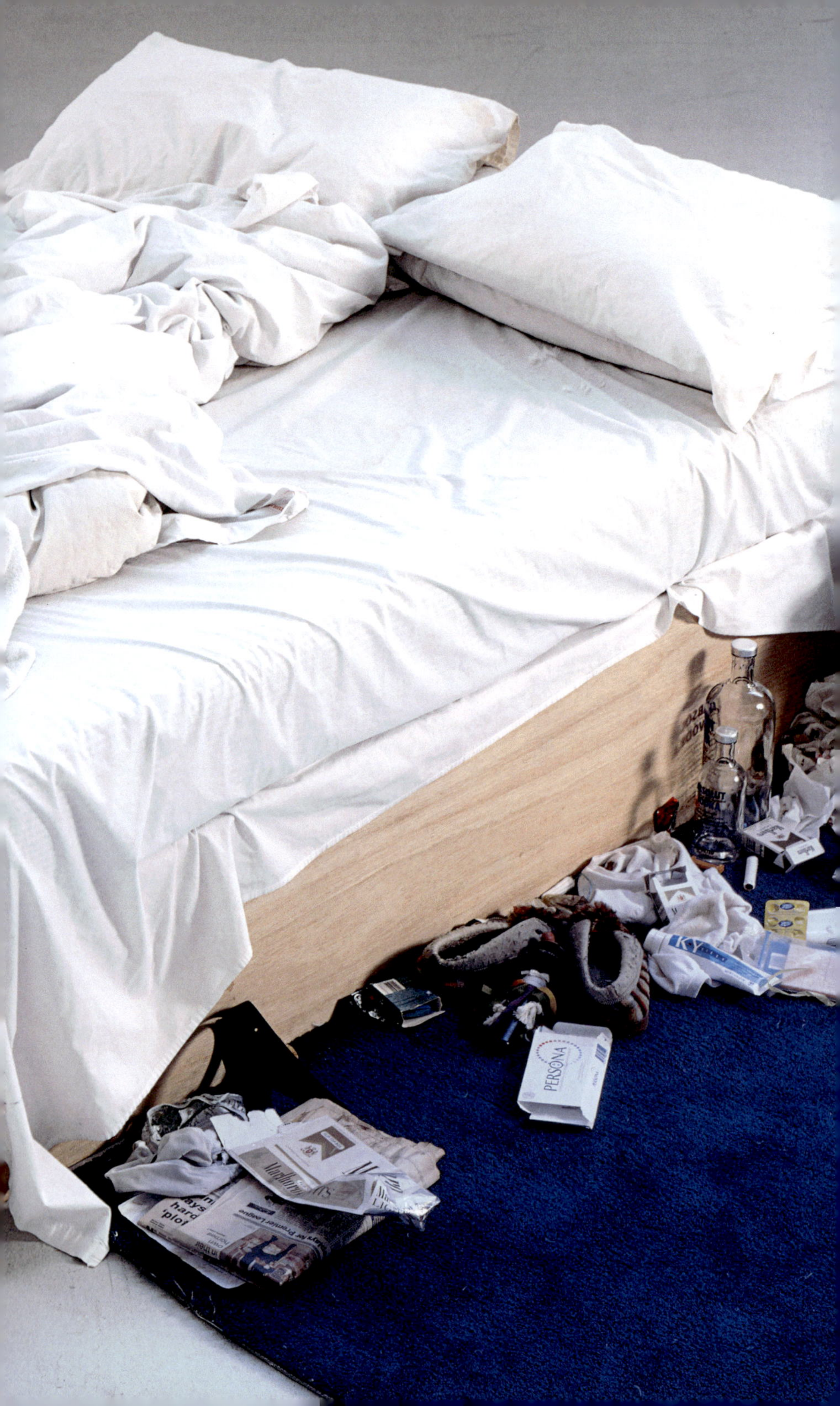
PERSONA
KY

AUFBRÜCHE

-

»Ich arbeite mit dem, was ich weiß. Doch es geht darüber hinaus. Ich fange bei mir an und höre beim Universum auf.«

-

Tracey Emin, 1995

PIERO MANZONI
1933–1963

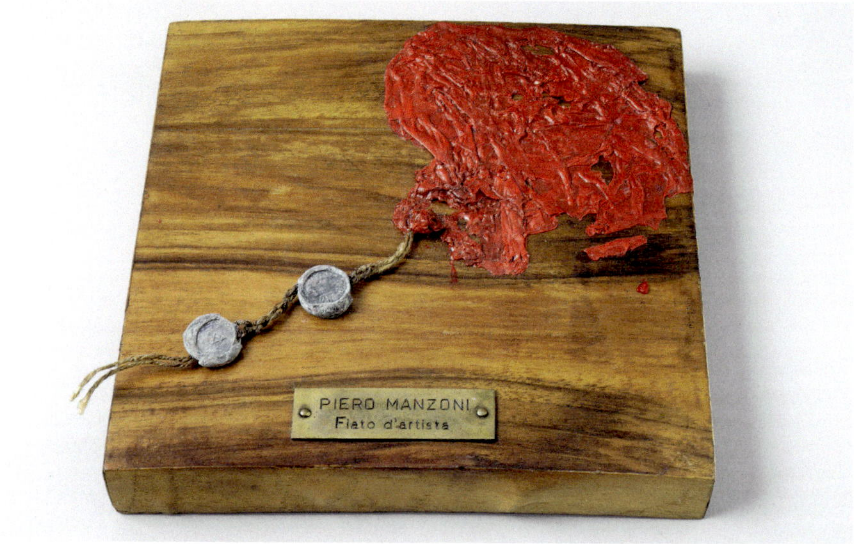

Muss ein Selbstporträt immer das Gesicht eines Künstlers zeigen? Wie kann die Präsenz des Künstlers anders vermittelt werden? Was macht einen Künstler zu etwas Besonderem und warum haben Kunstwerke einen so hohen Wert? Der italienische Künstler Piero Manzoni ging vielen dieser Fragen während seiner kurzen, aber beeindruckenden Karriere nach. Manzoni knüpfte an Marcel Duchamp (S. 114–15) an und glaubte an die Kraft der Ideen und die intellektuelle Umwidmung von Alltagsgegenständen. In den letzten Jahren seines Lebens schuf Manzoni eine Reihe provokanter Werke, bei denen er boshaften Witz mit einer materiellen Leichtigkeit der Berührung verband.

1960 blies Manzoni einen Luftballon auf und befestigte ihn auf einem Holzsockel mit einer kleinen Plakette, auf der »PIERO MANZONI: Fiato d' artista« (Atem des Künstlers) eingraviert ist. Manzoni erklärte: »Wenn ich einen Luftballon aufblase, atme ich meine Seele in ein Objekt ein, das Ewigkeit erlangt.« Trotz dieser großen Hoffnungen hat sich der Ballon im Laufe der Zeit aufgelöst und eine klebrige Masse auf dem Holzsockel hinterlassen, wodurch die kostbare Atemluft des Künstlers verloren ging. Der Ballon ist zu

Piero Manzoni
Fiato d'artista, 1960
Luftballon, aufgeblasen mit der Atemluft des Künstlers, Holz, Bleisiegel, 18 x 18 x 3,5 cm
Tate Collection, Großbritannien

Manzoni fertigte dieses Werk in einer kleinen Auflage mit roten, weißen und blauen Ballons. Indem er vergängliche Materialien mit Gedenksockeln und Gedenktafeln kombinierte, schuf Manzoni Minidenkmäler für Konzepte des Scheiterns und der Resignation. Die Entscheidung, seinen Atem einzufangen, könnte durch Duchamps abgefüllte Pariser Luft in seinem Werk *50 ccm Paris Air* von 1919 inspiriert sein.

einem Symbol des Scheiterns geworden. Die museale Darstellung dieses traurigen und schlaffen Rückstands erinnert an die sorgfältige Konservierung heiliger Reliquien. Abgesehen von dem witzigen Konzept, dünne Luft zu verkaufen, vermittelt dieses Werk eine unterschwellige Traurigkeit und eine Reflexion über die Zerbrechlichkeit des Lebens, ein modernes *Memento mori*.

Manzonis Vater, der Besitzer einer Konservenfabrik, sagte seinem Sohn einmal, dass er seine Kunst für Scheiße halte. Dieser Spott soll Manzoni 1961 dazu veranlasst haben, sein berüchtigtstes Werk, *Merda d'artista*, zu schaffen. Unter Verwendung der Ressourcen im Betrieb seines Vaters produzierte und etikettierte Manzoni eine Auflage von Blechdosen, wobei jede Einheit anscheinend dreißig Gramm seiner Exkremente enthielt. In einer weiteren Bemerkung zur Kommerzialisierung der Kunst legte Manzoni den Preis für jede Dose so fest, dass er dem Preis ihres Gewichts in Gold entsprach. Wieder einmal wird der abstrakte Begriff der künstlerischen Präsenz objektiviert und zum Fetisch gemacht: signiert, versiegelt, geliefert.

WEITERE WICHTIGE WERKE

- *Merda d'artista*, 1961, Tate Collection, Großbritannien

MERKMALE

- Künstlerische Präsenz durch Spuren, Eindrücke und Abfallprodukte belegt
- Interesse, vergänglichen Konzepten Form und Gestalt zu geben
- Reflexionen über die Kommerzialisierung und den Wert von Künstlern und ihren Werken
- Interesse an minimalen, sich wiederholenden Prozessen, häufig Werke in Auflagen
- Antizipiert die spätere Konzeptkunst durch die Erforschung von Ideen und Interaktionen

LOUISE BOURGEOIS
1911–2010

Die französisch-amerikanische Künstlerin Louise Bourgeois hat in ihrer langen Karriere eine Vielzahl von Zeichnungen, Skulpturen, Schriften und Drucken geschaffen. Obwohl nur ein kleiner Teil ihres Werkes den Titel »Selbstporträt« trägt, umfasst ein Großteil ihres Schaffens die Verflechtung von Erinnerungen, persönlichen Erzählungen und familiären Beziehungen, um aufrüttelnde Szenarien zu schaffen. In einer frühen Serie von Gemälden mit dem Titel »Femme Maison« (»Haus der Frau«, 1946–47) werden weibliche Beine und Torsi von Hauskonstruktionen überbaut. Teils Körper, teils Architektur, spiegeln diese surrealistischen Figuren die Position von Bourgeois als Hausfrau und Mutter wider. Ihr ehebrecherischer Vater kommt in späteren Installationen vor, die aus bedrückenden Tentakelformen bestehen, während das epische Spätwerk *Maman* (1999) tiefen mütterlichen Respekt offenbart. Diese aus Stahl und Marmor gefertigte riesige Spinne wirkt stark und schützend, listig und einfallsreich wie Bourgeois' eigene Mutter.

In den 1960er-Jahren wurden die Skulpturen von Bourgeois immer bauchiger und anthropomorpher. Obwohl diese Formen sexueller Natur zu sein scheinen, werden feste Geschlechterdefinitionen zugunsten universeller Ausdrucksformen von Anziehung, Abstoßung und Schmerz vermieden. *Torso, Self-Portrait* (1963–64) spiegelt viele dieser Anliegen wider. Die Entscheidung von Bourgeois, sich auf ihren Torso statt auf ihr Gesicht zu konzentrieren, entsprang dem Wunsch, über persönliche Zweifel nachzudenken. Sie erklärte: »So erlebe ich meinen Torso … irgendwie mit einer gewissen Unzufriedenheit und dem Bedauern, dass der eigene Körper nicht so schön ist, wie man ihn sich wünscht. Er scheint keinem Schönheitsideal zu entsprechen.« Trotz ihrer Vorbehalte drückt das Werk vor allem Stärke aus. Die Birnenform ist mit einer symmetrischen Anordnung von phallischen und vulvischen Vorsprüngen, brustförmigen Höckern und Gesäßhöckern bedeckt. Bourgeois hat eine robuste und kraftvolle Art von Schild geschaffen. Er wirkt zäh und schützend, weich und zart zugleich. In den Händen von Louise Bourgeois wird das Selbstporträt geschmeidig, offen für Transformation und Metamorphose – eine Quelle grenzenloser Möglichkeiten.

Louise Bourgeois
Torso, Self-Portrait,
1963–64
Gips,
62,3 x 40,5 x 18,8 cm
Museum of Modern Art, New York

Dies ist eines der wenigen Werke von Louise Bourgeois, das den Titel »Selbstporträt« trägt. Statt ihr Gesicht in den Mittelpunkt zu stellen, wählte Bourgeois die Darstellung ihres Torsos, indem sie verschiedene »männliche« und »weibliche« Anhängsel an der gewellten Oberfläche befestigte, um eine surreale Art von Rüstung zu schaffen.

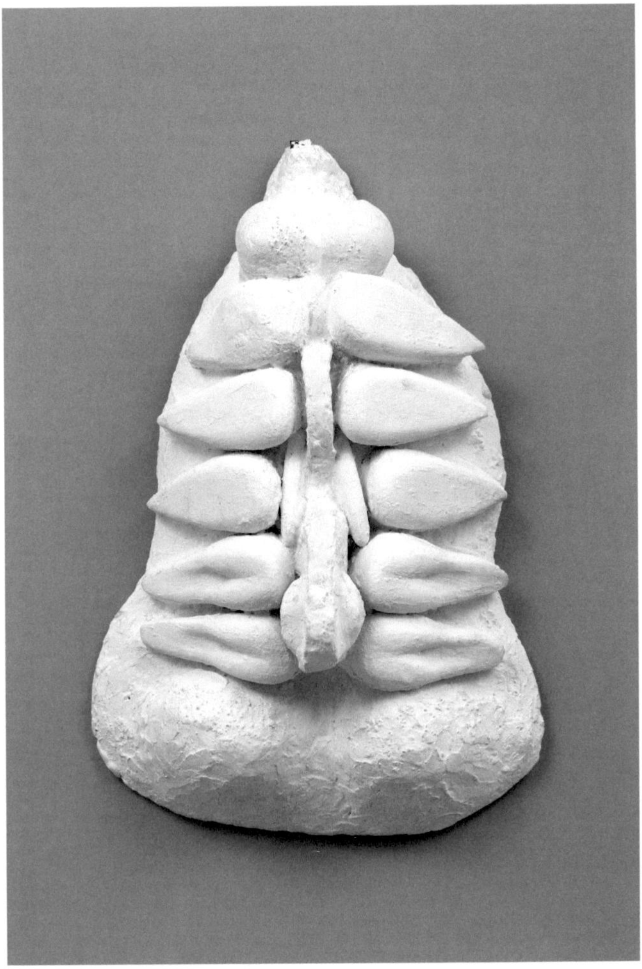

WEITERE WICHTIGE WERKE

- *Self-Portrait*, 2007, Easton Foundation, New York, USA

MERKMALE

- Nicht-repräsentativer Ansatz für Selbstporträts
- Ausführliche biografische Referenzen
- Erforschung emotionaler und psychologischer Zustände
- Kombination von »männlichen« und »weiblichen« Merkmalen
- Fusion menschlicher, tierischer und architektonischer Merkmale
- Interesse an Metamorphose und Transformation

REBECCA HORN
* 1944

1963 absolvierte Rebecca Horn ihre künstlerische Ausbildung an der Hamburger Akademie der Künste. Sie begann mit der Herstellung von Skulpturen aus Fiberglas und Polyester, ohne sich der Notwendigkeit bewusst zu sein, beim Umgang mit solch giftigen Materialien eine Maske zu tragen. Horn erlitt eine schwere Lungenvergiftung und verbrachte den größten Teil des Jahres 1964 in einem Sanatorium. Diese schmerzhafte und isolierende Rekonvaleszenz erfüllte sie mit einem starken Verlangen nach Kommunikation. Sie wollte die Ketten ihrer Gefangenschaft durch physischen Kontakt mit ihrer Umgebung durchbrechen. Unter Verwendung weicher Materialien, darunter Baumwolle, Bandagen und Federn, begann Horn, die Parameter ihres Körpers zu erweitern, indem sie seltsame Masken, Vorsprünge und Verlängerungen trug. Sie unternahm rituelle Performances, nahm animalische oder maschinenähnliche Verhaltensweisen an und hielt ihre Handlungen auf Film fest. Im Zentrum ihres sinnlichen, multidisziplinären frühen Schaffens stand der Wunsch, die Verbindungen zwischen Menschen und ihrer Umwelt nachzuzeichnen. Horn erforschte die verschwommene Zone, in der »das Selbst« aufhört und »das Andere« beginnt.

Viele von Horns Aufführungsrequisiten der frühen 1970er-Jahre fördern Berührung und Körperkontakt. Die stark verlängerten Finger von Horns *Fingerhandschuhen* (1972) zum Beispiel mögen es ihr ermöglichen, mit begrenzter Beugung bis zum Boden zu gelangen, doch letztlich erscheinen diese Vorsprünge eher einschränkend als ermächtigend. Die *Bleistiftmaske* (1972) besteht aus einem käfigartigen Gesichtsgitter. An jedem Gitterkreuz ist ein kurzer, spitzer Bleistift angebracht, um eine neuartige Zeichenmaschine zu schaffen. Horn bewegte ihren Kopf beim Tragen der Maske von einer Seite zur anderen. Ihre schwungvollen, sich wiederholenden Bewegungen hinterließen ein Netz von Graphitmarken an einer weißen Wand. Horn hatte in der Tat ein umgekehrtes Selbstporträt geschaffen. Anstatt mit Aktionen ihres Körpers ihr Gesicht darzustellen, benutzte sie ihr Gesicht, um die Bewegungen ihres Körpers festzuhalten.

Rebecca Horn
Bleistiftmaske, 1972
Gewebe, Stifte, Metall
65 x 52 x 40 cm
Tate Collection, Großbritannien

Horn fertigte in den frühen 1970er-Jahren eine Reihe von darstellenden Masken an, von denen viele durch Berührung aktiviert werden. Diese Maske ist so konzipiert, dass sie die Körperbewegungen des Trägers mithilfe der Bleistifte einfängt, wenn er den Kopf vor einer Wand bewegt. Horn stellte 1973 eine Reihe von Masken mit Vogelfedern her. Diese exotischen Federn drohten jeden zu kitzeln, der ihnen zu nahe kam.

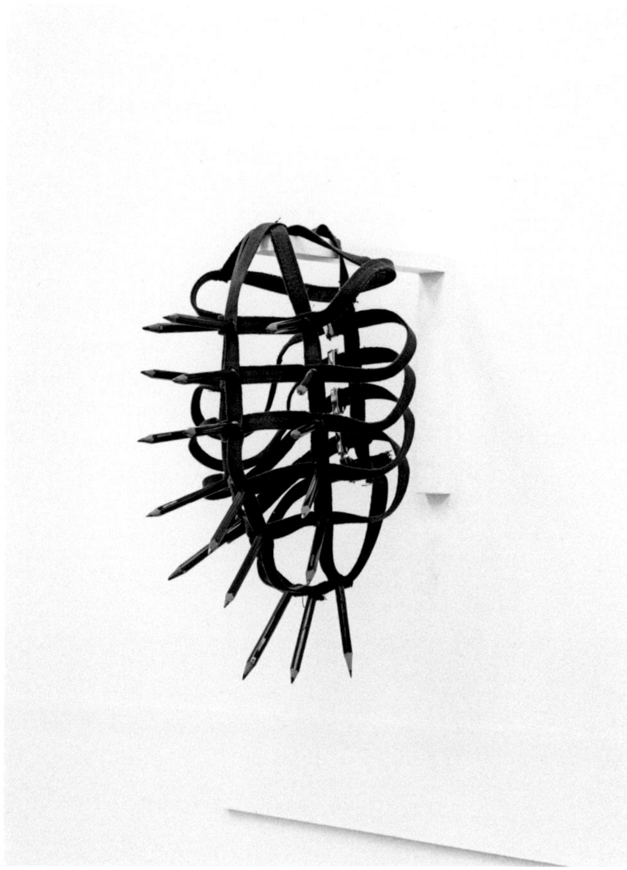

WEITERE WICHTIGE WERKE

- *Armverlängerungen*, 1968, Tate Collection, Großbritannien
- *Fingerhandschuhe*, 1972, Tate Collection, Großbritannien
- *Federmaske*, 1973, Tate Collection, Großbritannien

MERKMALE

- Fokus auf dem sinnlichen, intimen Raum zwischen dem Selbst und dem Anderen
- Erweiterung des Körpers mit weichen Materialien und Prothesenformen
- Interesse an Maskierung, Verbergen und Distanzierung
- Erforschung der Beziehung zwischen menschlichen, tierischen und mechanischen Handlungen

MARTIN PURYEAR
* 1941

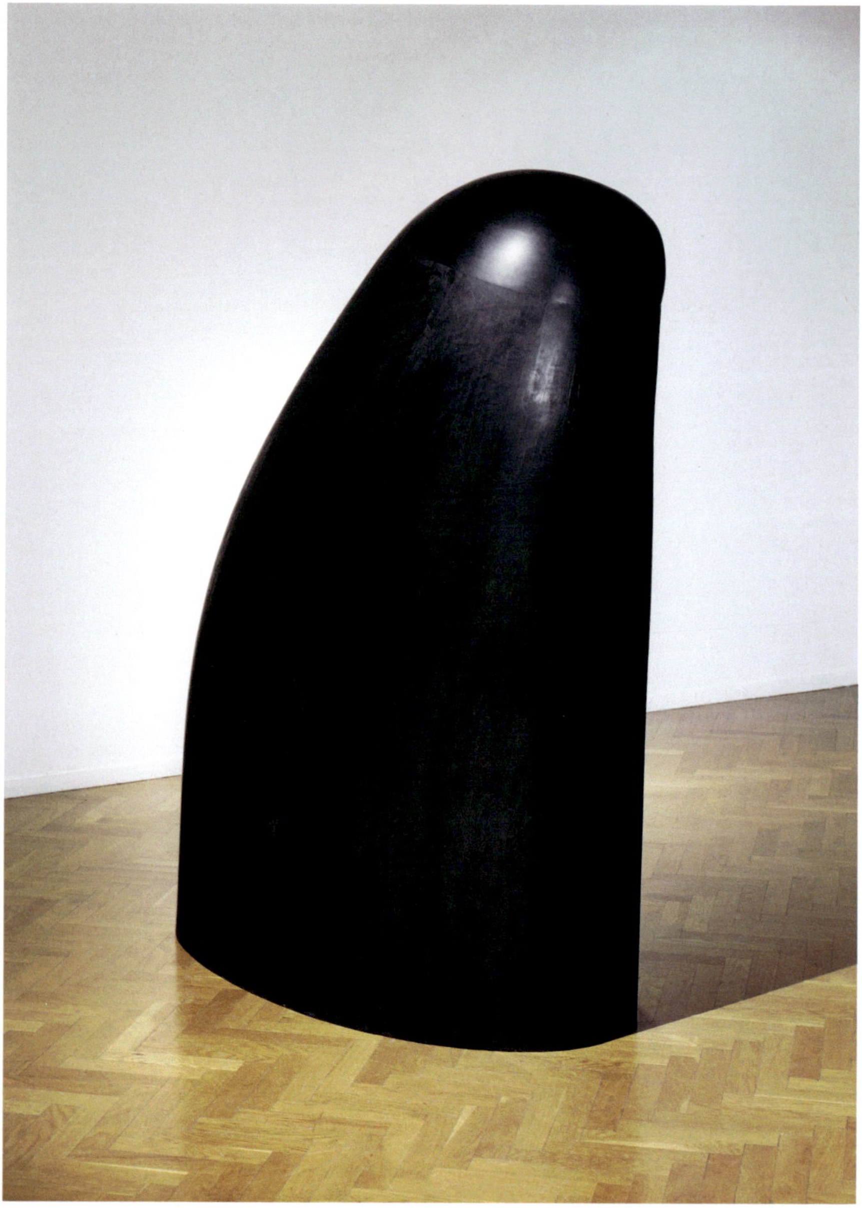

Martin Puryear
Self, 1978
Polychrome rote Zeder und Mahagoni,
175,2 x 121,9 x 63,5 cm
Joslyn Art Museum, Omaha

Obwohl diese doppeldeutige Form auf den ersten Blick geschnitzt zu sein scheint, wurde sie in Wirklichkeit aus einer Folge von horizontalen und vertikalen Holzplatten gebaut. Zudem sieht die Skulptur schwer aus, doch sie ist hohl und relativ leicht, ihre schalenartige Struktur vermittelt Vorstellungen von Heimat, Wohnen und Zugehörigkeit.

Was bleibt, wenn man die äußere Hülle, das Gesicht, das wir der Welt präsentieren wollen, abzieht? Findet man ein unerschütterliches Selbstgefühl, wenn wir uns in unsere flüchtigen Stimmungen, Sorgen und Umstände vertiefen? Mit seiner stabilen Skulptur *Self* (1978) geht der amerikanische Künstler Martin Puryear diesen Fragen nach. Auf einer Ebene erscheint diese rätselhafte Skulptur zeitlos, als ob sie durch antikes Handwerk und natürliche Prozesse verfeinert worden wäre. Doch das Werk vermittelt auch eine stille Präsenz, wie ein neues, atmendes Ding, das aus dem Nichts auf der Bildfläche erscheint. Wie Puryear erklärte: »Es sieht aus, als wäre es durch Erosion entstanden, wie ein Fels, der von Sand und Wetter bearbeitet wird, bis alle Winkel verschwunden sind. Das Selbst ist ganz gekrümmt, außer dort, wo es in einem abrupten Winkel auf den Boden trifft. Es soll eher eine visuelle Vorstellung des Selbst als eines bestimmten Selbst sein – das Selbst als eine geheime Einheit, als ein geheimer, verborgener Ort.«

Puryear wurde 1941 in Washington, DC, geboren und studierte Bildhauerei an der Yale University. Obwohl er die Entwicklungen in der minimalistischen Skulptur aufmerksam verfolgte, lehnte er deren kühle Unpersönlichkeit und das fehlende Narrativ ab. Puryear bearbeitete natürliche Materialien von Hand, wofür er handwerkliche Techniken aus aller Welt zusammengetragen hatte. Seine stromlinienförmigen organischen Formen suggerieren persönliche Erzählungen und regen zu umfassenderen Reflexionen über Identität und Rasse an. *Self* entstand in einem bedeutenden Moment in Puryears Entwicklung als Künstler. Im Jahr 1977 wurde sein Atelier in Brooklyn durch einen Brand zerstört, was zu einem erheblichen Verlust seiner Skulpturen führte. Ein Jahr später scheint sich *Self* mit neuem Elan aus dem Boden zu erheben. Es gibt kein Gesicht, keine Ähnlichkeit, keinen Wunsch, ein erkennbares Bild zu vermitteln, und doch gibt es eine tiefe poetische Resonanz und ein starkes Streben nach dem Wiederfinden der künstlerischen Identität und Individualität.

MERKMALE

- Post-minimales bildhauerisches Schaffen
- Schaffung mehrdeutiger, poetischer Formen
- Bezug auf persönliche und politische Erzählungen
- Nicht-repräsentative Darstellung des Selbst
- Unbedingt handgemacht, Handschrift des Künstlers erkennbar
- Meisterhaftes Handwerk und Tischlerei

HELEN CHADWICK
1953–1996

Helen Chadwick nutzt ihren Körper in uneingeschränkter Weise, um neues Licht auf universelle Fragen zu Erinnerung, Sterblichkeit und Transformation zu werfen. Ihre frühen skulpturalen Installationen und Fotografien dokumentieren oft ihren darstellenden Körper. Sie nahm eine breite Palette von Substanzen in ihr Werk auf, darunter Fleisch, Zellen, Schokolade, verwesendes pflanzliches Material und sogar ihren eigenen Urin. Indem sie unter die Oberfläche vordrang, versuchte Chadwick, restriktive binäre Definitionen und Geschlechterstereotypen zu durchbrechen. Ihr experimenteller und viszeraler Ansatz beeinflusste einige jüngere britische Künstler, die in den 1990er-Jahren mit verschiedenen Materialien experimentierten.

Die Serie »Viral Landscapes« kennzeichnet Chadwicks Übergang von der Performance zur Erforschung der Biologie. Für diese Serie ließ Chadwick Zellproben aus ihrem Blut, ihrer Niere, ihrem Gebärmutterhals, ihrem Mund und ihrem Ohr entnehmen. Sie besuchte auch Pembrokeshire in Wales, wo sie die zerklüftete Küstenlinie fotografierte und Abzüge machte, bei denen sie Pigment in die schäumenden Wellen wirbelte. Chadwick setzte Computertechnologie ein, um ihre Zell- und Küstenlinienbilder mit Panorama-Landschaftsfotografien zu

Helen Chadwick
Viral Landscape No. 3, 1988–89
C-Druck, puderbeschichteter Stahl, aluminiumbeschichtetes Sperrholz, Acrylglas
120 x 300 x 5 cm
Walker Art Gallery, National Museums Liverpool

Dieses während der AIDS-Krise entstandene Foto gehört zu einer Serie von fünf Panoramafotos, die die Sorge über das Infektionsrisiko auf zellulärer Ebene zum Ausdruck bringen. Auch Umweltbedenken sind offensichtlich. Für Chadwick ist die Menschheit eine direkte Bedrohung der Natur, ein pestartiges Virus, das einer sorgfältigen Kontrolle bedarf.

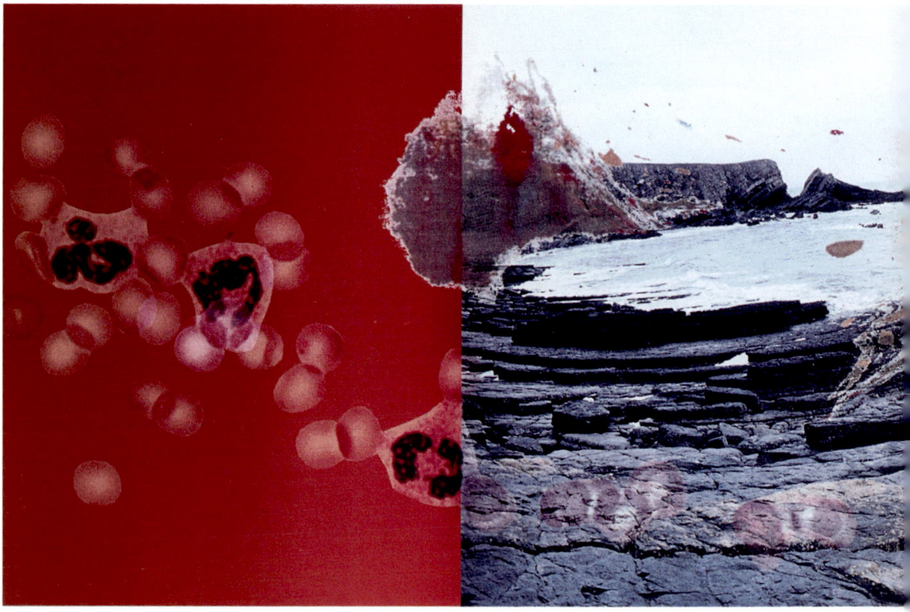

überlagern. So verschmolz sie das Mikroskopische mit dem Makroskopischen, den Körper mit der Natur und das Selbst mit dem Anderen, wobei sie vorgefasste Grenzen auslöschte. Die Arbeiten markieren eine Abkehr von den romantischen Vorstellungen des 19. Jahrhunderts, in denen der Künstler der Natur gegenüber steht – wie zum Beispiel Caspar David Friedrichs einsame Figur, die auf einer Felskante steht und die Szene mit seinem kraftvollen Blick beherrscht. Eine solche Trennung gibt es in Chadwicks Werk nicht: Der Körper der Künstlerin ist in die Umgebung eingetaucht, und tatsächlich drohen ihre Zellen, die unberührten Landschaften zu infizieren. Chadwicks Selbst ist vollständig mit der Außenwelt verbunden. Sie ist Teil der natürlichen Ordnung. Ihre Handlungen wirken und sie ist dafür verantwortlich.

MERKMALE

- Nutzung des Selbst zur Erforschung universeller Anliegen und sozialer Fragen
- Interesse an den viszeralen Eigenschaften vieler ungewöhnlicher Materialien
- Verschmelzung von Skulptur, Fotografie und Performance
- Erforschung des Inneren des menschlichen Körpers
- Hinterfragen von binären Lesarten und Geschlechterstereotypen
- Ausloten der Schnittmenge zwischen Kunst, Wissenschaft und Digitaltechnik

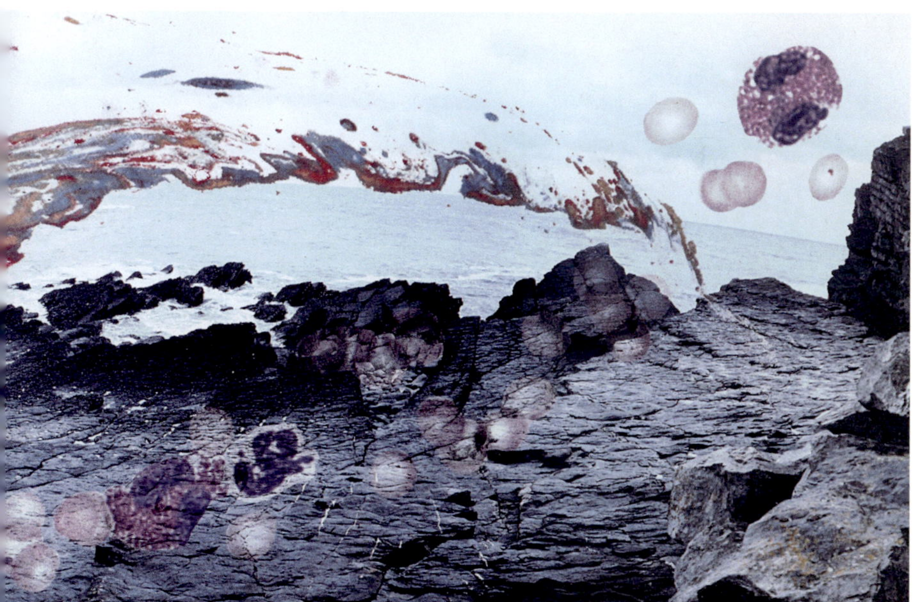

MONA HATOUM
* 1952

Mona Hatoums palästinensische Eltern wurden während des arabisch-israelischen Krieges von 1948 aus der Region Haifa in Palästina verwiesen. Sie wurden aus ihrer Heimat verbannt und ließen sich in Beirut nieder, wo Hatoum geboren wurde. Sie besuchte 1975 London, doch ihre kurze Reise wurde durch den Ausbruch des Bürgerkriegs unterbrochen. Da sie nicht nach Beirut zurückkehren konnte, beschloss sie, in London zu bleiben, wo sie auch heute noch lebt und arbeitet. Zu Hatoums Frühwerk gehörten Aufführungen, bei denen sie sich selbst einengte. Ihre späteren skulpturalen Installationen umfassen eine Reihe von Materialien und beziehen den Betrachter direkt mit ein. Ungeachtet der von ihr gewählten Materialien hinterfragt ein Großteil von Hatoums Werk Themen wie Vertreibung, Entfremdung und Machtmissbrauch.

Corps étranger (Fremdkörper, 1994) verschmilzt Performance, Installation und Video. Die Besucher sind eingeladen, einen geschlossenen zylindrischen Bau zu betreten. Eine Ultraschall-Audio-Aufnahme von Atem und Herzschlag der Künstlerin verleiht dem Ganzen zusätzliche Faszination und Intensität. Ein Video wird auf den Boden des Raumes projiziert: Mit einer Kamera, die normalerweise für Endoskopie- und Koloskopie-Untersuchungen benutzt wird, dokumentiert das Filmmaterial das Innere und Äußere von Hatoums Körper. Die pochende, schleimige Bildsprache ruft ein Gefühl des Unbehagens und der Abstoßung hervor. Die Körperöffnungen klaffen wie hungrige Münder, bereit, ahnungslose Zuschauer zu verschlingen. Solche Schrecken erinnern an die mythischen Darstellungen von Frauen als alles verschlingende Wesen und Kastratorinnen, die in der Kunst immer wieder auftauchen. Auch die Wahrnehmung des weiblichen Körpers als liegend und verfügbar wird angedeutet und kritisiert.

Angesichts seiner umfassenden Analyse des Künstlerinnenkörpers lässt sich *Corps étranger* als das ultimative Selbstporträt bezeichnen, doch Hatoum verrät wenig. Sie gibt keine Auskunft über ihren Charakter, und das Filmmaterial könnte jede Frau zeigen. Darüber hinaus weigert sich Hatoum im Gegensatz zu vielen

Mona Hatoum
Corps étranger
(Fremdkörper) 1994
Videoinstallation mit zylindrischer Holzstruktur, Videoprojektor, Videoplayer, Verstärker und vier Lautsprechern, 350 x 300 x 300 cm
Centre Georges Pompidou, Paris

Bei vielen Installationen von Mona Hatoum ist die aktive Teilnahme des Betrachters erforderlich. In diesem Werk führt der enge Raum zu Berührung und Intimität. Die Besucher streifen einander und treten auf Bilder vom Körper der Künstlerin. Es ist unklar, ob sich der Begriff Fremdkörper im Titel auf die Künstlerin oder auf die Präsenz des Betrachters bezieht.

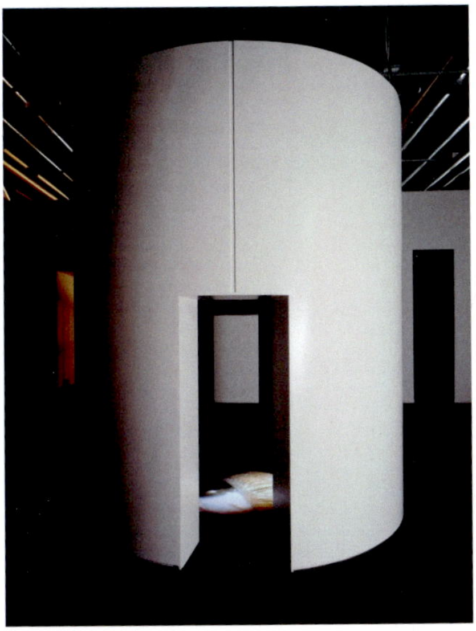

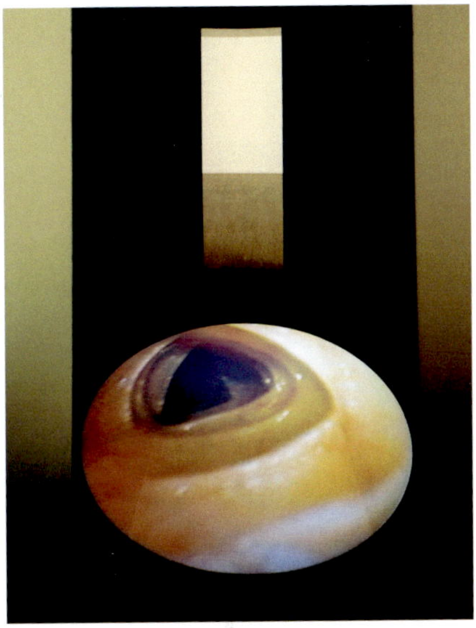

Künstlern vor ihr, ein einheitliches, geschlossenes Bild von sich selbst zu präsentieren. Stattdessen präsentiert sie eine chaotische, unzusammenhängende Masse von Wegen und Wechselwirkungen. Ihr Körper ist anfällig für Eindringlinge: die unnachgiebigen Sonden medizinischer Eingriffe und die wiederholten Schritte der Besucher, die ihr Territorium durchqueren.

WEITERE WICHTIGE WERKE

- *Over my dead body*, 1988–2002, British Council Collection, London, Großbritannien
- *Measures of Distance*, 1988, Arts Council Collection, London, Großbritannien

MERKMALE

- Verschmelzung von Performance, Video und Installation
- Verwendung des Körpers des Künstlers, um Rassen- und Geschlechterpolitik auszuloten
- Darstellung des Körperinneren mithilfe von Medizintechnik
- Installationsansatz, der den Betrachter in die Handlung einbezieht
- Interesse an Schrecken, Abscheu und Entfremdung

FAITH RINGGOLD
* 1930

Faith Ringgold studierte Kunstpädagogik am City College, New York, und durfte wegen ihres Geschlechts nicht Bildende Kunst studieren. Sie unterrichtete 18 Jahre lang Kunst an Schulen, gab aber ihr eigenes Schaffen nie auf. Ringgold war entschlossen, für sich und ihre Gemeinschaft ein authentisches Ausdrucksmittel zu finden, um individuelle und kollektive Erfahrungen miteinander zu verbinden: »Nachdem ich mich entschieden hatte, Künstlerin zu werden, musste ich zuerst daran glauben, dass ich, eine schwarze Frau, in die Kunstszene eindringen konnte und dass ich dies tun konnte, ohne auch nur ein Jota meiner Schwärze, meiner Weiblichkeit oder meiner Menschlichkeit zu opfern.« Sie begann nach einer für sie »akzeptablen« Möglichkeit zu suchen, schwarze Haut in ihren Bildern darzustellen. Sie vermied düsteres Chiaroscuro und trug eine breitere Palette von Farben in einfarbigen Bereichen auf, wie ihr frühes Selbstporträt von 1965 beweist.

Ringgold ist vielleicht am bekanntesten für ihre narrativen Quilts. Ihren ersten fertigte sie 1980 zusammen mit ihrer Mutter an, wobei sie sich von afroamerikanischen Quilttraditionen und tibetischen Thangkas – exquisiten Gemälden auf Seide oder Baumwolle – inspirieren ließ. Der Quilt bietet eine perfekte Plattform für Ringgold, um figürliche Malerei, komplizierte Applikationen und handgeschriebene Erzählungen zu verweben. Ringgold erzählt ausgezeichnete Geschichten über sich selbst und ihre Gemeinschaft. Ihre Figuren und Erzähler sind überwiegend stark, schwarz und weiblich. Trotz der Wärme und des Humors von Ringgolds Erzählungen sind politische Reflexionen über eine rassisch gespaltene Gesellschaft nie weit von der Oberfläche entfernt.

Self-Portrait (1998) zeigt Ringgolds charakteristische Verschmelzung von Text und Muster, Abstraktion und Figürlichkeit. Dieser autobiografische Quilt verweist auf Ringgolds 1995 erschienenes Buch *Seven Passages to a Flight* über ihr Leben. In der Mitte des Quilts befinden sich neun handgemalte Radierungen, die persönliche Ereignisse, Momente von historischer Bedeutung und Höhenflüge der Fantasie dokumentieren.

Faith Ringgold
Self-Portrait, 1998
Hand- und schablonengemalter Rand auf Leinen mit gequilteter Baumwollkante und Nylonrückseite,
128,4 x 109,3 cm
National Portrait Gallery, Smithsonian Institution, Washington, DC

Einige der in diesem Quilt dargestellten Szenen zeigen die Künstlerin und ihre Mitarbeiter beim Fliegen. Für Ringgold bedeutet Fliegen Freiheit und die Entschlossenheit, sich über Hindernisse zu erheben. Der Quilt enthält auch verschiedene Brückenmotive, die wiederum Hoffnung und die Notwendigkeit symbolisieren, schwierige Momente zu überwinden.

WEITERE WICHTIGE WERKE

- *Early Works #25: Self-Portrait*, 1965, Brooklyn Museum, Brooklyn, USA
- *Change: Faith Ringgold's Over 100-Pound Weight Loss Performance Narrativer Quilt*, 1986, Privatsammlung

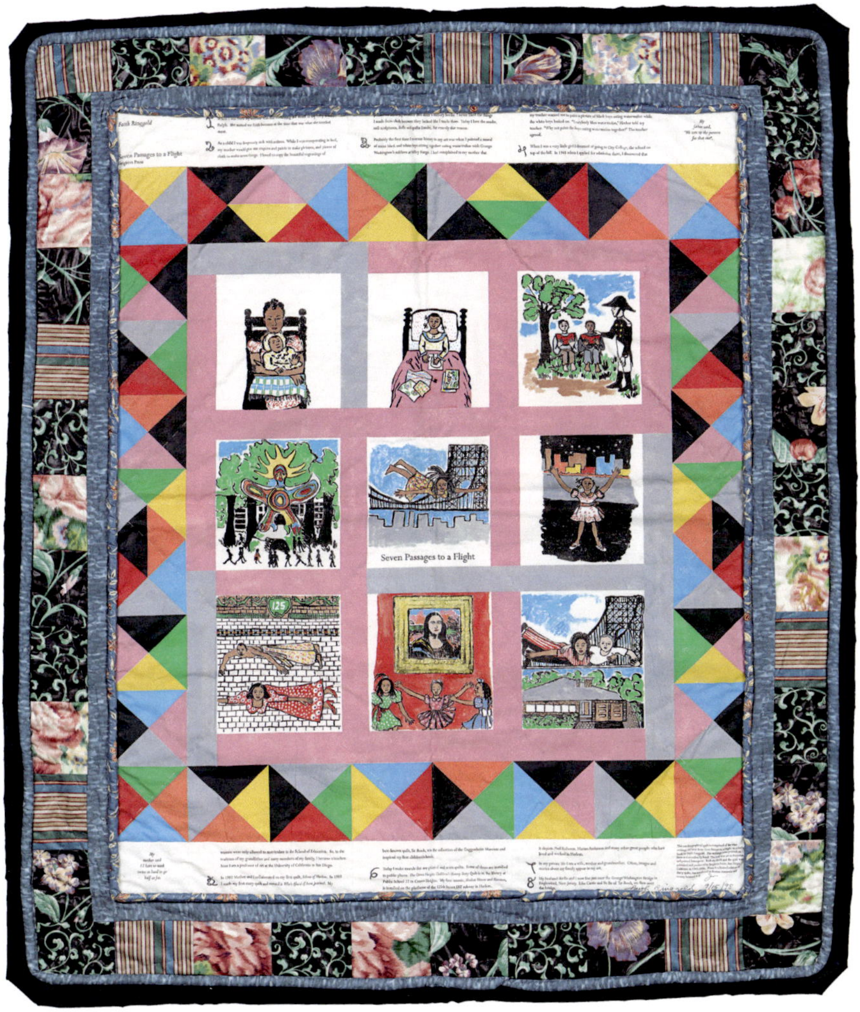

MERKMALE

- Innovative Verwendung des Quilts als Medium zum Schreiben, Nähen und für die Malerei
- Einbeziehung von autobiografischen und textlichen Inhalten
- Wunsch, individuelle und kollektive Identitäten darzustellen
- Konzentration auf intersektionelle Erfahrungen, um starken afroamerikanischen Frauen eine Stimme zu geben
- Interesse an mündlichen Traditionen des Geschichtenerzählens, die über Generationen weitergegeben werden
- Einfluss globaler Kunstgeschichten und -ansätze

TRACEY EMIN
* 1963

Im Mittelpunkt von Tracey Emins Schaffen steht sie selbst: ihre Erfahrungen, Traumata, Brüche und Zusammenbrüche. Unter Verwendung einer Vielzahl von Materialien und Verfahren, darunter Malerei, Skulptur, Text, Neon, Nähen, Installation und Film, teilt Emin die intimen Details ihres Lebens mit einer beichtstuhlartigen Intensität. Im Grunde betrachtet sich Emin selbst als Expressionistin. Edvard Munch (siehe S. 72–73) ist einer ihrer Lieblingskünstler, und es ist möglich, Parallelen zwischen der gequälten Figur in *Der Schrei* (1893), Egon Schieles sexualisiertem Körper (siehe S. 94–95) und Emins emphatischen Ausbrüchen von Selbstentblößung zu ziehen.

Einige von Emins erfolgreichsten Installationen beginnen mit den unscheinbaren Objekten, die mit Schlaf, Schutz und Komfort assoziiert werden. *Everyone I Have Ever Slept With 1963–1995* (1995) besteht aus einem blauen Kuppelzelt mit zwei Schlafplätzen, das mit applizierten Buchstaben geschmückt ist, um Emins Namenslisten ihrer sexuellen und platonischen Bettgefährten zu verdeutlichen. Ihre von Herzen kommende Handstickerei wandelt diese bescheidene Struktur in einen Schrein um, ein Denkmal für vergangene und gegenwärtige Beziehungen. Ebenso bescheiden erscheint, ist das ungemachte Bett in Emins legendärer Installation *My Bed (1998).* Dieses Werk dokumentiert eine schwierige Periode im Leben der Künstlerin. Emin hinterlässt eine Reihe von Hinweisen und lädt den Betrachter ein, sich wie ein Kriminalist ein eigenes Bild zu machen. Es gibt leere Wodkaflaschen und Zigarettenschachteln, Kondome, Verhütungspillen und Schwangerschaftstests. Verschmutzte Taschentücher, fleckige Laken, schmutzige Schlüpfer und benutzte Tampons. Verwirrung und Durcheinander. Symbole für ein sich auflösendes Leben: schnelle Freuden und langwierige Abstürze. Emins persönliche Relikte werden mit musealer Präzision präsentiert, eingefroren in der Zeit. Es ist ein Selbstbildnis und ein Stillleben.

Tracey Emin
My Bed, 1998
Rahmen, Matratze, Betttücher, Kissen und verschiedene Objekte, Gesamtabmessungen variabel
Tate collection. Leihgabe von The Duerckheim Collection, 2015. Dauerleihgabe.

Das vielleicht berüchtigtste Werk von Emin, *My Bed*, wurde in der Turner-Prize-Ausstellung von 1999 gezeigt. Obwohl sie den Preis nicht gewann, bekam ihr ungemachtes Bett die meisten Schlagzeilen. Das Werk dokumentiert einen depressiven Moment in Emins Leben, in dem sie mehrere Tage im Bett verbrachte, schlechte Beziehungen durchlitt und Alkohol trank.

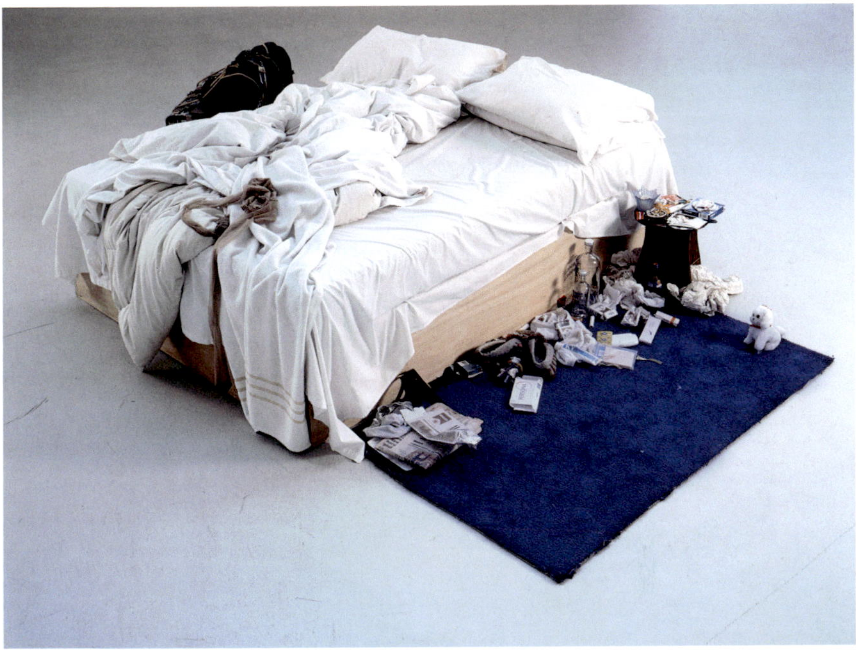

WEITERE WICHTIGE WERKE

- *Everyone I Have Ever Slept With 1963–1995*, 1995 (zerstört 2004), Saatchi Collection, London, Großbritannien
- *Why I Never Became A Dancer*, 1995, Arts Council Collection, London, Großbritannien

MERKMALE

- Selbstenthüllung, die eine Reihe von Medien umfasst
- Starker narrativer Impuls und häufige Einarbeitung von Text
- Analyse von traumatischen Erfahrungen und schwierigen Beziehungen
- Expressionistisches Interesse an überhöhter Emotion und Gefühl
- Anpassung von Alltagsgegenständen zur Vermittlung autobiografischer Inhalte und eines gesteigerten Realismus

PAWEŁ ALTHAMER
* 1967

Ein innovativer Ansatz für Selbstporträts steht im Mittelpunkt von Paweł Althamers skulpturalem und performancebasiertem Schaffen. Für seine letzte Ausstellung in der Akademie der Bildenden Künste in Warschau präsentierte Althamer eine lebensgroße Skulptur von sich selbst aus Wachs und Haar. Anstatt persönlich bei der Kritik zu erscheinen, hinterließ Althamer eine Kopie eines Kurzfilms, der seinen Auszug aus der Schule und seine Abreise aus der Stadt dokumentiert. Am Ende des Films sieht man ihn in den Wald wandern und verschwinden. Althamer hat dieses faszinierende Terrain zwischen Skulptur und Performance, An- und Abwesenheit mit einer Vielzahl von spielerischen und abseitigen Methoden erforscht.

Viele von Althamers Werken sind im öffentlichen Raum zu sehen, häufig geht es um Prozesse des Verlassens und der Einsamkeit. Für sein *Selbstporträt als Geschäftsmann (2002)* begab sich Althamer eines Abends auf einen öffentlichen Platz in Berlin, elegant gekleidet, als wolle er zur Arbeit. Er zog sich nackt aus und ließ seine Kleidung, sein Mobiltelefon und seine Aktentasche in der Nähe eines öffentlichen Brunnens zurück, bevor er die Szene verließ. Die Habseligkeiten liefern eine bleibende Spur des Künstlers, wenn auch eine sehr schwache, denn der Anzug markierte bereits eine Abweichung von Althamers üblicher Kleidung. Bei der späteren Installation *Ballon (2007)* war es unmöglich, dem Künstler auszuweichen. Dieses über 20 Meter lange Ballon-Selbstporträt schwebte weithin sichtbar über einem Mailänder Park. Nackt und entblößt war dieser hässliche Gulliver am Boden gefesselt und konnte sich dem amüsierten Blick seines liliputanischen Publikums nicht entziehen.

Althamers partizipatorisches und kollaboratives Schaffen hat die Grenzen des Selbstporträts noch weiter verschoben. Oft arbeitet er mit Randgruppen und lädt die Teilnehmerinnen und Teilnehmer zu spielerischen und abseitigen Aktionen ein, von denen einige so unauffällig sind, dass man sie kaum wahrnimmt. Indem Althamer mit

Paweł Althamer
Ballon, 1999–2011
Nylon, Polyester, Acryl, Seile, Helium,
3,66 x 21 x 6,71 m
Installation an der Fondazione Nicola Trussardi, Mailand, 2008

Althamer arbeitete mit Luftfahrtspezialisten und Herstellern von Heliumballons zusammen, um dieses riesige aufblasbare Selbstporträt herzustellen. Mit einer Länge von über 20 Metern schwebte diese gigantische Darstellung des nackten Körpers des Künstlers einen Monat lang über dem Parco Sempione in Mailand, an Seile gefesselt, um den Abflug ins All zu verhindern.

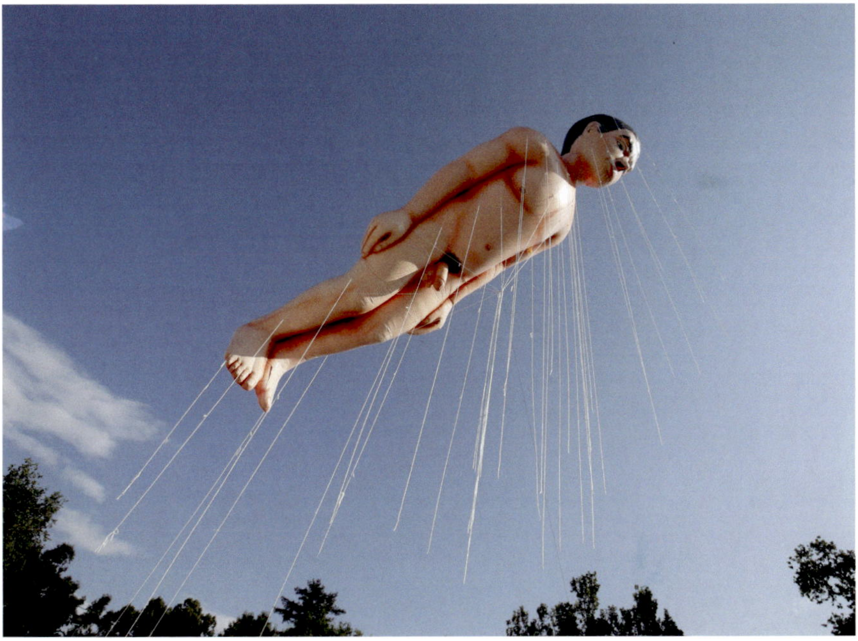

anderen zusammenarbeitet, gewinnt er einen tieferen Einblick in seine eigene Identität. In der Tat betrachtet er diese Interventionen als eine radikale Form der Selbstdarstellung, die aus kollektiver Kreativität und inszeniertem Chaos entsteht.

WEITERE WICHTIGE WERKE

- *Self-Portrait as a Businessman*, 2002, mit Ergänzungen 2004, Tate Collection, Großbritannien

MERKMALE

- Innovative Kombination von figürlicher Skulptur und Performance
- Interesse an der Schnittstelle zwischen An- und Abwesenheit, Selbst und Anderen
- Arbeit mit Gemeinschaften zur Offenlegung kollektiver Aktionen und Identitäten
- Spielerische Interventionen im öffentlichen Raum
- Auseinandersetzung mit dem Künstler als Schamane, Autor und Orchestrator

ABRAHAM CRUZVILLEGAS
* 1968

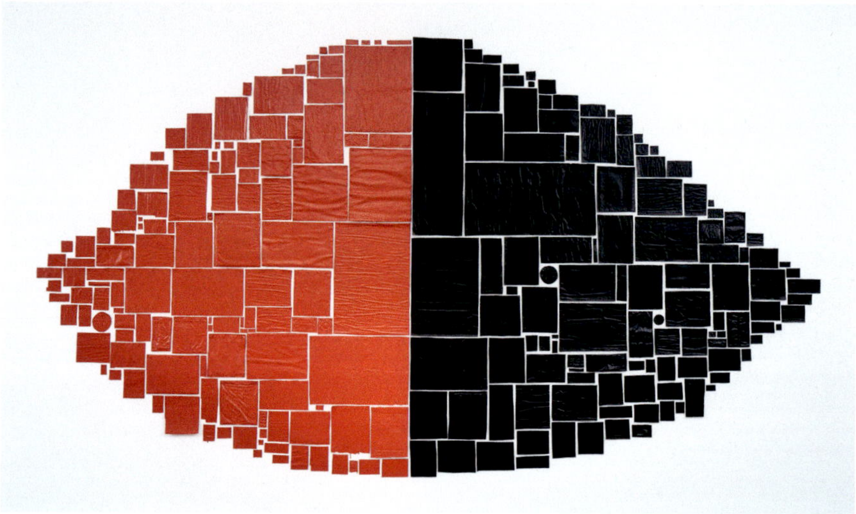

Abraham Cruzvillegas wuchs in Ajusco, einem südlichen Vorort von Mexiko-Stadt, auf. Gegen alle Widerstände bauten seine Siedler mit Ad-hoc-Baumethoden und schierer Entschlossenheit eine informelle Architektur auf unwirtlichem Vulkangestein. Ein ähnlicher Einfallsreichtum prägt Cruzvillegas', Ansatz als Künstler. Er lebt nach dem Diktum, etwas aus dem Nichts zu schaffen. Da er seine Materialien vor Ort bezieht, lässt er sich auf seinen Reisen von verschiedenen Orten und Gemeinschaften inspirieren.

Seit 2007 erforscht Cruzvillegas sein Konzept des »autoconstrucciòn« oder »Selbstbaus«. Dieser Ansatz umfasst die einfallsreiche Anpassung von gefundenen Materialien, um das »Innenleben« der Dinge zu enthüllen. Mit einem Augenzwinkern an Marcel Duchamp (siehe S. 114–115) führt Cruzvillegas' spielerische Bearbeitung von Alltagsgegenständen zu einem Werk, in dem sich der Künstler überraschend selbst offenbart. Die fragmentarische, unvollendete Natur

Abraham Cruzvillegas
Itchy blind self portrait drinking a Colimita beer by the patio, under the shade of the Pomarrosa tree, remembering the late Valentín Campa after reading Terry Eagleton's 'Hope without optimism' while I listen to the beautiful version of 'La Martiniana' with Tinito y Porfirio's duet, but really wanting to have some cashews before going for dinner, whatever the Paleolithic menu at Lardo could include ...,2016
Schwarze und rote Acrylfarbe auf Zeitungsausschnitten, Fotos, Zeichnungen, Postkarten, Umschlägen, Tickets, Postern, Flyern, Gutscheinen, Karten, Rezepten, Servietten und Stecknadeln auf einer Wand, variable Abmessungen (Installation aus 456 Teilen)
Mit freundl. Gen. des Künstlers und kurimanzutto, Mexiko-Stadt/New York

Dieses »blinde« Selbstporträt zeigt eine Menge gesammelter Papiere. Die Rückseiten der ordentlich an die Wand gehefteten Papiere sind bemalt.In einem aktiven Interpretationsprozess wird das Publikum aufgefordert, einzelne Elemente umzudrehen, um eine Reihe von Hinweisen zu erhalten. Der poetische Titel unterstreicht Cruzvillegas' Interesse an Sprache und sein schriftstellerisches Schaffen.

seiner selbstgemachten Skulpturen und Installationen spiegelt die widersprüchlichen und sich entwickelnden Aspekte seiner eigenen Identität wider: »Etwas definitiv Unvollendetes, etwas, das sich für immer selbst aufbaut – fragmentarisch, widersprüchlich, schwach, instabil, dunkel, transparent, warm, dumm, köstlich, chaotisch, verkrüppelt. Es ist Bewegung und Leben, es ist Liebe, es ist Sex, ich bin es.«

In jüngsten Arbeiten lotete Cruzvillegas den Begriff des blinden Selbstporträts aus. Indem er sich von den restriktiven Vorstellungen von Ähnlichkeit abwandte, hat er andere Wege entdeckt, seine Identität auszudrücken. Für jedes blinde Selbstporträt sammelt Cruzvillegas einen Stapel von Erinnerungsstücken aus Papier. Diese Fahrkarten, Servietten, Notizzettel und Fotografien ergeben ein Bild von einem Leben des Reisens und der besuchten Orte. Er bemalt die Rückseite jedes Gegenstandes mit einer begrenzten Farbpalette, bevor er sein Ausgangsmaterial in komplizierten, amorphen Arrangements an die Wand heftet. Die Besucher sind eingeladen, hinter jedes Stück zu schauen und die Hinweise zusammenzufügen. Die langen, poetischen Titel spielen auf persönliche Gedankenketten an und laden uns auf eine andere Art von Reise ein, ein weiterer Schritt weg von den einschränkenden Definitionen des Selbstporträts.

WEITERE WICHTIGE WERKE

- *AC: Blind Self-Portrait: Glasgow Cove Park*, 2008, Tate Collection, Großbritannien

MERKMALE

- Spielerische Einarbeitung von Fundstücken zur Erforschung individueller und kollektiver Identitäten
- Starker Sammelimpuls, Aufbereitung von Altmaterial
- Entwicklung des Konzepts der Selbstkonstruktion (autoconstrucciòn) als ein fortlaufender selbstreferenzierender Prozess
- Interesse am Verbergen, das die Konventionen der Öffnung bei Selbstporträts umstößt
- Verkörperung sozialer und politischer Narrative
- Verschmelzung von lokalen und globalen Bezügen

RYAN GANDER
* 1976

Welche Bedeutung hat das Selbstporträt in der heutigen Zeit? Ist dem Genre nach Jahrhunderten des Ausdrucks die Luft ausgegangen? Ryan Gander hat das Selbstporträt einem Prozess der Neuerfindung unterzogen. Indem er alle Vorurteile ablehnte, hat Gander neue Wege des Denkens über das Selbst eröffnet, insbesondere in Bezug auf andere und auf die Außenwelt.

Ryan Gander, 1976 in Chester geboren, studierte interaktive Kunst an der Manchester Metropolitan University, bevor er sein Studium an der Jan van Eyck Academie in Maastricht abschloss. Seine international anerkannte Konzeptkunst konzentriert sich auf einen spielerischen Prozess, den er als »Imagineering« bezeichnet, ein Wortspiel aus Engineering und Imagination (Ingenieurwesen und Fantasie). Als Ideenschöpfer weigert sich Gander, sich auf Materialien und Prozesse der Kunstwelt zu beschränken. Die Idee gibt das Ergebnis vor. Die Idee kann zu einer Skulptur, einer Installation oder einem Gemälde führen, aber sie kann auch als Schrift, Mode, Turnschuhdesign, Cocktail, als sprechende Maus oder eine Kunstschule entstehen. Gander betrachtet Kunst als ein Feld unbegrenzter kreativer Möglichkeiten, nicht nur für sich selbst, sondern auch für jeden, der bereit ist, mit ihm auf die Reise zu gehen.

Ganders Weigerung, Einschränkungen zu akzeptieren, spiegelt sich in seinem Wunsch wider, jede Spur eines typischen Stils zu beseitigen. Er hat Arbeiten unter dem Deckmantel mehrerer Alter Egos produziert, um nicht im eigenen Trott stecken zu bleiben. Die Zusammenarbeit hat es Gander auch ermöglicht, einen Geist der Offenheit zu bewahren. Autobiografische Bezüge tauchen jedoch in seinem gesamten Schaffen auf, doch sind diese mit fiktionalen Geschichten und anderen Perspektiven verwoben. Zum Beispiel schuf er *Both before and after, I had to write your obituary (2008)* gemeinsam mit dem Künstler Bedwyr Williams. Im Format einer Zeitungskolumne schrieben die beiden Künstler die Grabrede des jeweils anderen. Sie reflektierten ihr Leben aus dem Blickwinkel des

Ryan Gander
Selbstporträt VIII, 2012
Hartglas, Farbe,
Gesamte Installation
1,92 x 2,73 m
Tiefe jeder Palette 30 cm
RISD Museum, Rhode Island

Im September 2011 beschloss Gander, ein Jahr lang jeden Tag ein Selbstporträt anzufertigen. Dieses Werk dokumentiert den achten Monat seines Schaffens. Die dreißig Tage des Aprils sind als ein minimales Raster aus Glaspaletten dargestellt, die jeweils die Spuren von Ganders Tätigkeit tragen. Die eigentlichen Selbstporträts werden nie gezeigt, sie wurden entweder zerstört oder sind im Archiv des Künstlers eingeschlossen.

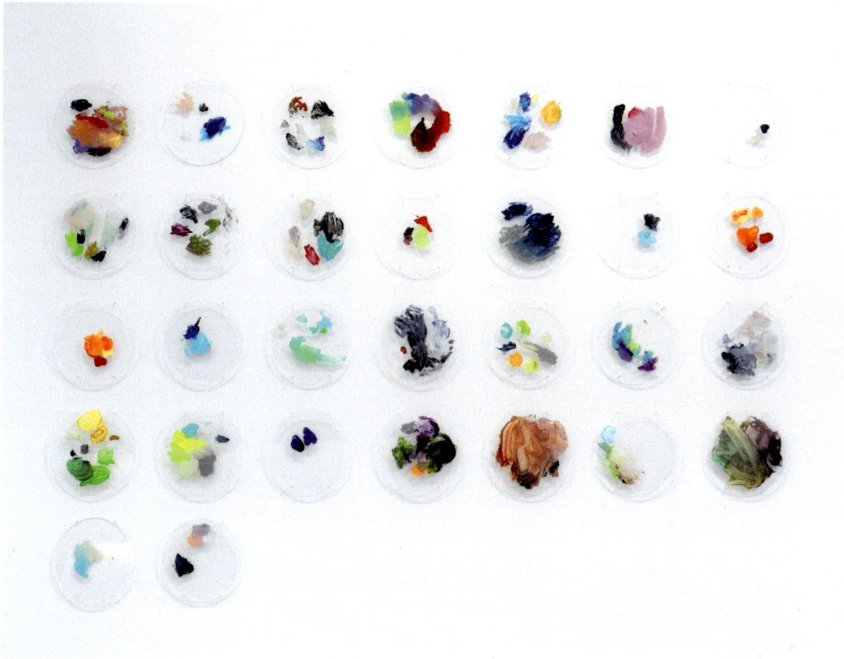

Jahres 2050 in einer retrospektiven Schreibweise, um sich eine noch nicht enthüllte Zukunft vorzustellen. In anderen Werken ließ sich Gander direkt von seinen Kindern inspirieren. *I is ... (I) (2012)* zeigt einen Marmorharzabguss der selbst gebauten Höhle seiner Tochter. Dieses Denkmal für ein Stück Behelfsarchitektur schöpft aus kostbaren Momenten, um die grenzenlose Kreativität der Kindheit zu feiern.

Zusätzlich zu seiner spielerischen Adaption autobiografischer Inhalte entwickelte Gander auch neue Wege, Porträt und Selbstporträt zu hinterfragen. Er malte Porträts von sich und anderen, oft aus der Erinnerung heraus, um vergangene Erfahrungen und Interaktionen festzuhalten. Für jedes Werk verwendet er eine neue Scheibe aus Hartglas als Palette. Doch die fertigen Gemälde werden nie zu sehen sein: Sie werden weggeworfen oder dauerhaft im Archiv des Künstlers verwahrt. Stattdessen stehen die Paletten das Rampenlicht, präsentiert in minimalen Gittern oder chaotischen Aushängen – eine Explosion von leuchtenden Farben und abstrakten Gesten. Gander erklärte: »Die Palette repräsentiert alle Gemälde, die hätten sein können, nicht das Bild, für das ich mich entschieden habe. Die Selbstporträt-Paletten hinterfragen quasi mit einem Augenzwinkern, wie lächerlich es ist, ungeschickt egozentrische Denkmäler für sich selbst zu bauen, was so viele Künstler tun.« Anstatt alle Antworten zu geben, fordert Gander den Betrachter auf, die Lücken zu füllen, sich das Gemälde und die verknüpften Ereignisse vorzustellen. Diese Werke laden uns auch dazu ein, über die Flüchtigkeit unserer Erfahrungen und Erinnerungen nachzudenken und über die Beziehungen, die wir zu anderen und zu uns selbst haben.

Eine Reihe von Werken aus jüngster Zeit scheint das Loslassen der Vergangenheit zu befürworten, um voranzukommen. *I be ... (X) (2016)* ist eines von mehreren Objekten mit stattlichen antiken Spiegeln, die in Marmor-Harz-Tücher gehüllt sind. Die Erwartung des Betrachters, sich selbst im Spiegel zu sehen, wird durch die Tücher mit ihren steifen, undurchlässigen Falten konterkariert. Der Spiegel, jahrhundertelang das Hauptwerkzeug des Selbstporträts, erscheint überflüssig, unfähig zu funktionieren. Von der repräsentativen Verantwortung befreit, steht es dem Selbstporträt nun frei, neue Wege zu gehen. Gander lädt sein Publikum ein, über eine wichtige Frage nachzudenken: Was kann ich sein? Ich kann alles sein, was vorstellbar ist.

Ryan Gander
I be ... (X), 2016
Antiker Spiegel, Marmor-Harz,
171 x 120 x 25 cm
Lisson Gallery, London

Dieses Werk stammt aus einer Reihe von Objekten, in denen Marmor-Harz-Tücher auf große antike Spiegel drapiert sind. Wie bei vielen von Ganders Werken prallen kunsthistorische Anspielungen auf zeitgenössische Bezüge und regen zu neuem Denken an. In diesem Fall wird die Selbsterkenntnis durch die klassische Draperie durchkreuzt, die an die andauernde und typisch menschliche Neigung zum Narzissmus erinnert.

WEITERE WICHTIGE WERKE

- Ryan Gander und Bedwyr Williams, *Both before and after, I had to write your obituary*, 2008, Sammlung von Bedwyr Williams
- *I is ... (I)*, 2012, Lisson Gallery, London, Großbritannien

MERKMALE

- Konzeptkunst auf der Grundlage von Ideen und »Imagineering«
- Aktive Einbeziehung des Publikums und Raum für Interpretation
- Kombination von autobiografischen Referenzen und fiktiven Geschichten
- Schichtung von Vergangenheit und Gegenwart, kunsthistorischen und alltäglichen Erfahrungen
- Ablehnung der traditionellen Konventionen des Selbstporträts
- Interesse am Verstecken und Verbergen

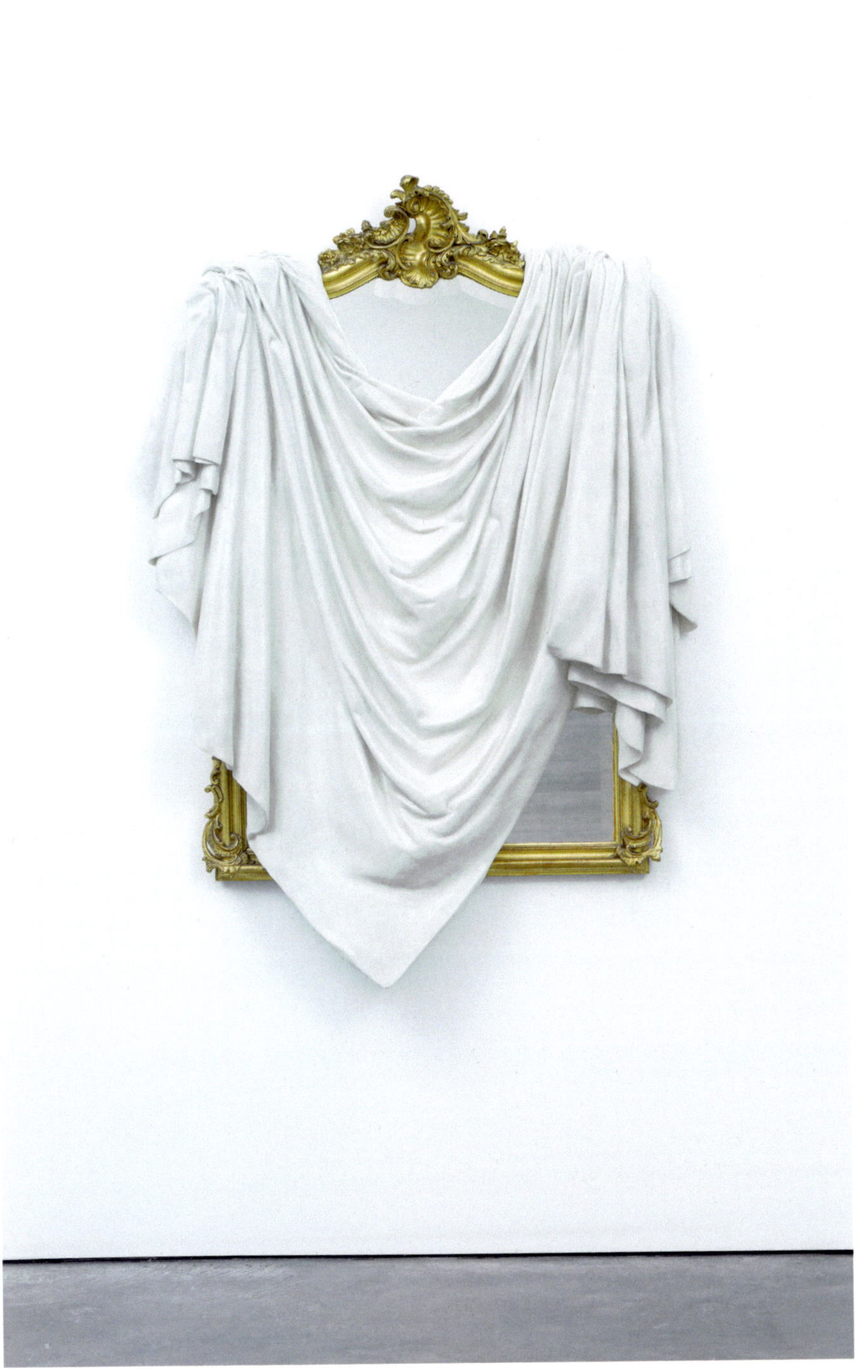

GLOSSAR

Allegorie: eine Erzählung oder Szene, die verborgene Bedeutungen enthält. Zum Beispiel könnte eine Figur eine bestimmte Tugend oder eine politische Position symbolisieren.

Altarbild: ein Gemälde, ein Relief oder eine Skulptur, die hinter dem Altar in einer christlichen Kirche präsentiert wird.

Assistenza/Selbstporträt in Nebenrolle: die diskrete, anonyme Einfügung eines Selbstporträts in ein größeres Schema. Zum Beispiel die Darstellung des Künstlers als anonymer Zuschauer in einer Massenszene.

Barock: ein Kunststil, der in Europa zwischen den frühen 1600er- und den 1740er-Jahren vorherrschte. Ein Großteil der barocken Kunst zeichnet sich durch theatralische Gesten, einen starken Sinn für Bewegung und dramatisches Chiaroscuro aus.

Brustbild: ein Porträt mit Kopf und Schultern des Dargestellten.

Büste: die dreidimensionale Darstellung von Kopf und Schultern einer Person. Büsten können modelliert oder gegossen werden und aus einer Reihe von Materialien wie Marmor, Wachs, Gips, Bronze, Holz und Terrakotta bestehen.

Chiaroscuro: starke Kontraste von Hell und Dunkel innerhalb einer gemalten Komposition.

Endurance Art: eine Form der Performance-Kunst, die die extreme körperliche oder geistige Ausdauer des Künstlers erfordert. Diese Performances können mit Schmerzen oder sozialer Isolation verbunden sein und über einen langen Zeitraum hinweg stattfinden. Siehe auch *Performance*.

Expressionismus: generischer Kunstansatz, bei dem erhöhte, nicht-naturalistische Farben und gestische Maltechniken verwendet werden, um starke Emotionen zu vermitteln. Als Erweiterung der romantischen und post-impressionistischen Prinzipien dominierte der Expressionismus im frühen 20. Jahrhundert. Der deutsche Expressionismus bezieht sich auf die expressionistische Kunst der Künstlergruppen *Die Brücke* und *Der Blaue Reiter*.

Dreiviertelporträt: ein Porträt, das eine Person vom Kopf bis um das Knie herum darstellt.

Dreiviertelprofil: Porträt, das eine Drehung des Kopfes auf halbem Weg zwischen einem Profilporträt und einem Porträt mit voller Frontalansicht einfängt. Viele Künstler haben ein Dreiviertelprofil für Selbstporträts verwendet, da diese Pose die natürliche Drehung des Kopfes widerspiegelt, die man braucht, um sich selbst im Spiegel zu betrachten.

Feministische Kunst: eine Kunstkategorie, die in den späten 1960er- und frühen 1970er-Jahren entstand. Ausgehend von feministischen Theorien und Ideen verwenden feministische Künstlerinnen eine Vielzahl von Materialien und Perspektiven, um Stereotypen infrage zu stellen und die Ungleichheit in der Kunstwelt und in der Gesellschaft zu bekämpfen.

Fotorealismus: ein Malstil, der die getreue Darstellung von fotografischem Material beinhaltet. Häufig mit banalen oder anonymen Szenen versehen, lehnt der Fotorealismus Vorstellungen von malerischem Ausdruck und emotionalem Eingriff ab. Der Fotorealismus trat erstmals Ende der 1960er-Jahre in den Vordergrund und lebte in den 1990er-Jahren wieder auf.

Fresko: eine Art Wandmalerei, die durch Einarbeiten von frisch aufgetragenem Kalkputz entsteht. Das Gemälde wird zu einem Teil der Wand.

Ganzkörperporträt: ein Porträt, das die gesamte Person von Kopf bis Fuß darstellt. Historisch gesehen war dieses Format wohlhabenden, aristokratischen Mäzenen vorbehalten.

Genremalerei: eine Art Gemälde, das gewöhnliche Menschen bei der Erledigung alltäglicher Aufgaben zeigt. Die Genremalerei wurde im Vergleich zu anderen Formen der Malerei, wie z. B. der Historienmalerei, oft als minderwertig eingestuft. Das Genre war eine beliebte Form innerhalb der niederländischen Kunst des 17. Jahrhunderts.

Hüftporträt: ein Porträt, das die obere Hälfte einer Person vom Kopf bis zur Taille einfängt.

Historienmalerei: ein Genre der Malerei, das die Darstellung historischer, mythologischer oder religiöser Szenen umfasst. Sie waren häufig sehr groß, darum galten Historienbilder viele Jahrhunderte lang als die höchste Form der Kunst.

Installation: ein Kunstwerk, das einen bestimmten Raum einnimmt oder auf ihn reagiert. Die Installationskunst erlangte in den späten 1950er-Jahren große Bedeutung und ist auch heute noch eine populäre Kunstform. Installationen können viele Formen annehmen und sind oft mit einer Vielzahl von Materialien ausgestattet. Die aktive Beteiligung des Publikums ist ein wiederkehrendes Merkmal.

Karikatur: eine übertriebene oder verzerrte Darstellung einer Person oder Sache, oft zum Spott oder als Satire.

Konzeptkunst: eine Kunstbewegung, die erstmals in den späten 1960er-Jahren entstand. Konzeptkünstler verwenden Ideen und theoretische Konzepte als Ausgangsmaterial für ihre Arbeit. Über die traditionellen Fertigkeiten und die Herstellung fertiger Objekte hinaus kann die Konzeptkunst viele Formen annehmen.

Malstock: ein Stock mit einem gepolsterten Lederball an einem Ende. Die Kugel ruht sanft auf der nackten Leinwand, um die Hand des Künstlers beim Malen zu stabilisieren.

Manierismus: Kunstansatz aus dem Italien des 16. Jahrhunderts, der sich in ganz Europa verbreitete. Die Künstler des Manierismus knüpften dort an, wo Michelangelo und Raffael aufhörten, und suchten in ihrem Werk nach noch stärkerer Idealisierung, was zu stilisierten Körpern, verlängerten Gliedmaßen und selbstbewusster Eleganz führte.

Memento mori: Lateinisch für »Bedenke, dass du sterben musst«. Memento-mori-Gemälde zeigen eine Reihe von Objekten, die die Vergänglichkeit des Lebens und die Unausweichlichkeit des Todes symbolisieren, darunter Schädel und erloschene Kerzen. Siehe auch *Vanitas*.

Narzissmus: ein übermäßiges Interesse am Selbst, das oft mit besonderer Bewunderung für die eigene körperliche Erscheinung einhergeht. Der Begriff stammt aus der altgriechischen Mythologie: Narziss verliebte sich in sein eigenes Spiegelbild in einem Wasserbecken. Der Narzissmus spielt in der psychoanalytischen Theorie eine wichtige Rolle, wie Sigmund Freud 1914 in seinem Essay *Über den Narzissmus* nachweist. Siehe auch *Psychoanalyse*.

Performance: eine zeitbasierte Form der Kunst, die Aktionen des Künstlers oder anderer Personen beinhaltet. Performance-Kunst umfasst oft Live-Präsentationen vor einem Publikum, wobei häufig Fotografie und Film zur Dokumentation der Aktion verwendet werden. Obwohl der spezifische Begriff erst in den 1970er-Jahren allgemein gebräuchlich wurde, lässt sich im Kunstgeschehen des 20. Jahrhunderts ein performativer Geist erkennen.

Post-Impressionismus: ein loser Begriff zur Beschreibung der Werke einer Reihe von Künstlern, die im späten 19. Jahrhundert arbeiteten und versuchten, über die optischen Effekte des Impressionismus hinauszugehen und sich auf gesteigerte Emotionen, malerischen Ausdruck und die symbolische Verwendung von Farbe und Form zu konzentrieren.

Profilporträt: ein Porträt, das sich auf die Seitenansicht einer Person konzentriert.

Psychoanalyse: eine Gruppe von Theorien und Techniken, die von dem österreichischen Neurologen Sigmund Freud entwickelt wurden. Diese Theorien konzentrieren sich auf den Einfluss von unbewussten Zuständen und kindlichen Einflüssen auf das spätere Wohlbefinden.

Radierung: ein Druckverfahren, bei dem zunächst eine Zeichnung in eine glatte Metalloberfläche gekratzt und – je nach Verfahren – Säure verwendet wird, damit gefurchte Linien zurückbleiben, die mit Tinte gefüllt werden können, um einen Druck zu erzeugen.

Renaissance: Französisch für »Wiedergeburt«. Die Renaissance war eine revolutionäre Periode künstlerischer und wissenschaftlicher Entwicklung, die Europa im 15. und 16. Jahrhundert veränderte. Angeführt von einem erneuerten Interesse an klassischen Ideen und Erfindungen setzte sich die Renaissance zunächst in Italien und später in Nordeuropa durch. Die Kunst der Renaissance ist in zwei Schlüsselphasen unterteilt: Frührenaissance und Hochrenaissance.

Romantik: ein Begriff, der ein breites Spektrum an Kunst, Musik und Literatur des 19. Jahrhunderts beschreibt. In der romantischen Kunst spiegelten sich oft die lebhafte Kreativität einzelner Künstler, gesteigerte Emotionen und tiefe persönliche Verbundenheit mit der Natur wider.

Selfie: ein Foto von sich selbst, das in der Regel mit einem Smartphone oder einem ähnlichen tragbaren Gerät aufgenommen und über soziale Medien verbreitet wird.

Silberstift-Zeichnung: eine Art Zeichnung, bei der ein Silberstab über die Bildfläche gezogen wird, um eine Spur zu hinterlassen.

Stillleben: ein Kunstwerk, das eine Reihe unbelebter Gegenstände darstellt, darunter oft Blumen, Lebensmittel und Haushaltsgegenstände. Stillleben vermitteln oft symbolische Bedeutungen und behandeln Themen wie Sterblichkeit und die Vergänglichkeit menschlichen Lebens. Siehe auch *Memento mori* und *Vanitas*.

Surrealismus: eine Kunstbewegung, die in den 1920er-Jahren von dem französischen Schriftsteller André Breton angeführt wurde. Surrealistische Künstler und Schriftsteller erforschten unbewusste und irrationale Zustände mit der Absicht, ihre Kunst von Konventionen zu befreien.

Tabernakel: ein spezieller Schrank zur Aufbewahrung geweihter Opfergaben für religiöse Zeremonien.

Trompe-l'oeil: Französisch für »täusche das Auge«. Eine Darstellung, die so überzeugend ist, dass sie real erscheint.

Vanitas: Ein Vanitas-Stillleben zeigt eine Reihe von vertrauten Gegenständen, wobei jeder Gegenstand die wertlose Eitelkeit menschlicher Heldentaten und Vergnügungen symbolisiert. Kelchgläser mit Wein, Bücher, Musikinstrumente, Münzen und Globen sind wiederkehrende Motive in Vanitas-Gemälden. Siehe auch *Memento mori*.

Vollfrontales Porträt: ein Porträt, bei dem das Modell geradeaus blickt, ohne sich zur einen oder anderen Seite zu drehen.

LITERATUREMPFEHLUNGEN

Bell, Julian und Rideal, Liz, *500 Selbstporträts* (Phaidon Press, Berlin, 2018)

Billeter, Erika und Meyou, Roger, *Selbstporträts im Zeitalter der Fotografie* (Benteli Verlag, Bern, 1985)

Bond, Antony und Woodall, Joanna, *Self-Portrait: Renaissance to Contemporary* (National Portrait Gallery, London, 2005)

Borzello, Frances, *Wie ich mich sehe, Frauen im Selbstporträt* (Brandstätter Verlag, 2016)

Brilliant, Richard, *Portraiture* (Reaktion, London, 1991)

Cumming, Laura, *A Face to the World: On Self-Portraits* (HarperPress, London, 2010)

Doy, Gen, *Picturing the Self: Changing Views of the Subject in Visual Culture* (I.B. Tauris, London, 2004)

Feather, Jessica, *Face to Face: Three Centuries of Artists' Self-Portraiture* (National Museums & Galleries, Merseyside, 1999)

Hall, James, Ullrich, Wolfgang und Vaisse, Pierre *Ich bin hier: Von Rembrandt zum Selfie* (Snoeck, Köln, 2015)

Hall, James, *The Self-Portrait: A Cultural History* (Thames & Hudson, London/New York, 2014)

Jones, Amelia und Warr, Tracey, *Kunst und Körper* (Phaidon, Berlin, 2005)

Koerner, Joseph, *The Moment of Self-Portraiture in German Renaissance Art* (University of Chicago Press, Chicago, 1993)

Melchior-Bonnet, Sabine, *The Mirror: A History* (Routledge, New York/London, 2001)

Meskimmon, Marsha, *The Art of Reflection* (Columbia University Press, New York, 1996)

Natter, Tobias G., *The Self-Portrait from Schiele to Beckmann* (Prestel, New York/London, 2019)

Porter, Roy (Hrsg.), *Rewriting the Self: Histories from the Renaissance to the Present* (Routledge, New York/London, 1996)

Schneider, Norbert, *Porträtmalerei* (Taschen, Köln, 2002)

Storr, Will, *Selfie: How we became so self-obsessed and what it's doing to us* (Picador, London, 2017)

Sturgis, Alexander (Hrsg.), *Rebels and Martyrs: The Image of the Artist in the Nineteenth Century* (National Gallery, London, 2006)

Vasari, Giorgio, *Kunstgeschichte und Kunsttheorie: Eine Einführung in die Lebensbeschreibung berühmter Künstler* (Wagenbach, 2004)

West, Shearer, *Portraiture* (Oxford University Press, Oxford, 2004)

Woodall, Joanna (ed.), *Portraiture: Facing the Subject* (Manchester University Press, Manchester, 1997)

Woods-Marsden, Joanna, *Renaissance Self-Portraiture* (Yale University Press, New Haven, 1998)

INDEX

Haupteinträge in **fett**.

BILDNACHWEISE

2 M. frdl. Gen. d. Künstlers u. Gagosian **8** Royal Collection, UK **11**, **12**, **13** National Gallery, London **14**, **15** Uffizien, Florenz. Foto Alinari/Shutterstock **16** Lorenzkirche, Nürnberg **17** Lorenzkirche, Nürnberg. Foto B. O'Kane/Alamy Stock Photo **19** Albertina, Wien **20** Museo Nacional del Prado, Madrid **21** Sammlung Alte Pinakothek, München **22** Sistine Chapel, Vatikan **25** Kunsthistorisches Museum, Wien **26** Museum of Fine Arts, Boston. Emma F. Munroe Fund (60.155) **28** Museum-Zamek, Lancut, Polen **29** Pinacoteca Nazionale, Siena **30** Galleria Borghese, Rom **32** Royal Collection, UK **33** Rijksmuseum, Amsterdam **34** Kenwood House, London, English Heritage **36**, **37** Staatliche Kunsthalle, Karlsruhe **39** Privatsammlung **41** Privatsammlung, Eaton Hall, Cheshire **42** National Gallery of Art, Washington, DC. Schenkung von Mr. und Mrs. Robert Woods Bliss (1949.6.1) **45** Rijksmuseum, Amsterdam **46** National Gallery, London. Foto Mariano Garcia/Alamy Stock Photo **47** Kenwood House, London, English Heritage **48** Museo Nacional del Prado, Madrid **50** Museum of the Home, London **51** National Portrait Gallery, London **53** Uffizien, Florenz **54** National Gallery, London **57** Musée du Louvre, Paris **58** Minneapolis Institute of Art, Minneapolis. The Ethel Morrison Van Derlip Fund (52.14) **59** Metropolitan Museum of Art, New York. Schenkung von Mrs. Francis Ormond, 1950 (50.558.33) **60** Courtauld Gallery, London **63** Privatsammlung **64** Musée d'Orsay, Paris **65** Musée Fabre, Montpellier **66** Courtauld Gallery, London **68** National Gallery, London **69** Kunstindustrimuseet, Kopenhagen **70** Menard Art Museum, Komaki, Japan **73** Munch Museum, Oslo **75** Museum of Modern Art, New York. The Modern Women's Fund (730.2012). Digitalbild, The Museum of Modern Art, New York/Scala, Florenz **76** Philadelphia Museum of Art, Philadelphia. 125th Anniversary Acquisition. Erworben mit Beiträgen von C. K. Williams, II, 1999 (1999-50-1). Dorothea Tanning © ADAGP, Paris und DACS, London 2021 **79** Harry Ransom Center, Austin, Texas. Foto Album/Scala, Florenz. © Banco de México Diego Rivera Frida Kahlo Museums Trust, Mexilo, D.F./DACS 2021 **80**, **82**, **83** Collection Jewish Historical Museum, Amsterdam **84** Ateneum Art Museum, Helsinki **86** Privatsammlung. © The Lucian Freud Archive/Bridgeman Images **88** Paula Modersohn-Becker Museum, Bremen **91** Hamburger Kunsthalle (2940). Foto Elke Walford/Scala, Florenz/bpk, Bildagentur für Kunst, Kultur und Geschichte, Berlin **92** Tretjakow-Galerie, Moskau, Zinaida Serebriakova © ADAGP, Paris und DACS, London 2021 **95** Leopold Museum, Wien. Foto Art Collection 2/Alamy Stock Photo **97** Sammlung von Navina und Vivan Sundaram **99** Privatsammlung. © The Lucian Freud Archive/Bridgeman Images **101** Walker Art Center, Minneapolis. © Chuck Close, courtesy Pace Gallery **103** © Ulay/Marina Abramović. M. frdl. Gen. Marina Abramović Archives/DACS 2021 **104** Institute of Contemporary Art, Miami. Courtesy Galerie Lelong & Co. © The Estate of Ana Mendieta Collection, LLC. und ARS, NY und DACS, London 2021 **107** San Francisco Museum of Modern Art, San Francisco. Courtesy Galerie Lelong & Co. © The Estate of Ana Mendieta Collection, LLC und ARS, NY und DACS, London 2021 **109** Museu d'Art Contemporani de Barcelona (MACBA), Barcelona. Government of Catalonia long-term loan. Formerly Salvador Riera Collection. Foto Adagp Images, Paris/Scala, Florenz. © The Estate of Jean-Michel Basquiat/ADAGP, Paris und DACS, London 2021 **110** Saatchi Collection, London. © Jenny Saville. All rights reserved, DACS 2021 **112** Jersey Heritage Trust, UK. Bridgeman Images **115** J. Paul Getty Museum, Los Angeles. © Succession Marcel Duchamp/ADAGP, Paris und DACS, London 2021/© Man Ray Trust/ADAGP, Paris und DACS, London 2021 **117** Jersey Heritage Trust, UK. Bridgeman Images **118** Metropolitan Museum of Art, New York. Foto Peter Horree/Alamy Stock Photo **119** Jersey Heritage Trust, UK **121** Collection Museum of Contemporary Art Chicago. © Estate of Marisol/ARS, NY und DACS, London 2021 **122** Sammlung von Mr. und Mrs. S. Brooks Barron. Foto Christie's Images, London/Scala, Florenz. © 2021 The Andy Warhol Foundation for the Visual Arts, Inc./Licensed by DACS, London **124** © Tehching Hsieh. M. fredl. Gen. des Künstlers, Sean Kelly Gallery, New York, und Tate Modern, London **127**, **128**, **129** M. frdl. Gen. d. Künstlers und Metro Pictures, New York **131** Privatsammlung. Image © Marc Quinn **132** © Catherine Opie, courtesy Regen Projects, Los Angeles **134** Edition of 8 © Zhang Huan, courtesy Pace Gallery **137** M. frdl. Gen. d. Künstlers und Gagosian **138** © Zanele Muholi. Courtesy Stevenson, Kapstadt/Johannesburg und Yancey Richardson, New York **140** Image courtesy Saatchi Gallery, London. Foto Prudence Cuming Associates Ltd. © Tracey Emin. All rights reserved, DACS/Artimage 2021 **142** Tate, London. Piero Manzoni © DACS 2021 **145** Museum of Modern Art, New York. Mr. und Mrs. Joseph Slifka Fund (249.1983). Digital image, The Museum of Modern Art, New York/Scala, Florenz. Louise Bourgeois © The Easton Foundation/VAGA at ARS, NY und DACS, London 2021 **147** Tate, London. Rebecca Horn © DACS 2021 **148** © Martin Puryear. Courtesy Matthew Marks Gallery **150–51** Walker Art Gallery, National Museums Liverpool. Helen Chadwick © The Estate of the Artist. Courtesy Richard Saltoun Gallery, London **153** Foto Centre Pompidou, MNAM-CCI, Dist. RMN-Grand Palais/Philippe Migeat. © Mona Hatoum 2021 **155** National Portrait Gallery, Smithsonian Institution, Washington, DC. (NPG.2004.25). © Faith Ringgold/ARS, NY und DACS, London, Courtesy ACA Galleries, New York 2021 **157** Image courtesy Saatchi Gallery, London. Foto Prudence Cuming Associates Ltd. © Tracey Emin. All rights reserved, DACS/Artimage 2021 **159** M. frdl. Gen. d. Künstlers und Foksal Gallery Foundation, Warschau **160** M. frdl. Gen. d. Künstlers und kurimanzutto, Mexiko-Stadt/New York. Foto John Wilson White, 2016. © Abraham Cruzvillegas & kurimanzutto, Mexiko-Stadt/New York **163** © Ryan Gander. M. frdl. Gen. Ryan Gander und Lisson Gallery. Foto Jack Hems **165** © Ryan Gander. M. frdl. Gen. Ryan Gander und Lisson Gallery. Foto Ken Adlard

ART ESSENTIALS

www.artessentials.de
www.midascollection.com

IMPRESSUM

© 2021 Midas Collection
ISBN 978-3-03876-185-3

Herausgeber: Gregory C. Zäch
Übersetzung: Claudia Koch,
Kathrin Lichtenberg
Korrektorat: Sabine Müthing
Layout: Ulrich Borstelmann

Midas Verlag AG
Dunantstrasse 3
CH 8044 Zürich

www.midas.ch

Englische Originalausgabe:
The Self-Portrait © 2021
Thames & Hudson Ltd, London
Text © 2020 Natalie Rudd
Design by April

Die deutsche Nationalbibliothek verzeichnet diese Publikation in der Deutschen Nationalbibliografie; detaillierte bibliografische Daten sind im Internet abrufbar unter: http://www.dnb.de

QUELLENANGABEN

1. Umschlagseite: Zanele Muholi, *Ntozakhe II, Parktown*, 2016 (Detail von Seite 138). © Zanele Muholi. M. frdl. Gen. von Stevenson, Kapstadt/Johannesburg und Yancey Richardson, New York

Titelseite: Yayoi Kusama, *Self-Portrait*, 2008 (Detail von Seite 137). Mit freundlicher Genehmigung des Künstlers und Gagosian

Kapiteleinstiegsseiten: S. 8 Artemisia Gentileschi, *Selbstporträt als Allegorie der Malerei*, ca. 1638–1639 (Detail von S. 32). Royal Collection, Großbritannien; **S. 34** Rembrandt van Rijn, *Selbstporträt*, ca. 1665 (Detail von S. 47). Kenwood House, London, English Heritage; **S. 60** Vincent van Gogh, *Selbstporträt mit verbundenem Ohr*, 1889 (Detail von S. 66). Courtauld Gallery, London; **S. 86** Lucian Freud, *Interior with Hand Mirror (Selbstporträt)*, 1967 (Detail von S. 99). Privatsammlung. © The Lucian Freud Archive/ Bridgeman Images; **S. 112** Claude Cahun, Fotografie aus der Serie *I am in training don't kiss me*, ca. 1927 (Detail von S. 117). Jersey Heritage Trust, UK. Bridgeman Images; **S. 140** Tracey Emin, *My Bed*, 1998 (Detail von S. 157). Bild m. frdl. Gen. Saatchi Gallery, London. Foto Prudence Cuming Associates Ltd. © Tracey Emin. All rights reserved, DACS/ Artimage 2021

Zitate: S. 9 Julian Bell und Liz Rideal, *500 Selbstporträts* (Phaidon, 2018); **S. 35** Michel de Montaigne, »On Solitude«, 1580, Essays I: 39, S. 270, reproduziert in James Hall, The Self-Portrait: A Cultural History (London: Thames & Hudson, 2014), S. 157 **S. 61** Julian Bell und Liz Rideal, *500 Selbstporträts* (Phaidon, 2018); **S. 87** Sir Lawrence Gowing, *Lucian Freud* (London: Thames & Hudson, 1984), S. 190–91; **S. 113** Claude Cahun, *Aveux non avenus* (Paris: Éditions du Carrefour, 1930); **S. 141** Frances Borzello *Wie ich mich sehe, Frauen im Selbstporträt* (Brandstätter Verlag, 2016)